la Motte-Broons

La Reine Margot

DU MÊME AUTEUR

Grand Prix de l'Académie française décerné pour l'ensemble de son œuvre

Chez le même éditeur

LOUIS XVII, 1948.
MADAME ROYALE, 1950.
PHILIPPE ÉGALITÉ, le Prince rouge. *Ouvrage couronné par l'Académie française*, 1951.
MARIE-ANTOINETTE. *Ouvrage couronné par l'Académie française*, 1953.
LE GRAND SIÈCLE DE PARIS, 1955.
LA DUCHESSE DE BERRY, 1957.
LES GRANDES HEURES DES CITÉS ET CHÂTEAUX DE LA LOIRE, 1959.
SARAH BERNHARDT, 1961.
L'ALMANACH DE L'HISTOIRE, 1962.
VERS L'EXIL..., 1962.
JOSÉPHINE, *Prix du Plaisir de lire*, 1965.
LA BELLE HISTOIRE DES VOYAGES, 1966.
L'AIGLON NAPOLÉON II. *Prix Richelieu* 1959 et *Prix des Mille Lecteurs*, 1967.
BONAPARTE, 1967.
NAPOLÉON, 1968.
LES BATTEMENTS DE CŒUR DE L'HISTOIRE, 1969.
DRAMES ET TRAGÉDIES DE L'HISTOIRE, 1968.
LE CALENDRIER DE L'HISTOIRE, 1970.
DESTIN HORS SÉRIE DE L'HISTOIRE, 1971. *Grand Prix du Syndicat des écrivains et des journalistes, et pour l'ensemble de son œuvre.*
PRÉSENCE DE L'HISTOIRE, 1973.
L'HISTOIRE A TABLE, 1973.
NAPOLÉON III (deux volumes). *Prix des Ambassadeurs*, 1974.
BELLES ET TRAGIQUES AMOURS DE L'HISTOIRE, 1975.
HISTOIRE DE LA FRANCE ET DES FRANÇAIS AU JOUR LE JOUR (douze puis huit volumes en collaboration avec Alain Decaux, Marcel Jullian et Jacques Levron), 1976.
« MY FRIEND LA FAYETTE... MON AMI WASHINGTON », 1976.
LE RENDEZ-VOUS DE VARENNES, 1977.
MAXIMILIEN ET CHARLOTTE. *Prix du Cercle de l'Union*, 1978.
DE L'HISTOIRE ET DES HISTOIRES, 1978.
DICTIONNAIRE DE L'HISTOIRE DE FRANCE. Sous la direction d'André Castelot et d'Alain Decaux, 1979.
TALLEYRAND OU LE CYNISME, 1980.
AU FIL DE L'HISTOIRE, 1980.
L'HISTOIRE INSOLITE, 1982.
FRANÇOIS Ier, *Prix Agrippa-d'Aubigné*, 1984 et *Grand Prix de la Paulée de Meursault*, 1984.
L'ALMANACH DE CLIO, 1985.
LES NUITS DE L'HISTOIRE, 1985.
HENRI IV, le passionné, 1986, *Grand Prix de la Ville de Paris (Solia Cabiati)*, 1987.
CHARLES X, la fin d'un monde, 1988.
MADAME DU BARRY, 1989.
FOUCHÉ, 1990.
LA CAMPAGNE DE RUSSIE, 1991.

Théâtre

LA REINE GALANTE, comédie en deux actes et huit tableaux. *(Perrin)*, 1962.
NAPOLÉON III À LA BARRE DE L'HISTOIRE *(L'Avant-Scène)*, 1976.
TALLEYRAND ÀLA BARRE DE L'HISTOIRE *(L'Avant-Scène)*, 1979.

Chez d'autres éditeurs

LE FILS DE L' EMPEREUR. *Prix de littérature 1963 de la Fédération des parents d'élèves des lycées et collèges français. (Presses de la Cité, G.P. et Presses Pocket).*
LE LIVRE DE SAINTE-HÉLÈNE *(reportage photographique). (Solar).*
LE NOËL DE CHARLEMAGNE *(hors commerce) (L.P.).*
L'HISTOIRE DE FRANCE EN IMAGES. *(France-Images. Figurine Panini).*
48, OU L'INUTILE RÉVOLUTION. *(Presses Pocket).*

Éditions de luxe

NAPOLÉON BONAPARTE, *(Perrin)*, (album illustré).
LES GRANDES HEURES DE NAPOLÉON (six volumes). *(Perrin). Épuisé.*
LES QUATRE SAISONS DE L'HISTOIRE (quatre volumes). *(Perrin). Épuisé.*
LE LIVRE DE LA FAMILLE IMPÉRIALE, en collaboration avec le général Kœnig et Alain Decaux. (Perrin).
LE GRAND SIÈCLE DE LA PERSE *(hors commerce). Épuisé.*
NAPOLÉON BONAPARTE (dix volumes). *(Tallandier).*
ROMANS VRAIS DE L'HISTOIRE (six volumes). *(Tallandier).*
NAPOLÉON III ET LE SECOND EMPIRE (six volumes). *(Tallandier).*
L'AIGLON, NAPOLÉON II (trois volumes), *(Tallandier).*
LA RÉVOLUTION FRANÇAISE, *(Perrin)*, 1987 (album illustré).
MARIE-ANTOINETTE, *(Perrin)*, 1989 (album illustré).
HISTOIRE ILLUSTRÉE DE NAPOLÉON (trois volumes), *(Bordas)*, 1989.
SUR LES PAS DE JOSÉPHINE, *(Perrin)*, 1991 (album illustré).

Textes

LE DRAME DE SAINTE-HÉLÈNE (Histoire de la Captivité vue par les témoins). *(Perrin).*
LA FÉERIE IMPÉRIALE (Le Second Empire vu par les témoins). *(Perrin).*

André Castelot

La Reine Margot

« La tête près du bonnet et le bonnet volontiers de travers. »

RONSARD.

Perrin
76, rue Bonaparte
Paris

ISBN : 2-262-01005-6

A mon ami Claude Dufresne.

Chapitre premier

Le tournoi tragique

« Misérable coup qui priva la France du repos et notre maison du bonheur. »

MARGUERITE.

En ce chaud mois de juin 1559, les habitants de la rue Saint Antoine poussaient un soupir découragé : leur rue, sous prétexte qu'elle était, de la Bastille à la rue Saint-Paul, la plus large voie de Paris, devait, une fois de plus et durant plusieurs semaines, servir de cadre aux festivités de la cour du roi Henri II, qui séjournait à deux pas, à l'hôtel royal des Tournelles.

Jusqu'à présent, pour les riverains de la rue Saint-Antoine, les choses ne s'étaient pas trop mal passées. Sans doute, lors de « joyeuses entrées », s'était-on contenté de tendre les façades de leurs maisons de tapisseries et de draperies, cependant certaines fenêtres des derniers étages demeuraient libres. C'est ainsi — spectacle peu banal — qu'ils avaient pu assister, au mois de janvier 1540, au cortège de l'empereur Charles Quint que le roi François Ier avait autorisé à traverser la France pour aller châtier les Flamands, révoltés contre les occupants espagnols. Pourtant, cette fois, les officiers municipaux en prenaient véritablement trop à leur aise : ils faisaient dépaver la chaussée pour la transformer en piste sablée. Des ouvriers masquaient le débouché des rues et enlevaient la croix devant l'église Saint-Paul, des jardiniers déracinaient même l'orme vénérable qui ombrageait la rue depuis près de deux cents ans. Enfin, et surtout, des charpentiers élevaient contre les maisons, jusqu'aux toits, de hautes tribunes obstruant air et jour.

Pourquoi tous ces préparatifs?

Parce que, durant plusieurs jours, la rue Saint-Antoine devait de nouveau servir de décor aux tournois royaux. Une semblable opération s'étant déjà produite au début de cette année pour un *kazozelle* donné en l'honneur de la jeune Marie Stuart, qui venait épouser le dauphin François, futur roi de France. Quel tintamarre, au surplus! Le *kazozelle* représentant un combat entre Turcs et Maures, les participants ne s'étaient guère privés de frapper sur des tambourins «à la mode ottomane» — et cela fort vigoureusement.

Déjà le quartier manquait d'agrément! Entre celui-ci et la Seine s'étendait le cimetière Saint-Paul où l'on enterrait depuis l'an 632. C'est pourquoi, les soirs d'été, un lourd brouillard malsain s'élevait de l'enclos et venait se mêler aux effluves pestilentiels émanant de l'égout. Ce dernier — un vrai cloaque — drainait rue Saint-Antoine toutes les eaux et détritus du secteur. Bien entendu, à ciel ouvert, il filait — c'est une façon de parler — à travers la Culture Sainte-Catherine, vers les fossés embourbés de l'enceinte de Charles V *.

Aujourd'hui, en ce mois de juin ensoleillé de 1559, les tribunes venaient une fois encore obstruer — et pour longtemps — les fenêtres des maisons. Une seule consolation : les fêtes qui devaient se dérouler célébraient la paix conclue au Cateau-Cambrésis avec les Espagnols. Ainsi en avait décidé le roi Henri II. Sur son ordre, les hérauts de la ville avaient clamé à chaque carrefour :

«De par le Roy, après que par une longue guerre cruelle et violente, les armes ont été exercées et exploitées avec

* Notre actuelle rue de Turenne suit son cours.

effusion de sang humain, il est plus que raisonnable que chacun se mette en devoir, avec toute démonstration de joie, plaisir et allégresse, de louer et célébrer un si grand bien. »

A la vérité, les Français estimaient que l'on payait bien cher ce « si grand bien ». En échange de maigres compensations — Saint-Quentin, Thérouanne et Le Catelet — la France perdait la Savoie, le Piémont, le Milanais, la Corse, la Bresse et le Bugey! Ainsi que le constatait un chroniqueur avec tristesse, « en une heure, et par un trait de plume, il fallait tout rendre, souiller et noircir toutes nos belles victoires passées, de trois ou quatre gouttes d'encre ».

Ces « trois ou quatre gouttes d'encre » avaient également prévu les mariages de Philippe II d'Espagne avec Élisabeth de France, fille aînée du roi Henri et âgée de treize ans, ainsi que celui de Marguerite, sœur du roi, avec le duc de Savoie, Emmanuel-Philibert. Le Savoyard s'était rendu en personne à Paris, tandis que l'Espagnol avait délégué pour le remplacer le célèbre Fernando, duc d'Albe. Un matin de juin 1559, celui-ci entra dans le lit de la future reine et, de sa jambe gauche dénudée, toucha la jambe nue de la fillette. Le mariage fut alors déclaré « consommé », et le duc d'Albe sortit du lit avec peut-être quelque regret... C'est ce que les Français appelaient « une affaire qui n'allait que d'une jambe ». Et c'est sans doute là l'origine de l'expression...

Dès le lendemain, commencent les tournois, « et montrèrent bien les Français aux Espagnols, qu'ils sont plus experts qu'eux au fait de la cavalerie ». Nos invités d'outre-Pyrénées furent si maladroits, « firent des courses si branlantes, que l'on pensait à toute heure qu'ils dussent tomber ».

Pour célébrer le mariage savoyard, les joutes reprennent. Le roi Henri, le mardi 28 juin, ainsi que le mercredi 29, se classe parmi les vainqueurs.

Jeudi 30 juin 1559

Dès neuf heures du matin, les spectateurs vont prendre place dans les tribunes. La reine Catherine de Médicis, mère de celle qui sera un jour l'ardente reine Margot et de ses trois frères, futurs rois de France, s'installe dans sa loge placée à la hauteur de l'actuel 62, rue Saint-Antoine. Près d'elle s'assied Diane de Poitiers, duchesse de Valentinois, maîtresse du roi Henri II. Celui-ci l'aime à la folie... bien que Diane ait alors soixante ans. Mais elle présentait un cas surprenant de jeunesse éternelle. Ainsi que l'écrira Brantôme, spécialiste des amours en tout genre : « J'ai vu la duchesse de Valentinois à l'âge de soixante-six ans, aussi belle de face, aussi fraîche et aussi aimable, comme en l'âge de trente ans. »

Le roi, comme toujours, porte les couleurs de Diane : le noir et le blanc, puisque celles-ci ont été choisies par sa maîtresse qui arbore ainsi le deuil de M. de Brézé, son défunt époux. C'est avec ces couleurs que Henri II avait combattu à la guerre et sous lesquelles, aujourd'hui, il rencontrera la mort. Il signait ses lettres d'un H où s'accolait un double croissant : le croissant, qui était sans doute son emblème personnel, mais qui représentait dans l'esprit de tous l'astre que la belle Diane personnifiait. Ce H et ses deux croissants formaient également deux D qui s'entrelaçaient. On les retrouve sur toutes les armures, sur les cheminées et les portes de tous les châteaux. Jusque sur la robe du sacre du roi ! Ainsi, même à Reims, Henri II avait consacré l'adultère !

Catherine déteste sa rivale, mais la supporte car elle lui doit quelque reconnaissance. Elle a mis dix enfants au monde et elle doit en effet ce résultat à Diane, qui avait obligé son royal amant à prendre le chemin de la chambre de sa femme. Henri témoignait d'un certain mérite, car on affirmait que l'opulente Catherine était tout le portrait du pape Léon X, un homme aux yeux blancs et globuleux, assurément peu séduisant.

— Je faisais bonne chère à Mme de Valentinois, reconnaissait un jour la reine...

Mais elle précisait :

— Encore je lui faisais toujours reconnaître que c'était à mon très grand regret, car jamais femme qui aima son mari n'aima sa putain.

Que mes lecteurs me pardonnent le mot. Nous sommes au XVIe siècle, et Rabelais vient seulement d'être enterré, six années auparavant, à deux pas de la rue Saint-Antoine, au cimetière Saint-Paul.

De l'autre côté du fauteuil de Catherine de Médicis viennent prendre place Marie Stuart et le dauphin. La petite reine d'Écosse n'a que quatorze ans et semble lasse, s'évanouissant sous le plus vague des prétextes. Les chroniqueurs appelaient la maladie de la jolie dauphine la « pâle couleur ». Son mari ne se porte guère mieux. Certains prétendent que François — il n'a que quinze ans — n'a pas encore réussi à rendre femme son épouse. Cet adolescent bouffi et boutonneux n'est qu'un pauvre malade. « Il a les parties génératrices constipées », nous dit crûment un chroniqueur.

Non loin d'eux prennent place les autres enfants de France : les deux frères de François qui coifferont, eux aussi, un jour la couronne sous les noms de Charles IX et d'Henri III. Enfin, leur sœur, la délicieuse et étonnante Marguerite de Valois, née à Saint-Germain-en-Laye le dimanche 4 mai 1553, à quatre heures et quart de l'après-midi. On lui avait donné le prénom de sa grand-tante Marguerite de Navarre, la « Marguerite des Marguerites », sœur de François Ier. Ses frères la baptisèrent plus cavalièrement Margot — et plus tard la « grosse Margot », héritage de la grasse Catherine. Pour l'heure, elle n'a encore que six ans. Regarder son visage aux jolies fossettes est déjà, paraît-il, un vrai plaisir.

Les trompettes sonnent haut et clair. Le tournoi commence. Catherine lève les yeux au ciel. Elle tremble, car l'un de ses astrologues a averti le roi d'« éviter tout combat singulier en champ clos, notamment aux environs de sa quarante et unième année »... Or, Henri II vient d'avoir quarante ans!

Au centre de la rue Saint-Antoine, une longue barrière, de la hauteur d'une croupe de cheval, sépare les jouteurs. Ceux-ci doivent, dans un couloir assez étroit, s'élancer l'un vers l'autre de toute la vitesse de leurs montures. Ils tiennent à la main et serrent sous leur avant-bras une longue lance de bois pointée de fer, avec laquelle ils essayeront de désarçonner leur adversaire en visant sa cuirasse. Le duc de Savoie est armé le premier et, dans un grand froissement d'acier, marche lourdement vers le roi à qui M. de Vieilleville est en train de mettre « l'armet en tête ».

— Serrez bien les genoux, dit en riant le roi à son futur beau-frère, car je vous veux bien ébranler sans respect de l'alliance ni de la fraternité.

Aidés par leurs écuyers, les deux hommes montent sur leurs chevaux caparaçonnés. Henri porte à son casque — ainsi que sa monture, sur la tête — un lourd panache de plumes noires et blanches, couleurs, nous l'avons dit, de Diane. Les adversaires s'élancent au grand galop. Le duc de Savoie est touché. Il a beau serrer les genoux, il est obligé, pour ne pas tomber, de se cramponner peu élégamment à l'arçon de sa selle... Au tour maintenant du père d'Henri de Guise, le duc François de Guise. Un homme gigantesque! Les deux jouteurs ne parviendront pas à se désarçonner : il n'y a donc pas de vainqueur.

Le troisième combat va commencer. Le roi monte un solide cheval qui appartient à Philibert de Savoie. Il est enchanté de la « joyeuse ardeur » témoignée par sa monture et le fait dire à son futur beau-frère, qui lui répond en lui demandant, au nom de la reine, « de ne plus travailler », l'heure étant déjà « tardive et le temps extrêmement chaud ». Midi vient en effet de sonner au clocher de Saint-Paul, mais Henri riposte qu'il est *tenant* et qu'à ce titre, selon l'usage, il doit courir trois courses. Déjà son adversaire est en selle : c'est le commandant de la garde écossaise: Gabriel de Montgomery, comte de Lorges. «Trompettes et clairons sonnent et fanfarent à tue-tête et étourdissement d'oreilles.» Les deux hommes ont pris du champ, puis foncent l'un vers l'autre. Le choc est effrayant, les deux lances se brisent, mais les combattants ne mordent pas la poussière. Le roi pourrait s'arrêter, mais veut rompre une nouvelle lance.

— Sire, supplie le maréchal de Vieilleville, comte de Durtal, je jure le Dieu vivant qu'il y a plus de trois nuits que je ne fais que songer qu'il doit vous arriver quelque malheur aujourd'hui, et que ce dernier jour de juin vous est fatal. Vous en ferez comme il vous plaira!

Montgomery insiste, lui aussi, pour arrêter le combat, mais le roi décide de poursuivre. Le tenant et l'assaillant se précipitent à la rencontre l'un de l'autre. Derechef, le choc est terrible, de nouveau les deux lances se brisent, cavaliers et montures ont du mal à retrouver leur aplomb. Arrivés au bout du couloir, les deux combattants font demi-tour. Henri II prend une nouvelle lance. Contrairement à l'usage, et l'on ne sait trop pourquoi, les trompettes se sont tues. Les cavaliers drapés de fer repartent au grand galop, et l'on n'entend qu'un aigre grincement d'acier et le martèlement des sabots sur le sable répandu sur la chaussée.

Les spectateurs retiennent leur souffle.

Tous voient avec angoisse que le commandant de la garde écossaise a oublié de jeter son arme brisée: il la tient toujours devant lui. Les deux jouteurs se heurtent une troisième fois, le morceau de lance de Montgomery glisse sur la cuirasse de son adversaire, soulève la visière du casque et pénètre dans la tête du roi.

Une grande clameur monte de la foule.

Catherine et Diane se sont levées. Henri titube et embrasse l'encolure de son cheval. Les plumes noires et blanches se mêlent à celles de sa monture, mais il a encore la force de poursuivre jusqu'à l'extrémité de la lice. Là, il se laisse glisser dans les bras de ses écuyers qui se hâtent de lui retirer son armure.

On transporte le roi aux Tournelles. La blessure est atroce : la lance, entrée au-dessus du sourcil de l'œil droit, est sortie derrière l'oreille. Montgomery pleure au pied du lit. Dans le château, ce ne sont que gémissements. Catherine et Diane sont en larmes. Le dauphin François — bientôt le roi François II — se tient debout, atterré, au côté de la jolie Marie. Ils vont régner et n'ont que quinze ans ! Les enfants de France errent à l'abandon dans la demeure et la petite Marguerite sanglote.

Ambroise Paré est appelé au chevet du blessé. Lui qui a pourtant osé tant d'interventions difficiles est véritablement paralysé, comme le sont d'ailleurs les treize autres chirurgiens du roi. Il se contente d'enlever par le nez cinq ou six fragments de l'arme de Montgomery. Extirpation inutile, aussi inutile que les potions de rhubarbe et de mumie que l'on administre au blessé. On lui inflige encore plusieurs saignées, comme s'il n'avait pas encore perdu assez de sang. Thérapeutique de l'époque !

On décapite hâtivement quatre condamnés à mort enfermés au Grand-Châtelet et à la Conciergerie, et l'on porte leurs têtes chez Ambroise Paré. Celui-ci enfonce dans chaque œil droit un « trouzzon » de lance tronqué. Mais ces effroyables autopsies n'apportent aucun éclaircissement au célèbre praticien. Bien plus, la blessure d'Henri II s'envenime, l'os apparaît et le pus suinte de la plaie.

Le roi se sait perdu. Il exige que le 9 juillet soit célébré le mariage de sa sœur Marguerite avec le duc Emmanuel-Philibert de Savoie. La cérémonie ressemblait davantage, nous rapporte un chroniqueur, « à un convoy mortuaire et funérailles qu'à tout autre chose, car, au lieu de hautbois et violons, ce n'étaient que pleurs, sanglots, tristesse et regrets. Et, pour mieux présenter un enterrement, ils s'épousèrent un peu après minuit en l'église Saint-Paul, aux torches et flambeaux... ».

Tandis qu'Henri II agonise, Diane de Poitiers demeure cloîtrée chez elle. Catherine a interdit l'entrée de la chambre royale à sa rivale et, le soir du 8 juillet, lui envoie un messager :

— Madame, je vous suis envoyé par Madame Catherine. La reine désire que vous lui remettiez les pierreries de la Couronne.

Très noblement, Diane demande :

— Le roi est-il mort ?

— Non, Madame, mais on croit que Sa Majesté ne passera pas la nuit.

— Je n'ai donc pas encore de maître !

Elle en aura un le mercredi 10 juillet. Ce matin-là, le roi expire : « Misérable coup, écrira plus tard la reine Marguerite, qui priva la France de repos et notre maison de bonheur... »

Le nouveau roi de France se nomme François II.

Pour ne plus devoir passer rue Saint-Antoine, la régente Catherine donnera l'ordre de raser les Tournelles. Plus tard, sur leur emplacement, on construisit une place bordée de pavillons, bleus par les ardoises, rouges par les briques, blancs par les pierres. Ainsi que l'écrira Victor Hugo : « C'est le coup de lance de Montgomery qui a créé la place des Vosges. »

***

La petite princesse Marguerite se souvenait — elle le racontera un jour au début de ses *Mémoires* — de la conversation qu'elle avait eue avec son père quelques semaines avant la tragédie de la rue Saint-Antoine. Le roi lui avait demandé de choisir un jeune gentilhomme « comme serviteur », autrement dit comme futur mari. Deux noms lui avaient été proposés : celui du prince Henri de Joinville, fils du duc de Guise, et celui du marquis de Beaupréau. Elle avait choisi le jeune marquis, aux cheveux bruns.

— Pourquoi ? s'était étonné le roi. Il n'est pas aussi beau que le prince de Joinville au grand nez.

Ce dernier était fort séduisant, en effet, et blond de cheveux. Marguerite lui avait alors expliqué qu'elle trouvait le marquis «plus sage», tandis que Joinville lui paraissait devoir faire «mal à quelqu'un et voulait toujours être le maître. Augure certain de ce que nous avons vu depuis», précisera-t-elle. Car ce prince de Joinville, fils de François de Lorraine, s'appellera un jour le prince Henri de Guise, le second Balafré, que le roi Henri III fera assassiner. Il deviendra le premier amour de la future reine Margot... et non son mari, alors qu'elle le désirait ardemment. Mais une princesse de sang royal peut-elle imposer sa volonté dans ce domaine? Assurément pas!

Cependant, nous n'en sommes pas encore là.

Chapitre II

« *Une cour infestée d'hérésie** »

Au lendemain de la tragédie de la rue Saint-Antoine, les enfants royaux quittent Paris pour résider à Amboise, le château qui, depuis bientôt un siècle, sert de résidence aux dauphins et filles de France. A l'instar de leur grand-père François Ier quand il était encore François d'Angoulême, ils jouent sur la terrasse à la *grosse boule* — un ballon de la taille d'un homme —, construisent « de petits châteaux et bastions et s'assaillent l'un l'autre, tellement qu'il y en avait souvent de bien battus et frottés... ». A Amboise, précise la petite Marguerite, « nous vivions plutôt guidés par nature, à la façon des plantes et des animaux, plutôt que comme hommes régis par la raison ».

La princesse Marguerite est surveillée par sa gouvernante Charlotte de Vienne, baronne de Curton. Bien souvent, venant de Blois, la veuve d'Henri II, toujours vêtue de deuil, accompagnée de son fils François II et de la nouvelle reine Marie, vient visiter ses enfants. La Cour les suit. Que de gentilshommes vêtus d'or, d'argent et de damas montent à cheval la rampe tournante de la tour Hurtault et ne quittent leur monture richement caparaçonnée qu'aux portes mêmes des appartements!

La jolie petite reine Marie Stuart a quinze ans et sa

---

* Marguerite.

beauté, proclame Brantôme, commence à paraître «comme la lumière en plein midi». Son mari, François, s'épuise à la chasse, se donnant ainsi l'illusion de la virilité. Un abcès permanent suinte derrière son oreille. Il ne peut encore gouverner par lui-même. L'intrigue a porté à la première place les Guises qui, en leur qualité de Lorrains, sont pourtant à demi étrangers.

La petite Marguerite est toute surprise en voyant un jour la Cour, qui était partie pour Blois, revenir précipitamment se réfugier à Amboise. La reine Catherine a appris que la Touraine grouillait de petits groupes de huguenots armés qui se dirigeaient vers la Loire afin de massacrer les Guises, rendre au jeune roi une indépendance et une puissance dont le chétif roitelet n'aurait d'ailleurs su que faire, et transformer la France en un État protestant.

Il s'agit de la fameuse conspiration d'Amboise. Protestants et catholiques vont s'entr'égorger avec entrain. Comment en était-on arrivé là? Du jour, comme l'écrit Jean-François Chiappe, où «l'Humanisme si cher à François Ier, et même Henri II, avait glissé vers la Réforme. Elle allait prendre un tour particulier et un esprit offensif avec Calvin * ».

Du 22 février, jour de son arrivée, au 15 mars 1560, la Cour vit dans l'angoisse. «La terreur était aussi grande que s'il y avait eu une armée aux portes», remarque l'ambassadeur d'Espagne, qui regrette fort d'avoir dû quitter Paris. On arme jusqu'aux marmitons des cuisines, le cardinal de Lorraine revêt une cotte de mailles sous sa soutane, le château est mis en état de défense et les gentilshommes couchent tout habillés. Les remparts se hérissent d'hommes d'armes, le corps diplomatique se retrouve dans une ville assiégée et une «terreur panique» — l'expression est de l'ambassadeur d'Angleterre — empoigne ces «capitaines qui, en d'autres temps, n'avaient pas été effrayés par des grandes armées de

* *Une Histoire de la France* (Perrin, dans la même collection).

cavaliers, de gens de pied et par la furie des canons ». Cette sourde et invisible menace, cette masse d'hommes qui, de bien des points du royaume, converge vers le château, mettent les nerfs à rude épreuve.

Le 16 mars 1560, les pages de la vénerie arrivent tout essoufflés au château : ils viennent annoncer que cinq ou six cents hommes se cachent dans un bois situé à une lieue du fleuve. Le fameux Jacques de Savoie, duc de Nemours, se met à la tête de plusieurs escadrons et pénètre sous la futaie. Les protestants, en voyant s'avancer cette importante cavalerie, se hâtent de s'enfuir en jetant leurs armes pour courir plus vite. Cinquante-six d'entre eux sont néanmoins capturés et conduits au château. Rassemblés dans la cour, ils tremblent et se pressent, paraît-il, « comme moutons ». François II apparaît à une fenêtre et leur tient avec mansuétude un bref discours. Sans vouloir romancer, on est en droit de se demander si la petite Marguerite a regardé la scène d'une autre fenêtre. On donne à chacun des huguenots un écu avec ordre de disparaître, mais trois ou quatre d'entre eux — les meneurs — sont gardés en prison.

La chasse à l'homme continue durant tout l'après midi. Sans cesse on amène dans la basse-cour du château des groupes de quinze à vingt hommes hébétés, lamentables, « comme si c'étaient des enfants ». Interrogés, certains ont le courage de déclarer qu'ils voulaient « tuer les deux méchants » — autrement dit le duc François et le cardinal de Guise — et mettre le roi et sa mère dans une cage de fer.

— C'est une p... qui nous a fait un lépreux, explique carrément l'un d'eux en parlant de Catherine et du pauvre roi François.

Mais le *Tumulte* sera noyé dans le sang. Que l'on ne soit pas surpris. « Ceux qui ne veulent pas que les hérétiques soient mis à mort, dit Théodore de Bèze, sont tout aussi autrement coupables que ceux qui réclament l'impunité des parricides... » Tuer tous les prêtres leur semble œuvre pie et Calvin demande qu'on massacre les jésuites et, « si cela ne peut se faire commodément », qu'on les chasse ou au moins qu'on les écrase « sous les mensonges et les calomnies ».

A Amboise, on croyait l'affaire terminée, il n'en était rien ! Le 17 mars, à l'aube, des bateliers aperçoivent, sur la rive droite de la Loire, deux cents cavaliers qui s'en viennent de Blois. Ils donnent l'alarme, mais, avant que la garnison ait eu le temps de prendre les armes, la troupe, commandée par Bertrand de Chaudlieu, a traversé le fleuve, pénétré dans les faubourgs et atteint la porte des Bonshommes. Le duc de Guise organise la défense et réussit à former rapidement deux fortes compagnies composées de gentilshommes et de laquais. La bataille commence. Bien vite, les assaillants, se voyant en position d'infériorité, déguerpissent et le plus grand nombre parvient à disparaître.

Le sang a coulé. Le château, demeure du roi, a été attaqué à main armée! Il ne s'agit plus de faire grâce ni de remettre aujourd'hui un écu aux prisonniers! Aussi les patrouilles reprennent-elles leurs activités. La cueillette est fructueuse. Certains libérés de la veille et de l'avant-veille — sans rien comprendre à l'affaire — se voient ramenés à Amboise et jetés en prison. D'autres, réfugiés dans des granges, barricadés dans des villages, résistent désespérément...

Les interrogatoires dessillent les yeux de ceux qui ne voulaient pas comprendre.

— A qui êtes-vous ?

— Nous marchions sous la charge du prince de Condé !

C'est l'oncle protestant du futur Henri IV. Plus tard, les panégyristes de la famille des Bourbons essaieront de camoufler la veulerie du personnage, comme Louis de Condé tentait de dissimuler sa bosse en relevant la tête et de cacher sa misère en menant un train fastueux. Le futur chef des huguenots n'a qu'une seule excuse : sa pauvreté. Sa pension est de sept à huit fois inférieure à celle accordée aux privilégiés de la Cour ! Tandis que les Guises — qui ne sont point du sang de France — mènent un train royal, Condé vit d'expédients. Aussi, tout naturellement, l'idée de renverser les princes lorrains lui était-elle venue à l'esprit, afin de prendre leur place. Le protestant La Renaudie lui offrit ses services et proposa de préparer une vaste conspiration. Le prince l'avait accepté et engagé.

Depuis la veille, Condé est arrivé au château d'Amboise. Quand il connaît les accusations dont il est l'objet, il le prend de haut :

— Je voudrais bien savoir quels sont mes accusateurs!

Il semble sûr de lui. En réalité, il tremble et, afin de donner le change, ira jusqu'à participer à la défense du château. Peu à peu, le Bourbon reprend courage : La Renaudie n'est pas arrêté et aucun fait précis ne peut encore être retenu contre lui.

Pendant ce temps, ce même La Renaudie erre dans la forêt de Châteaurenault à la recherche de ses troupes que les hommes du roi ont dispersées comme volée de moineaux. Il est suivi de son secrétaire La Bigne et d'un seul serviteur. Soudain, au détour d'un chemin, il tombe sur une forte patrouille royale commandée par l'un de ses parents, le sieur de Pardaillan.

C'était jouer de malchance!

Pardaillan reconnaît aussitôt celui dont tout le monde s'entretient depuis quinze jours et, en dépit de leur parenté, le met en joue et le manque... La Renaudie se précipite, tue Pardaillan de deux coups d'épée mais, une seconde plus tard, un coup de pistolet le touche lui-même à mort.

On ramène à Amboise le cadavre qui, pour l'exemple, est pendu sur le pont de la Loire, tandis qu'on interroge La Bigne... et l'on sait ce que signifiait, à l'époque, le fait d'*interroger*! Condé est immédiatement compromis, mais le duc de Guise préfère fermer les yeux — du moins provisoirement.

— Pour rien au monde je ne veux parler de cela, déclare-t-il.

Le chétif François II a tout d'abord été épouvanté et demande, des sanglots dans la voix :

— Qu'ai-je donc fait à mon peuple?

Ensuite, la colère l'emporte. Son frère, Charles IX, sera lui aussi en proie à de telles fureurs. François trépigne de rage et, à la fin du dîner, on le voit frapper la table de son maigre poing en hurlant de sa voix aigrelette :

— Il y a des gens qui me courtisent et me trahissent. Mais un jour, s'il plaît à Dieu, je leur en ferai repentir!

Puis, tout en regardant Condé, il quitte la salle à grands pas. Le Bourbon joue de plus en plus à l'indignation, se redresse de toute sa petite taille et crie en évoquant les conjurés :

— Il faut tous les pendre!

On suit ce conseil — en attendant de le mettre lui-même en prison et de le condamner à mort... puis de le gracier. Une odeur de sang flotte sur Amboise, et Marguerite se souviendra des nuées de corbeaux décrivant de larges cercles autour des hauts toits d'ardoise du château, tandis que les corps des pendus se balançaient au fameux balcon.

Amboise est devenu la demeure du bourreau! Le pauvre roi et sa tendre petite épouse doivent assister aux cent exécutions de gentilshommes qui — ici point de pendaison — se pratiquaient à la hache. Les femmes de la Cour s'y pressent — comme s'il eût été question de voir quelques « mômeries ». Les suppliciés montent à l'échafaud chantant en chœur le psaume de Clément Marot :

Dieu nous soit doux et favorable
Nous bénissant par sa bonté
Et de son visage adorable
Nous fasse luire la clarté.

Peu à peu, les voix s'amenuisent. Celle de M. de Castelneau se fait entendre la dernière... Puis c'est le lourd silence. Il ne reste plus devant le château qu'un bourbier sanglant. D'une fenêtre, Catherine, toujours de noir vêtue, mais aussi blanche que sa collerette, regarde...

— Ah! Madame, murmure la duchesse de Guise, combien le sang appelle le sang!

Elle ne savait pas si bien dire!

***

Effarante époque! Personne n'a de conscience et la cruauté — de part et d'autre — règne en souveraine incontestée. La haine se transmettra de génération en génération. Que de contraste aussi et d'horreurs sanglantes, tandis que se déploient dans un décor de rêve — tel celui des châteaux mirant leurs blanches façades dans les eaux du Cher et de la Loire — l'élégance et le nouvel art de vivre. C'est entre deux massacres que Pierre de Ronsard et Joachim du Bellay écriront leurs délicieux poèmes. C'est entre deux tueries que travailleront à leurs chefs-d'œuvre François Clouet, Pierre Lescot et Philibert Delorme!

Les derniers jours de ce sanglant mois de mai 1560, le roi, la reine et les enfants prennent la route de Chenonceaux. Après la nausée, la Cour est accueillie par des images de bergerie parfumée... et la petite Marguerite retrouve le sourire. Le roi est acclamé par les neuf cents ouvriers qui ont achevé le pont enjambant si galamment le Cher. Ils tiennent d'une main un rameau *verd* attaché au bout d'une perche et, de l'autre, des *insignes* de taffetas noir et blanc. Bien que Diane soit maintenant exilée à Anet... Les paysannes, assises «au pié des ormeaux», ont la tête couverte «d'un grand et lourd chapeau à la rustique, épaillé et piollé de mille couleurs». Le chemin ombragé conduisant au château est couvert de «jonchées vertes, de gros bouquets de violettes, de gyroflées et autres fleurs décentes et convenables à illustrer et réjouir la venue d'une si noble et haute compagnie».

La princesse Marguerite admire le spectacle avec ses frères. François II et la Cour sont reçus par deux dames, «la teste couronnée d'ung tour de lierre, revestues à l'antique», et tenant «d'un fort bon geste» l'une une trompe, l'autre une palme. Au même instant, une troisième dame, qui s'est installée sur le balcon, harangue le roi en ces termes pompeux :

Roi des Françoys, du ciel où ton père demeure,
Pallas suis descendue afin de te monstrer
Ce lieu champestre icy que je fais racoustrer
Pour te servir un jour de royale demeure.

En achevant, poursuit le chroniqueur, «elle laisse tomber sur le roi et sa compagnie grandes quantités de guirlandes et bouquets de fleurs».

Il fallait bien ces images champêtres pour effacer le cauchemar! Mais après les fleurs : les légumes. A Tours, le roi et les siens reçoivent sur la tête laitues, petits pois et artichauts!

Tandis qu'en raison de leur «petitesse», les enfants royaux regagnent Amboise, Marie Stuart, heureuse, savoure ces semaines de bonheur en «son Touraine», cette province à laquelle elle pensera si souvent une fois retournée dans les brumes écossaises...

***

Le roi se remet à chasser et laisse le pouvoir au duc François de Guise, qui trouve tout naturel de gouverner. François II, par sa femme Marie Stuart, n'est-il pas devenu son neveu? D'autre part, le père d'Henri de Guise ne domine-t-il pas tous les hommes de son temps tel un «grand et épais chesne» régnant sur une forêt de broussailles? Tout de cramoisi vêtu — car il aime le rouge et l'incarnat, nous dit Brantôme —, il bondissait à l'assaut, n'épargnant ni sa vie ni sa peau. Il allait «toujours guerroyant à face découverte», et c'est ainsi qu'à Dormans, sur les bords de la Marne, défaisant un corps d'Allemands alliés des huguenots, il avait reçu un méchant coup de lance au-dessous de l'œil droit, dont la profonde cicatrice lui valut le surnom de « Balafré ».

Au début du mois de novembre 1560, la Cour s'installe à Orléans. Venue d'Amboise, Marguerite y retrouve son frère François fort mal en point. Le jeune roi se plaint de violentes douleurs de tête. Le 7 novembre, l'abcès qu'il a derrière l'oreille coule plus que de coutume. Les médecins croient tout d'abord à un refroidissement : la Loire est gelée et François II a commis l'imprudence de jouer à la paume assez légèrement vêtu. Le dimanche 17 novembre, il vomit son dîner. Les médecins entrent aussitôt en lice : purgatifs et décoctions de rhubarbe lui sont donnés en abondance. L'abcès n'en guérit pas pour autant et les migraines deviennent intolérables.

Toutefois, au cours de la semaine qui suit, l'écoulement se tarit à deux reprises, mais les douleurs sont alors telles, la fièvre si forte qu'après avoir tout fait pour apaiser le mal, on entreprendra tout pour le réactiver.

Le dimanche 30 novembre, le petit roi gémit à fendre l'âme et réclame sans cesse à boire. La mastoïdite lui arrache des cris que l'on entend jusque dans la rue. Personne n'ose parler de trépanation et l'agonie se prolonge jusqu'au 5 décembre. Ce jour-là, à midi, on lui administre l'extrême-onction et, vers le soir, François II expire au milieu d'atroces souffrances.

Marie Stuart abandonne la couronne de France. Elle n'est plus que la Reine blanche, toute vêtue de ses voiles blancs de deuil.

Un crespe long, subtil et délié
Ply contre ply retors et replié
Depuis le chef jusques à la ceinture.

Bientôt elle regagnera son royaume écossais.

Catherine réunit le Conseil. Le nouveau roi de France a dix ans et se nomme Charles IX. Aux côtés de la reine mère se tiennent celle que l'on appellera la reine Margot et les deux autres enfants d'Henri II : le futur Henri III, qui laisse aujourd'hui son titre de duc d'Orléans pour prendre celui de duc d'Anjou, et le chétif et noiraud duc d'Alençon, qui sera un jour, lui aussi, duc d'Anjou.

Catherine annonce avec autorité qu'elle prend la régence. La situation n'est guère brillante. La monarchie a quarante-cinq millions de dettes, néanmoins Antoine de Bourbon, roi de Navarre, le père du futur Henri IV, se montre jaloux et prend mal la déclaration. Au moins voudrait-il être nommé officiellement régent suppléant. N'est-il pas du sang de France? Si Catherine tombait malade, la présidence du Conseil royal ne devrait-elle pas lui revenir d'office?

Malade? Madame Catherine? Elle ne le sera que pour mourir!

***

La guerre de Religion — la première, car il y en aura d'autres — commence avec son sanglant cortège de meurtres et de massacres. La Loire, entre ses bancs de sable argent, ne sera plus qu'un long fleuve de sang! Dans toutes les villes, dans tous les bourgs, au pied de tous les châteaux, on assomme, on viole et l'on noie... L'atroce conflit, qui se prolongera jusqu'au « Paris vaut bien une messe » d'Henri IV, est commencé.

Trente-six années de tueries!

Le feu, qui couve sous la cendre depuis le Tumulte d'Amboise, s'est rallumé le 1er mars 1562 par le massacre de Wassy — ou de Vassy —, aujourd'hui en Haute-Marne. Le duc de Guise, venant de Gouville, s'est arrêté dans la petite cité de Wassy pour entendre la messe. Soudain, on vient le prévenir que deux cents réformés, « gens scandaleux et arrogants et fort téméraires », osent célébrer leur prêche dans une grange voisine. Dans l'esprit de François de Guise, il ne peut s'agir que d'une provocation et, à grands pas, il se dirige vers la grange. Deux de ses gentilshommes ont pris les devants. Les protestants les accueillent avec courtoisie :

— Messieurs, s'il vous plaît, prenez place!

— Mort Dieu! Il faut tout tuer! répondent-ils, prenant l'invitation pour une insulte.

Lorsque le duc arrive, il trouve ses deux gentilshommes jetés à la porte et les protestants en train de se barricader dans la grange. La bataille s'engage. Les réformés lancent des pierres et les guisards ripostent par des coups d'arquebuse. Puis lorsque la porte de la grange est enfoncée, la tragédie sanglante débute...

Sur son lit de mort, François de Guise parlera avec désinvolture de «l'inconvénient advenu à ceux de Wassy». Sans doute le mot avait-il un sens plus fort qu'aujourd'hui, mais «l'inconvénient» n'en causa pas moins la mort de soixante-treize protestants et fit cent quatorze blessés. Les hommes de Guise, qui n'ont qu'un seul décès et quelques contusionnés à déplorer, célèbrent l'hécatombe comme s'il s'agissait d'une grande victoire.

Condé, que la mort de François II a sorti de prison, se met, officiellement cette fois, à la tête des protestants et commence à recruter des hommes. Le 2 avril 1562, avec deux mille cinq cents cavaliers, il prend Orléans «au galop», tout en déclarant que les réformés ne portent les armes que pour obtenir la paix religieuse.

Le 12, les catholiques répondent par le carnage de Sens, orchestré par un moine jacobin «qui sonne le premier coup de trompette». Les cadavres charriés par la Seine passent jusque sous les ponts de Paris! Condé réplique en occupant sans coup férir Angers, Tours et Blois. Les protestants ne peuvent rencontrer une église sur leur chemin sans en enfoncer le portail et briser le crucifix. Les reliques de saint Gratien et de saint Martin de Tours sont jetées au vent. Les iconoclastes taillent ensuite des pourpoints dans les chasubles et envoient à la fonderie calices et ciboires. Ils vont jusqu'à profaner les tombeaux. A Orléans, le cœur du pauvre François II est brûlé et, à Cléry, les restes de Louis XI sont dispersés.

***

Au début du mois de février 1563 — le 5 —, le duc François de Guise, venant de Blois, passe la Loire et, par la rive gauche, vient mettre le siège devant Orléans où se retranchent l'amiral de Coligny et ses protestants.

L'armée royale campe à Olivet, sur la rive gauche du Loiret, et à une lieue en face d'Orléans. Le duc a installé son quartier général au hameau des Vaslins et demeure au Châtelet avec la duchesse de Guise et son fils, le prince de Joinville qui, rappelons-le, portera un jour le même surnom que lui : le *Balafré.*

Le jeudi 18 février, le duc François s'attarde aux Portereaux au-delà du coucher du soleil. Accompagné seulement du sieur de Crénay, son maître d'hôtel, de Tristan de Rostaing et d'un jeune gentilhomme de sa vénerie, François Racine, François de Guise se dirige vers le bac de Saint-Mesme, qui traverse la Loire non loin du moulin des Béchets et des hautes murailles du moulin Saint-Samson. Crénay quitte le duc afin d'aller retrouver Mme de Guise, « l'oster de la peine où elle pouvait être à cause du tardif retour de Monsieur son mari et l'avertir qu'elle pouvait faire mettre la table pour le souper ». Le duc ayant passé l'eau s'engage sur la route montante qui conduit aux Vaslins. Le chemin du Châtelet se détache sur la gauche. Soudain, au croisement marqué par de hauts noyers et un gros rocher, un coup de feu retentit et « éclaire tout le sous-bois ».

— Je suis mort! s'écrie le duc « en baissant la teste jusque sur le col du cheval ». A six ou sept pas, on voit un homme relever son arquebuse en criant :

— Prenez le paillard! Prenez le paillard! « comme pour faire croire qu'il se trouvait lui-même sur les pas du meurtrier ».

Racine pique des deux, mais perd bientôt la trace de l'assassin. François de Guise est parvenu à descendre de cheval et s'appuie contre le rocher.

— Il y a longtemps qu'on me devait celui-là! soupire-t-il.

Cependant, le duc parvient à remonter à cheval et, soutenu par ses deux compagnons, gagne le Châtelet où il se couche. Le coup de feu a frappé «sous l'os de la palette et est sorti après la mamelle droite». La blessure intrigue fort les médecins : l'entrée de la plaie est plus large que l'issue... L'assassin — le huguenot Jean Potrot, seigneur de Méré — arrêté le surlendemain soir, donnera l'explication du mystère : il a chargé l'arquebuse de trois balles dont «deux se trouvaient déchiquetées, ramées et réunies ensemble par deux fils de métal».

Avant de mourir, Guise recommande à son fils Henri de ne pas «désirer les grandes charges car elles sont très difficiles à exécuter».

— Le monde est en effet trompeur, ajoute-t-il. Ce que tu vois clairement en moi-même qui, estant grand capitaine, suis tué par un petit soldat.

Henri de Guise, lorsqu'il sera exécuté à Blois par les *Quarante-Cinq* sur l'ordre du frère de Margot, se souviendra-t-il des dernières paroles de son père?

Le 19 mai 1563 est publié à Paris l'édit signé à Amboise le 12, et qui met fin à la première guerre de Religion. Les pourparlers ont été menés par deux prisonniers : le connétable de Montmorency et cet avorton de Condé à qui Catherine a cru devoir rendre son épée. La rencontre a lieu sur une île de la Loire aujourd'hui emportée par les eaux, l'île aux Bœufs, située non loin d'Orléans.

«La paix est faite, pourra bientôt écrire le connétable, je suis sûr que vous la trouverez bonne.» Elle était bonne surtout pour Catherine!

L'édit d'Amboise accorde, en effet, la liberté du culte aux protestants en leur maison, «aux barons chastelains, haults justiciers et seigneurs et aux aultres gentilshommes ayant fief». Le peuple n'a le libre exercice de la religion réformée que dans une ville par bailliage, et encore doit-on construire le temple dans les faubourgs! Il semble inutile de préciser que le traité a été établi par des gentilshommes...

— Vous êtes un misérable, lance l'amiral de Coligny à Condé, vous avez trahi Dieu par votre vanité!

Le protestantisme se trouve désormais «parqué et réservé à la classe privilégiée». Cependant, Catherine ne se fait guère d'illusion sur cette paix boiteuse.

— C'est reculer pour mieux sauter! assure-t-elle.

Et quel saut!

Chapitre III

Le grand voyage

Les jeux auxquels se livrent maintenant les enfants royaux à Amboise sont bien étranges : ils se déguisent en évêque, montent sur des ânes, se font suivre par une procession burlesque de petits gentilshommes revêtus de bure. Ils affirment «jouer à être hérétiques» en parodiant les cérémonies catholiques. Bien au contraire, la petite Margot, qui n'a pourtant encore que huit ou dix ans, se distingue par sa piété et sa foi. Elle se montre choquée par les jeux impies auxquels s'adonnent ses frères. Monsieur — tel est, rappelons-le, le titre du duc d'Anjou — veut même convertir sa sœur à la nouvelle foi huguenote, et jette au feu ses livres d'heures. Pour lui — il a douze ans! — sa sœur n'est qu'une bigote et il la supplie de changer de religion. Marguerite répond en affirmant qu'elle ne veut pas d'autre foi que celle enseignée par sa mère. Henri hausse les épaules et affirme même à sa sœur que leur mère la fera fouetter si elle «persévérait dans ses mômeries». Margot pleure et assure qu'on pourrait bien la fouetter, la tuer même :

— J'accepterai tout ce qu'on me fera faire, plutôt que de me damner!

Cependant une grande nouvelle atteint Amboise tout au début de l'année 1564 : Marguerite, âgée de onze ans, est appelée à Paris afin de participer avec son frère Anjou au fameux voyage que prépare Catherine de Médicis. La reine désire, en effet, présenter à Charles IX son royaume. Le cinquième fils de Catherine, le duc d'Alençon, le dernier « petit mignon », qui n'a que dix ans, restera à Amboise.

On devine l'exaltation de la petite Margot en apprenant ce que devait être le plus effarant déplacement royal de tous les temps : un long et lent périple auquel participeront douze à quinze mille personnes ! Une cavalcade de quinze à vingt mille chevaux doit traverser la France durant deux années, trois mois et une semaine !

Bien sûr, le gouvernement du royaume, tous les grands officiers de la Couronne et leurs aides devront obligatoirement accompagner le jeune roi. A ces présences indispensables, car on gouvernera chemin faisant, s'ajouteront les maisons de la reine et des enfants royaux. Au cours de ce tour de France, Marguerite et son frère Anjou retrouveront leur tante Marguerite, devenue duchesse de Savoie, et leur sœur Élisabeth, reine d'Espagne, ces deux princesses dont le mariage avait été cruellement endeuillé par le coup de lance du comte de Montgomery. Henri de Navarre, le futur roi Henri IV, qui, lui aussi, n'a encore que douze ans, sera également du voyage.

Les deux cents gentilshommes *à bec recourbé*, dit *de corbin*, leur marteau d'armes sur l'épaule — privilège de leur charge —, marchent noblement deux par deux et ouvrent le cortège. La smala comprend évidemment la garde royale, formée par les hérauts d'armes, les archers à pied de la Porte et de la Prévôté, les archers à cheval, les vingt-quatre archers du corps revêtus de leurs hoquetons d'argent ornés de paillettes d'or, les Cent-Suisses armés de leur hallebarde.

A la tête de la Grande Écurie chevauchent les hérauts d'armes de France et leur chef Montjoie. A leur suite, voici la Chapelle, l'Aumônerie, la Maîtrise, les gentilshommes de la Chambre, les services de la Bouche — que l'on appelle alors les « offices de l'Hôtel » : fruiterie, échansonnerie, cuisine-bouche et paneterie. Enfin, la « Chambre », c'est-à-dire tous les valets, huissiers, pages et même la musique destinée aux bals.

Charles IX, qui va atteindre sa quatorzième année — mais en aura seize à la fin du voyage —, a, bien entendu, l'intention de chasser à tir, au vol ou à courre durant cette longue randonnée. Aussi les nombreux valets attachés aux véneries, fauconneries, services des toiles et des filets suivent leur maître. On n'a garde d'oublier tout ce qui est nécessaire pour se livrer au dangereux plaisir des tournois : casques emplumés, lances, boucliers et armures, destinés aux combattants et à leur monture. Catherine emmène avec elle ses vingt-quatre dames d'honneur et son célèbre Escadron volant, ces demoiselles d'honneur (qui en avaient si peu !) : des jeunes femmes qui, sur l'oreiller, surprendront les secrets d'État ou influenceront les décisions de leurs amants. Ces jolies filles, précieuses auxiliaires de la politique royale, montées sur leurs haquenées Lamiraude, Charençonnais, Bressuire, Montal — ce sont les noms des chevaux et non ceux de ces demoiselles —, trottent gaiement derrière leur maîtresse.

Catherine quitte parfois sa litière pour chevaucher. On sait l'importance attachée par la reine mère à l'équitation. C'est elle qui a inventé la monte à l'amazone en armant la selle d'une fourche, permettant ainsi de découvrir et de mettre en valeur sa jambe qu'elle avait fort belle. Sa fille Marguerite l'imitera... Pour l'instant, la fillette aime étudier — elle le fera même en voyage — et affectionne la poésie et le latin qu'elle parlera couramment un jour.

Les badauds ébahis verront encore passer devant eux les litières de voyage ou de parade « couvertes et peintes de tant de belles devises », et traînées par des mules, des chariots doublés de velours vert, ainsi que des coffres contenant des petits chiens dits « de chambre » — dont l'on retrouve aujourd'hui l'image sur de nombreuses tapisseries de l'époque. Il y avait enfin, entassé dans d'autres chariots, tout un arsenal de déguisements maures, grecs et albanais, destinés aux bals costumés... J'allais oublier des ours muselés, tenus en laisse par un anneau passé dans leur nez, et de verts perroquets jacassant dans des cages.

Pour servir et amuser les enfants, on emmènera également une cohorte de nains et de naines. Parmi ces dernières, on remarque surtout une certaine La Jarnie — appelée la Folle-en-pied —, favorite de Catherine, qui ne quitte guère la reine. Tous ces bouffons et bouffonnes possèdent un noble gouverneur en la personne de M. de Bézon, qui se fait seconder par un moine, nain, bien sûr, et que l'on appelle le *monneton*. Ils jouissent d'un précepteur, d'un apothicaire et de domestiques en tout genre.

Les ambassadeurs et leurs suites accompagnent aussi la smala. Bien entendu, à l'arrière-garde, emboîtant le pas au cortège officiel, l'inévitable bataillon de filles publiques destinées au «bonheur des compagnons»... ou à leur malheur quand elles leur transmettent le tristement célèbre mal de Naples — appelé en contrepartie le mal français par les Italiens.

Tout le personnel d'avant-garde est commandé par le premier maréchal des logis, chargé de précéder les fourriers. Il marque le logement de chacun à la craie. Machiavel nous rapporte que, lors des déplacements royaux, il était d'usage de payer par jour et par chambre garnie de draps la modeste somme d'un sou.

Le 24 janvier 1564, la Cour quitte enfin Paris pour Saint-Maur. On devine la joie des enfants royaux assistant ensuite à Fontainebleau à un premier tournoi au cours duquel le jeune roi rompt des lances avec le duc de Guise et le prince de Condé. Le vaste château sert de cadre à d'autres divertissements, telle la représentation de *La Belle Guenièvre*, de l'Arioste. On récite des vers de Ronsard, ou l'on assiège des forteresses faites de bois et de carton. Le spectacle s'achève par un gigantesque feu d'artifice, suivi d'un bal où se mêlent catholiques et huguenots — puisque la paix est maintenant conclue... toujours provisoirement, bien sûr.

Après Fontainebleau, la Cour ambulante se dirige vers Sens où, moins de deux années auparavant, avait eu lieu le grand massacre des parpaillots. On voyage à petites journées. En arrivant à Troyes, le 23 mars, les enfants royaux ouvrent de grands yeux effrayés : une troupe de sauvages et de satyres, chevauchant des montures inattendues — telles que des chevaux déguisés en licornes, des chèvres et des boucs —, entourent les arrivants en poussant des cris joyeux.

La Cour demeure à Troyes une vingtaine de jours et tous les catholiques font leurs Pâques dans la cathédrale. Ensuite, les joyeuses entrées se succèdent, toujours un peu semblables à elles-mêmes. Partout des arcs de triomphe, des harangues des maires, des joutes, des ballets et des comédies ! Pierre de Ronsard est l'auteur le plus joué.

Un esclandre éclate à Bar-le-Duc : Isabelle de Limeul, l'une des demoiselles d'honneur de la reine mère, accouche presque en public. Elle révèle que le père est le protestant prince de Condé et la jeune femme lui envoie l'enfant dans un panier comme s'il s'agissait d'un petit chat... Scandalisée — elle en a pourtant vu bien d'autres ! —, Catherine fait enfermer la coupable au couvent d'Auxonne d'abord, à celui de Tournon ensuite.

A Dijon, le compliment du gouverneur de la Bourgogne, le vieux sire de Tavannes, est particulièrement apprécié... pour sa brièveté. Il porte pour commencer la main à son cœur en s'écriant : « Ceci est à vous ! » Puis, saisissant la garde de son épée, il affirme, martial, en la brandissant : « Voilà de quoi vous servir ! »

Et, sur ce, il s'éclipse !...

On séjourne à Chalon et à Mâcon, où la princesse Marguerite fête son douzième anniversaire, avant d'atteindre Lyon, le 9 juin 1564. Le roi, tout de velours vert revêtu, y est accueilli par un cortège d'enfants appartenant aux deux religions et marchant symboliquement côte à côte. La famille royale s'installe dans la vaste demeure du riche bourgeois Pierre Teste, tandis que dans la ville, en dépit du cortège enfantin mixte, se multiplient les querelles entre protestants et catholiques. Charles IX accueille avec tant de grâce les réformés qu'il est ensuite obligé d'apaiser les inquiétudes de l'ambassadeur espagnol. Pour le représentant de Philippe II, le roi devrait restreindre le plus possible les libertés accordées aux huguenots, qui forment à Lyon, si proche de Genève, une vraie puissance intellectuelle.

A Digne, la peste — elle fera vingt-cinq mille victimes — contraint la Cour à gagner le Roussillon. C'est là que le roi, au mois de juillet 1564, signe un édit, en vigueur jusqu'à nos jours, et qui le sera jusqu'à la fin des temps : l'année, qui commençait alors le 1er avril, débutera désormais le 1er janvier *.

Pendant plusieurs semaines à Avignon, territoire pontifical, Charles IX, valétudinaire depuis sa naissance, se porte un peu mieux et la Cour participe au carnaval à Montpellier. On danse le «chevalet» et un pas venu de Turquie, appelé le *treihle*, qui réchauffe les danseurs, car il fait très froid. On gèle, en effet, et Carcassonne, atteinte le 12 janvier 1565, est recouverte d'une épaisse couche de neige qui a fait s'effondrer les arcs de triomphe. Mais les enfants royaux sont tout joyeux, car ils se battent à coups de boules de neige.

A Salon-de-Provence, Marguerite est intriguée par un personnage à la longue barbe blanche qui, la canne à la main, trottine à côté du cheval du roi : c'est Michel de Nostradamus. Au château, le célèbre astrologue demande à voir l'héritier du royaume de Navarre. Son

---

* Les étrennes furent donc reportées au nouveau jour de l'an, mais l'usage voulut que l'on offrît le 1er avril des cadeaux sans valeur, des cadeaux burlesques, et que l'on adressât à ses amis, ainsi que des vœux fantaisistes, des plaisanteries bouffonnes. On se mit donc peu à peu, en cet ancien premier de l'an, à mystifier et à berner ses semblables. Ces «attrapes» furent appelées *poissons d'avril*, puisque, ce mois-là, le soleil quitte le signe zodiacal des Poissons.

bonnet de velours d'une main, un gros jonc marin d'Inde emmanché d'argent de l'autre, il regarde longuement le futur roi Henri IV, en dépit de la gêne de l'enfant qui demeure nu au milieu de la pièce. Nostradamus, ayant achevé son examen, se retourne vers le gouverneur d'Henri, M. de La Gaucherie, et prédit, au grand effroi de la reine mère :

— C'est lui qui aura tout l'héritage... Et si Dieu vous fait grâce de vivre jusque-là, vous aurez pour maître un roi de France et de Navarre.

Mais Nostradamus ne pourra vérifier ses prédictions : il quittera ce monde vingt mois plus tard.

A propos de prédiction, on affirme qu'un soir de 1559, au lendemain du tournoi fatal, dans la chambre de Catherine au château de Chaumont, Ruggieri avait fait apparaître dans son miroir magique le jeune roi François II, qui venait de monter sur le trône :

— Il fera autant de tours sur lui-même, annonça-t-il à la reine mère, qu'il a encore d'années à vivre.

Et la silhouette du roi de France, après avoir exécuté un seul tour, disparut aux yeux horrifiés de Catherine de Médicis, qui tomba évanouie. Elle revint à elle pour voir son deuxième fils, le futur Charles IX, accomplir treize rotations. Anjou, qui sera un jour Henri III, roi de France et de Pologne, tourna quinze fois et laissa sa place à Henri de Bourbon, roi de Navarre. Ainsi, s'il fallait en croire les astrologues — et Madame Catherine les croyait toujours —, la race des Valois-Angoulême s'éteindrait... au profit de celle des Bourbons.

Au printemps, Marguerite et ses frères découvrent à Brignoles des orangers qui, apportés de Chine, se sont bien adaptés au climat provençal. Mais quel émerveillement aussi devant les palmiers de Hyères, où l'on effectue une longue étape. C'est ensuite un séjour à Marseille. Les « petits mignons » assistent, on devine avec quelle joie, à un vigoureux combat naval entre deux galères.

Voici enfin venue la raison principale de l'interminable voyage : au mois de juin 1565, la rencontre sur une île frontière de la Bidassoa avec la reine d'Espagne, sœur aînée de Margot. En six années de règne, Élisabeth est maintenant tout engluée par la hiératique étiquette espagnole. Monsieur — Henri, duc d'Anjou — en sa qualité d'héritier du trône tant que Charles IX n'aura pas d'enfant, se porte au-devant de sa sœur de cinq années plus âgée que lui.

Jusqu'à la dernière minute, Catherine espérait que Philippe II viendrait également jusqu'aux Pyrénées. Il n'en a rien été. La raison? La France avait autorisé la flotte ottomane à passer une partie de l'hiver à Marseille et à Toulon. Or le bruit courait que les Turcs s'apprêtaient à attaquer l'Espagne. On devine alors les sentiments du roi Philippe devant les tentatives de Catherine de Médicis désireuse de rapprocher les deux religions! Et, en l'occurrence, semblait même protéger les disciples d'Allah!

C'est dans une salle garnie de feuillages que Marguerite — elle entre dans sa treizième année — retrouve sa sœur aînée Élisabeth, appelée aussi Isabelle, mais elle est quelque peu déçue : les effusions familiales sont interdites à la reine d'Espagne. La reine mère ne peut s'empêcher de le lui faire remarquer :

— Vous êtes devenue bien espagnole, lui dit-elle.

— Je le suis effectivement, comme l'exigent mon devoir et la raison, réplique fièrement la jeune reine.

La chaleur est épouvantable. On entend tomber bruyamment des hommes d'armes littéralement cuits dans leur cuirasse... La famille royale monte bientôt en carrosse pour se rendre à Bayonne où se déroule une joyeuse entrée aux flambeaux. Les fêtes se succèdent, mais les Français trouvent les hidalgos par trop guindés. De plus, ceux-ci jettent sur les gentilshommes huguenots des regards de haine. Pour les sujets de Philippe II, ceux de la religion dite réformée sont des monstres qu'il faut abattre. Le Premier ministre espagnol, le duc d'Albe, qui accompagne la reine d'Espagne, se permet même de conseiller vivement à Catherine d'épurer la Cour de tous les protestants. Selon lui, point de tolérance envers les parpaillots! Catherine changera plus tard d'avis mais, pour l'heure, elle préconise plutôt avec sagesse la réconciliation générale afin de ne pas retomber dans les atroces guerres fratricides.

Aussi, l'entrevue de Bayonne, sur laquelle elle misait tant, sera un échec total. Le projet d'une future union entre la jeune Marguerite et l'infant don Carlos est repoussé par le duc d'Albe, obéissant aux ordres du roi Philippe — à la grande joie de la future reine Margot justement effrayée par la transformation subie par sa sœur.

On essaye d'égayer l'atmosphère franco-espagnole en multipliant fêtes et banquets. Marguerite, lorsqu'elle rédigera plus tard ses *Mémoires*, mettra joliment en scène le festin et le ballet que sa mère, après l'inévitable tournoi, avait offerts à la reine d'Espagne dans l'île d'Aiguemeau-sur-Adour, qui porte aujourd'hui le nom de Lahonce. Au milieu de l'île boisée « de haute futaie », on a aménagé un grand pré ovale ceinturé de niches de feuillage. Dans chacune d'elles ont été placées des tables destinées aux invités. La famille royale s'est assise sur une estrade haute de quatre « degrez de gazon » — précision encore donnée par Marguerite.

Le service est assuré par des bergères vêtues de robes d'or et de satin, inspirées par leur province d'origine — une tenue chatoyante qu'elles ne portaient évidemment pas d'ordinaire pour garder leurs moutons... Ces jeunes femmes sont arrivées en bateau, au son de diverses musiques : « Chaque troupe danse à la façon de son pays, nous dit Marguerite : les Poitevines avec la cornemuse, les Provençales la volte avec les cimbales, les Bourguignonnes et Champenoises avec de petits hautbois, des violons et tambourins de village. Les Bretonnes dansent les *passe-pieds* et *branles-gais*... »

Le repas achevé, Marguerite voit pénétrer dans la clairière « un grand rocher lumineux plus éclairé par les beautés et pierreries portées par des nymphes, et des satyres qui faisaient dessus leur entrée, que par des artificielles lumières... ». Malheureusement, leur ballet est interrompu par un terrible orage avec « pluie et tempête », qui disperse les convives : « une retraite qu'il fallut faire de nuit et par bateau ». Mais, le lendemain, on « en fait de bons contes pour rire ». Puis l'on assiste à un nouveau tournoi entre des chevaliers défendant l'Amour et la Vertu. Tous les chroniqueurs décrivent la fête nautique : des marins attaquent une fausse baleine, puis l'on voit arriver un bateau transformé en une grosse tortue de mer sur laquelle sont juchés six musiciens déguisés en tritons. Enfin apparaît Neptune assis sur son char tiré par des chevaux marins... en carton-pâte.

Les deux Cours se séparent « froidement », préciseront les chroniqueurs. Marguerite embrasse aussi tendrement que l'étiquette le lui permet l'austère Élisabeth... qu'elle ne devait plus revoir. Sitôt traversée la Garonne par une chaleur étouffante, les plaintes des catholiques reprennent d'autant plus violemment que, dans la cathédrale d'Angoulême, on apprend la profanation des tombeaux de la famille des Valois par les huguenots, d'où une grande fureur du roi. A Cognac, dans le château de François Ier, les danses semblent réconcilier les deux partis — ce qui permet à Catherine de s'exclamer :

— Si Dieu voulait qu'on fût aussi sage ailleurs, nous serions en paix !

Cependant, dans une grande partie des provinces de l'Ouest, les catholiques, par crainte des protestants, n'osent pas non plus accomplir les devoirs de leur religion. A leur grand contentement, l'arrivée du roi remet les choses au point.

A La Rochelle, Charles IX signe quelques édits ordonnant que l'on célèbre la messe chaque jour et exile quelques-uns des plus intransigeants huguenots, dont un pasteur. Il fait même condamner au terrible supplice de la roue quelques coupables de sévices contre des catholiques. Le 4 novembre 1565, Angers, « basse ville, hauts clochers, richement située», précise un dicton du temps, voit entrer dans ses murs le long cortège royal qui s'engouffre tel un flot chatoyant dans la puissante forteresse du roi René.

Toutefois les dépenses sont lourdes pour les habitants et, le 7 novembre, lorsque l'immense caravane quitte Angers pour le Verger, les Angevins poussent un soupir de soulagement. Le 9 mars, la Cour est à Lérigné, le 10, au château féodal de Durtal, le 12, on déjeune à Jarzé au château construit en 1500 par Jean Bouri, ministre de Louis XII, et l'on couche à Baugé dans le petit logis élevé par le roi René. Le 13, la *harka* s'arrête à La Ville-aux-Fourriés et, du 14 au 19, séjourne à l'abbaye de Bourgueil fondée en 990.

— C'est le plus beau lieu que je vis jamais! s'exclame Catherine de Médicis.

Le 19, le roi et sa famille dînent à Ingrandes à la frontière de la Touraine et arrivent le soir aux portes de Langeais. Tous les habitants agitent de petites bottes de paille en guise de fidélité. Le 20, la Cour quitte le château et, à Maillé, se gorge de bécasses, d'alouettes, de ramiers et de perdrix. Puis c'est la traversée de la Loire en bateau — et ce ne fut pas une mince affaire!... —, enfin l'on s'entasse au château de Plessis-lez-Tours.

Le lendemain, Ronsard reçoit chez lui la reine et ses enfants. A chacun de ses hôtes, il récite un poème. Après cet intermède, le 22 novembre 1565, le roi fait son entrée dans Tours au son des arquebuses, des sonneries de clairons et de trompettes. Le charivari cesse pour laisser le maire adresser sa harangue à Charles IX. Il est accompagné par tous les délégués des corporations. Au Carroy, le cortège passe sous un arc de triomphe où se trouvent peintes des allégories — deux tours soutenues par des mains jointes — puis, après une halte à Saint-Gratien,

Le roi s'en va en son Plessy esbattre
Pour voir le cerf et la bische courir,

Mais il a vu son royaume se battre
Il le veut voir maintenant refleurir.

Le cerf et la biche *vus*, Marguerite, sa mère et ses frères s'en vont coucher, le 2 décembre, chez Jean Babou de la Bourdaizière, fils de Philibert, surintendant des Finances sous François Ier. Jean Babou, gentilhomme de la chambre de Charles IX, reçoit la famille royale entouré de ses filles, Marie, comtesse de Saint-Aignan, Madeleine, Diane et Françoise d'Estrées, qui vient de mettre au monde une petite fille à laquelle on a donné le prénom de Gabrielle.

Nous la retrouverons...

Tandis que la cavalcade s'éloigne de la Loire et continue sa route vers Moulins, où bêtes et gens pourront un peu souffler après ces deux années de chevauchées, Marguerite rejoint enfin Amboise. Ce n'est plus une fillette, mais une vraie jeune fille, qui écrit « des stances à la louange et à la faveur de l'hiver, nous dit Brantôme, et de la propriété de cette saison pour l'amour »...

Chapitre IV
L'ardente Marguerite

« Si belle que rien de si beau au monde... »

BRANTÔME.

Marguerite approche de ses seize ans et commence à devenir ravissante. Elle est brune, comme le chante Ronsard :

Son chef divin, miracle de la nature,
Était couvert de cheveux ondulés,
Noués, retors, recrêpelés, annelés,
Un peu plus noirs qu'une blonde teinture.

Mais elle porte souvent une perruque blonde, formée de délicieuses bouclettes poudrées d'or. Ce qui frappe d'abord dans son visage ovale, aux bonnes joues de fille qui se porte bien, oui, ce qui frappe le plus, ce sont ses yeux marron, des yeux de chatte intelligente et malicieuse, surmontés de sourcils joliment dessinés. A leur propos, Pierre de Ronsard précise même :

Ses sourcils noirs faits en arche d'ébène
D'un beau croissant contrefaisant le trait...

Et ceux-ci sont surmontés d'un front « de marbre blanc,

siège de majesté». La bouche est, elle aussi, fort gracieusement modelée, et l'ensemble donne un air de volupté. Ceux qui l'ont vue vivre admirent jusqu'aux ailes sensuelles de son nez, «aussi mouvantes que le mercure».

Brantôme et Ronsard la contemplaient un jour lors d'une fête aux Tuileries :

— C'est l'Aurore, déclarèrent-ils, la belle Aurore, quand elle vient à naître avant le jour, avec sa belle face blanche et entourée de sa vermeille et incarnate couleur.

Les amours de la Perle des Perles formeront, durant des années, le sujet de tous les commérages de la Cour. Il est certain que Marguerite traînera après elle bien des cœurs éblouis par la beauté de son corps qui inspire les poètes. Ronsard, dans ses *Amours*, versifie :

Deux monts de lait qu'un vent presse et represse
Qui sur son sein, sans bouger, s'ébranlaient,
Comme deux coings gonflés se pommelaient
En deux tétins messagers de jeunesse.

Elle les exhibait avec orgueil et, affirme-t-on, ses filles d'honneur, troublées, les embrassaient avec émotion!

Quittons le poète pour la plume de Pierre de Bourdeille, seigneur de Brantôme : «Nulle ne sut faire valoir ses charmes de si belles façons, écrira-t-il. Je l'ai vue s'habiller quelquefois avec ses cheveux naturels sans y ajouter aucun artifice de perruque, lesquels, encore qu'ils fussent fort noirs, elle les savait si bien tortiller, frisonner et accommoder que telle coiffure lui convenait aussi bien que les autres... Je l'ai vue vêtue d'une robe de satin blanc avec force clinquant et un peu d'incarnadin mêlé avec un voile de crêpe tanné ou gazé à la romaine jeté sur la tête comme négligemment et jamais rien ne fut si beau... Je l'ai vue accoutrée d'une robe de velours incarnadin d'Espagne et d'un bonnet de même velours tant bien dressé de plumes et de pierreries que rien plus...»

A la veille de ses seize ans, elle est déjà terriblement et

délicieusement femme... et son frère, Anjou, le sent bien, puisqu'il fera de Margot son alliée. Pour quelle raison ?

Il nous faut d'abord brosser le décor.

Nous sommes au mois d'octobre 1568. Cette année-là, la Loire revoyait une autre cavalcade royale, mais il ne s'agissait plus de coffres contenant des chiens, ni de mulets portant des confitures ! Plus d'armes de tournoi, mais des armes de guerre ! C'est en effet une armée drapée de fer qui campe à Tours s'apprêtant à se porter au secours de Poitiers assiégé par les reîtres allemands de l'amiral de Coligny, chef, avec Condé, du parti calviniste. Le duc Henri de Guise — le fils de François — fait là ses premières armes, et Marguerite regarde avec émoi sa haute stature... Guise est parvenu à se jeter dans la ville et à réconforter par sa seule présence les habitants. Ceux-ci n'ont d'espoir qu'en l'armée royale commandée par le duc d'Anjou, qui porte le titre de lieutenant général.

Et il n'a que dix-sept ans !

Marguerite le contemple avec admiration. Lorsque Henri expose le plan des opérations militaires, sa sœur affirme qu'il remplira ce rôle avec tant d'art et d'éloquence qu'elle en fut éblouie : « Il se fit admirer de tous les assistants, nous dit-elle dans ses *Mémoires*, et d'autant plus que sa grande jeunesse relevait et faisait davantage paraître la prudence de ses paroles, plus convenables à une barbe grise et à un vieux capitaine qu'à une adolescente de dix-sept ans... Et la beauté, qui rend toutes les actions agréables, fleurissait tellement en lui qu'il semblait rivaliser avec sa bonne fortune. »

Il est maintenant le triomphateur du jour, car il vient de battre Condé à Jarnac et se repose au château de Plessis-lez-Tours en attendant le rassemblement des troupes destinées à délivrer Poitiers. Cependant, Henri est soucieux. Ce n'est pas le sort de Poitiers qui l'inquiète, mais la jalousie du roi à son égard. Les victoires du jeune lieutenant général gênent visiblement Charles IX. Aussi, un matin, le futur Henri III entraîne-t-il dans le parc du château de Plessis-lez-Tours sa chère Marguerite — qu'il appelle Margot.

— Ma sœur, dit-il, l'éducation que nous avons prise ensemble ne nous oblige moins à nous aimer que la parenté. Aussi avez-vous pu connaître qu'entre tous ceux que nous sommes de frères, j'ai toujours eu plus d'inclination de vous vouloir du bien qu'à toute autre et j'ai reconnu aussi que votre naturel vous portait à me rendre même amitié. Nous avons été jusqu'ici tout naturellement guidés à cela sans aucun dessein, et sans doute qu'une telle union nous apportait aucune utilité que le seul plaisir que nous avons de converser ensemble.

Marguerite écoute de toutes ses jolies oreilles et se demande où « Monsieur » veut en venir.

— Cela était bon pour notre enfance, reprend Henri, mais, à cette heure, il n'est plus temps de vivre en enfant. Vous voyez les belles et grandes charges où Dieu m'a appelé, et où la reine, notre bonne mère, m'a élevé. Vous devez croire que, étant la chose du monde que j'aime et chéris le plus, je n'aurai jamais grandeur ni biens sans que vous y participiez. Je vous connais assez d'esprit et de jugement pour vous pouvoir servir auprès de la reine ma mère afin de me maintenir en la fortune où je suis.

Il entre à présent dans le vif du sujet :

— Je crains que l'absence y nuise, car la guerre et la charge que j'ai me contraignent d'être presque toujours éloigné. Le roi mon frère est toujours auprès d'elle, la flatte et lui complaît en tout. Je crains qu'à la longue cela ne m'apporte préjudice, et que le roi mon frère, devenu grand, étant courageux comme il est, ne s'amuse toujours à la chasse, mais devenant ambitieux, m'ôte la charge de lieutenant du roi qu'il m'a donnée pour aller lui-même aux armées. Ce qui me serait une ruine et un déplaisir si grand qu'avant de recevoir une telle chute, je préférerais plutôt une mort cruelle.

Marguerite a pâli. Qu'attend donc son frère ? Elle ne va pas tarder à le savoir :

— Je trouve qu'il m'est nécessaire d'avoir quelques

personnes très fidèles qui prennent mon parti auprès de la reine ma mère. Je n'en connais point d'aussi propre que vous, car je vous tiens comme un second moi-même. Vous possédez l'esprit, le jugement et la fidélité.

Il faut que Marguerite soit tous les jours au lever de la reine, qu'elle aille la visiter à son cabinet de travail. Enfin, qu'elle assiste à son coucher.

— Cela l'obligera de communiquer avec vous, reprend Henri, d'autant plus que je lui démontrerai votre capacité, la consolation et les services qu'elle en recevra. Je la supplierai de ne plus vivre avec vous comme un enfant, durant mon absence, qu'elle se serve de vous comme de moi. Perdez votre timidité, parlez avec assurance comme vous le faites à moi-même. Ce sera pour vous un grand bonheur d'être aimée d'elle. Vous ferez beaucoup pour vous et pour moi. Et je vous tiendrai après Dieu pour la conservation de ma bonne fortune.

C'est là un langage tout nouveau pour la jeune Marguerite. Elle ne pensait jusqu'à présent qu'à danser, conter fleurette, écrire des « stances », aimer son corps ou partir pour la chasse. Elle avoue n'avoir même pas la curiosité de s'habiller pour paraître plus belle, puisqu'elle l'était naturellement. Bref, Margot n'est encore possédée par aucune ambition, du moins elle le prétend. Certes, elle a été « nourrie avec une telle contrainte auprès de la reine » que non seulement elle n'ose lui parler, mais quand Catherine lui adresse la parolc, cllc « transissait » de peur d'avoir fait quelque chose qui lui ait déplu.

Le discours que son frère vient de lui tenir a transformé Marguerite : « J'étais devenue quelque chose de plus que j'avais été jusqu'alors, avoue-t-elle, tellement que je commençai à prendre confiance en moi-même. »

— Mon frère, lui déclare-t-elle, si Dieu me donne la capacité et la hardiesse de parler à la reine ma mère, comme j'ai la volonté de vous servir en ce que vous désirez de moi, ne doutez point que vous n'en retiriez l'utilité et le contentement que vous demandez.

Elle s'enhardit :

— Je préfère votre bien à tous les plaisirs du monde. Vous avez raison de vous assurer de moi, car rien au monde ne vous honore et vous aime autant que moi. Je serai auprès de la reine comme vous y seriez vous-même. Je n'y serai que pour vous.

Quelques jours après ces mutuelles confidences, la reine mère appelle Marguerite dans son cabinet et lui annonce :

— Votre frère m'a rapporté les discours que vous avez eus ensemble, et ne vous tiens désormais plus pour une enfant, aussi cela me sera un grand plaisir de vous parler comme à votre frère. Rendez-vous donc près de moi et ne craignez point de me parler librement, car je le veux ainsi.

« Ces paroles, écrit Marguerite, firent ressentir dans mon âme ce qu'elle n'avait jamais ressenti : un contentement si démesuré qu'il me semblait que tous les contentements que j'avais eus jusqu'alors n'étaient que l'ombre de celui-ci. Je regardais d'un œil dédaigneux les exercices de mon enfance : la danse, la chasse, et les compagnies de mon âge. Je les méprisais comme des choses trop folles et trop vaines. J'obéis au commandement que j'avais reçu, ne manquant un seul jour d'être des premières au lever de ma mère et des dernières à son coucher. Elle me faisait l'honneur de me parler quelquefois durant deux ou trois heures. Et Dieu me fit cette grâce qu'elle restait si satisfaite de moi qu'elle ne pouvait assez me louer auprès de ses femmes. Je parlais toujours à ma mère de mon frère, et je l'avertissais de tout ce qui se passait avec tant de fidélité que je n'aspirais autre chose que sa volonté. »

Henri pouvait repartir tranquille. Marguerite soutiendra sa cause avec d'autant plus de chaleur qu'il paraît certain que le frère et la sœur se sont livrés à d'autres plaisirs que ceux apportés par la politique... et Margot avouera que le duc d'Anjou avait été son premier amant. Elle le confiera même un jour dans ce style imagé :

— C'est le premier qui m'a mise au montoir.

La pécheresse ne l'aurait pas non plus dissimulé un

jour à son confesseur Boucicaut, évêque de Grasse... qui s'était empressé de divulguer la confidence reçue, sans doute hors confession. Du moins espérons-le pour son salut!

Ronsard, qui les connaissait bien tous les deux, prête à Henri et à Margot, dans ses *Eglogues*, ce dialogue :

PASITHÉE (Marguerite)

Xandrin, mon doux souci, mon œillet et ma rose
Qui peux de mes troupeaux et de moi disposer.

XANDRIN (Henri)

Je garde à Pasithée une linotte en cage
Que j'ai prise à la glu et si bien l'autre jour,
Je lui fis oublier en un soir son ramage
Que maintenant son chant n'est sinon que d'amour.

Après la conversation avec sa sœur, Henri, l'esprit tranquille, part pour Châtellerault, suivi de troupes formées de huit mille Français, six mille Suisses, trois mille Italiens, et deux mille Wallons. L'amiral, le 7 septembre 1568, lève le siège et se porte à la rencontre du duc d'Anjou. A Port-de-Piles, les deux armées, dont l'une est plus européenne que l'autre, sont en présence. Mais Gaspard de Coligny, dédaignant la bataille, semble vouloir traverser la Vienne et foncer vers Tours. Le futur Henri III envoie aussitôt alerter le roi.

Au Plessis, ce fut immédiatement l'affolement. En effet, le roi parle de pointer lui-même une pièce contre les assaillants. Or, lorsque Charles IX se livrait à ce qu'il considérait comme un exploit, il était, paraît-il, un véritable danger public. A Saint-Jean-d'Angély, il avait réussi la performance de tuer huit commissaires et douze canonniers... non point chez l'ennemi, mais parmi ses propres troupes! Son projet belliqueux est accueilli avec épouvante par les assistants! Fort heureusement, au petit jour, le spectre du canon royal et celui des lansquenets de l'amiral disparaissent, les huguenots s'étant arrêtés à Châtellerault!

Quelques jours plus tard, la nouvelle de la victoire du duc d'Anjou à Moncontour — non loin de Niort — parvient au Plessis et tous les chœurs des églises de Tours entonnent le *Te Deum.*

La guerre ne s'en poursuit pas moins. Les armées royales mettent le siège devant Saint-Jean-d'Angély où les huguenots résisteront jusqu'à la fin de l'année 1569. Pendant ce temps, au Plessis, Marguerite lorgne maintenant avec extase Henri de Guise. Elle est conquise par ce prince de vingt ans, aux larges épaules — descendant des Borgia par sa mère —, et se range du côté de la maréchale de Retz, qui déclarait :

— Ils ont si bon air, ces jeunes Lorrains, qu'auprès d'eux les autres princes paraissent «peuple».

En voyant cette jolie fille le contempler complaisamment, Henri est flatté... puis conquis, surtout lorsqu'il la regarde danser avec son frère, le roi Charles :

Serrant sa main la conduit à la danse :
Comme une femme elle ne marchait pas,
Mais en roulant divinement le pas,
D'un pied glissant coulait à la cadence.

Pourquoi ne l'épousera-t-il pas? Fille et petite-fille de roi, sœur de roi, quel beau mariage pour un prince lorrain! Et attendant que les choses puissent en arriver là, le duc de Guise devient l'amant de Marguerite. C'est ainsi qu'elle découvre l'amour passion dont elle sera bientôt une brûlante adepte. La voici donc furieusement éprise du beau duc. Les jeux incestueux avec le duc d'Anjou sont très vite oubliés...

Tandis que les tourtereaux roucoulent, la jalousie entre en scène en la personne de Louis de Béranger, seigneur du Guast et favori du duc d'Anjou. Margot nous affirme qu'il était «un mauvais homme, né pour mal faire». Et il faut la croire! Selon elle, son frère Henri ne voyait que par ses yeux et ne parlait que par sa bouche. Du Guast n'a, en effet, aucun mal à démontrer à Monsieur qu'un mariage de sa luronne de sœur avec le duc de Guise donnerait trop d'importance à l'ambitieuse maison de Lorraine. Du Guast avait déjà désapprouvé les sentiments que son maître éprouvait pour sa sœur. Passe pour les jeux du « montoir » d'autrefois, mais aujourd'hui, Marguerite était passée l'alliée politique du frère du roi! Il fallait donc tout mettre en œuvre pour empêcher le duc de Guise de faire partie de la famille royale.

Aussi, du Guast révèle-t-il à son maître les amours de sa sœur et d'Henri de Guise. Le duc d'Anjou est en proie, à son tour, à la jalousie. Ainsi sa sœur lui préfère le vaniteux Lorrain! Assurément, sur l'oreiller, mettait-elle son amant au courant des intrigues menées par la reine Catherine et son fils Anjou. Voici le frère de Margot fort inquiet. Sans tarder, il prévient sa mère :

— Marguerite devient belle, et M. de Guise la veut rechercher. Vous connaissez l'ambition de cette maison! Ne vous familiarisez plus avec votre fille. Et surtout, il faut tout faire pour séparer les deux amants!

Madame Catherine approuve et décide de ne plus se confier à sa fille. Tout sujet politique est désormais banni de leurs entretiens. Foin de confidences et plus de commentaires! Surprise par ce brusque changement d'attitude, Marguerite en demande l'explication à sa mère. Pourquoi sa confiance s'est-elle envolée? Elle la supplie même de lui donner les raisons de cette subite froideur à son égard. Catherine lui avoue enfin que la présence du duc de Guise auprès d'elle l'oblige à se défier et à se tenir sur ses gardes.

« Ses paroles me firent autant de pointes dans le cœur, confiera Margot, que les premières m'avaient été de joies. »

Poursuivant sa démonstration, Catherine lui affirme qu'Henri de Guise aspire à l'épouser — et entreprendra tout pour atteindre son but. Marguerite se défend comme elle peut — c'est-à-dire fort mal :

— C'est chose dont je n'ai jamais ouï parler. Mais quand bien même aurait-il ce dessein, je vous en avertirais aussitôt.

Bien sûr, elle se refuse à révéler son amour pour le blond Lorrain. Elle ne veut parler à sa mère que de son chagrin d'avoir perdu sa confiance :

— Je ressens moins le mal de la perte de mon bonheur que j'ai senti le bien de son acquisition. Mon frère me l'a ôté comme il me l'avait donné.

Selon Marguerite, la reine entend faire de son fils une idole :

— Ma fille, lui explique-t-elle, votre frère est sage ; il ne faut pas que vous lui en sachiez mauvais gré.

Le moral de Margot est fort bas. La voici au plus mal à la fois avec son frère Anjou et avec leur mère. Elle se fait à tel point du « mauvais sang » qu'elle en tombe malade d'une « grande fièvre continue ». La voici atteinte du *pourpre* — une maladie qui court à l'époque. Deux médecins du roi en sont déjà morts. Cette épidémie contagieuse se présente comme une manière de vilaine rougeole purulente. Catherine est émue et soucieuse en voyant l'état de santé de sa fille, dont elle se sent un peu responsable.

La maladie prend un développement inquiétant. « Moi étant en cette extrémité, écrit Marguerite, la reine, ma mère, qui en savait la cause, fit tout pour me faire secourir, prenant la peine, sans craindre le danger, de venir à toute heure me voir, ce qui soulageait bien mon mal. Mais la dissimulation de mon frère l'augmentait bien autant, qui, après m'avoir fait une si grande trahison et rendu une si grande ingratitude, ne bougeait jour et nuit du chevet de mon lit, me servant aussi officieusement que si nous eussions été au temps de notre plus grande amitié. »

Au mois de décembre 1569, Saint-Jean-d'Angély capitule et la Cour reprend le chemin d'Angers. Margot n'est pas encore rétablie, mais, couchée dans sa litière, fait partie du voyage. Le roi semble inquiet en voyant sa sœur toujours dolente. Le *pourpre* est tenace et, « tous les soirs en arrivant à la couchée », sans redouter la contagion, Charles donne l'ordre que la litière où repose sa sœur soit déposée jusqu'au chevet de son lit.

A Angers, Margot retrouve, avec la joie que l'on devine, le séduisant duc de Guise, qui est amené dans sa chambre par Anjou lui-même. « Lors, mon frère, pour mieux conduire sa trame, venait tous les jours à ma chambre, y menant M. de Guise, qu'il feignait d'aimer fort. Et pour l'y faire penser, souvent en l'embrassant, il lui disait : "Plût à Dieu que tu fusses mon frère !" A quoi M. de Guise montrait ne point entendre. Mais moi, qui savais la malice, conclut Margot, perdais patience de n'oser lui reprocher sa dissimulation. »

Enfin, la malade va mieux, le spectre de l'épidémie s'éloigne, et voici Marguerite guérie, recouvrant avec la santé, pour sa convalescence et son plaisir, les bras de son cher amant. Anjou, qui est à la base même de l'intrigue, demande à Mme de Curton de bien ouvrir les yeux chaque fois que les amoureux se rejoindraient :

— Prévenez-moi aussitôt, sans que le roi et la reine ma mère en sachent rien.

C'est maintenant au tour de Charles IX d'intervenir. Margot a commis l'imprudence, afin de donner à son amant un rendez-vous, d'ajouter un post-scriptum fort tendre à une lettre adressée à Henri de Guise par sa dame d'honneur, Mlle Pic de la Mirandole. Nous ne possédons pas ces lignes destinées à organiser la rencontre entre les deux amoureux, mais la lettre et son brûlant post-scriptum tombent entre les mains de Du Guast. De quelle manière ? Le favori du duc d'Anjou avait, comme son maître d'ailleurs, des goûts éclectiques, et était l'amant de la femme de chambre de Mlle de la Mirandole.

Aussi la lettre et son compromettant post-scriptum passent-ils des mains de Mlle de la Mirandole dans celles de sa femme de chambre, puis des mains de cette dernière dans celles de du Guast, qui remet la missive à son cher duc d'Anjou. Celui-ci voit son plan aboutir et porte le billet itinérant à la reine Catherine en lui peignant l'ambition éhontée de la maison de Lorraine. Leurs buts n'avaient-ils pas toujours « traversé ceux des Valois » ? La reine approuve et prévient aussitôt son fils Charles IX. La Cour séjournait alors au château qui, à l'orée de la Normandie, surplombe le gros bourg de Gaillon. C'est là, dans cette vaste résidence des archevêques de Rouen, que se déroule la dramatique scène finale.

Le 25 juin 1570, alors que le jour se lève, le roi quitte son lit et, en chemise et pieds nus, se rend dans la grande galerie où il a convoqué d'abord sa mère, puis le duc d'Anjou et le cardinal de Lorraine. Charles, furieux, exige que le duc de Guise ne jette plus les yeux sur une fille de France. Quant au cardinal, il doit abandonner tous les projets de sa famille concernant une alliance avec la maison royale. Marguerite, accompagnée du comte et de la comtesse de Retz, a été tirée du lit et arrive à son tour dans la galerie. Le roi renvoie la comtesse, demande au comte de garder la porte et de ne laisser pénétrer personne.

Le ton monte.

La violence redouble à un tel point qu'Anjou et le cardinal préfèrent s'éclipser. Marguerite est maintenant seule en face du roi et de Catherine. Elle essaie de se défendre. Ses amours avec M. de Guise sont des inventions calomnieuses « sorties de la boutique de du Guast ». Mais Charles et la reine mère ont entre les mains le fameux post-scriptum qui ne laisse subsister aucun doute sur les sentiments que Margot porte à son cher et tendre, sur la façon dont les amants doivent se rencontrer. La fureur est telle que Catherine et son fils se jettent sur Margot et la rouent de coups. Ils lui déchirent ses vêtements ! Aussi faudra-t-il plus d'une heure à Catherine pour réparer en partie les dommages causés par le combat, afin de rendre présentable sa fille avant que de la renvoyer dans ses appartements.

La colère du roi ne s'en apaise pas pour autant. Charles est un déséquilibré et se trouve en proie à des crises de rage frénétique, allant même jusqu'au sadisme. Il ne se montre doux qu'en présence de sa chère maîtresse, Marie Touchet. La vue du sang l'excite au plus haut point. Il suffit de le voir à la chasse lorsqu'il plonge avec sensualité sa dague dans la gorge d'une biche. Ce 25 juin, il n'est pas plus calme que d'habitude. Dès le matin, il appelle près de lui son demi-frère, le comte d'Auvergne, futur comte d'Angoulême, bâtard d'Henri II, et lui donne l'ordre de tuer le duc de Guise au cours de la prochaine chasse à courre. On croira à un accident! Et en quels termes exige-t-il cet assassinat! Il ne parle pas, il vocifère littéralement :

— De ces deux épées que tu vois, il y en a une pour te tuer si demain, quand j'irai à la chasse, tu ne tues pas le duc de Guise.

Mais Marguerite — on ne sait toujours pas de quelle manière — est informée de l'ordre royal. Peut-être par le duc d'Alençon, qui est jaloux de l'entente apparente de son frère Anjou et de Marguerite. Quoi qu'il en soit, Margot se hâte de prévenir son bel amant. Henri de Guise doit à tout prix éviter de se rendre à la chasse! Prudent, le duc disparaît et ne se présente à la Cour que quelques jours plus tard. Charles IX, le voyant s'incliner devant lui, met la main sur la garde de son épée et l'apostrophe brutalement :

— Que venez-vous faire ici?

— Je viens pour le service de Votre Majesté.

— Je n'ai pas besoin de votre service! réplique Charles en lui tournant le dos.

Le duc s'incline et se retire. Il a hâte maintenant de quitter cette cour dangereuse où l'emploi de la dague a remplacé celui de la plume. Le cardinal de Lorraine doit, lui aussi, s'exiler. Anne d'Este, sa mère, lui conseille de se marier au plus vite afin de calmer la fureur royale. Henri de Guise approuve et épouse sans tarder la princesse de Porcien, Catherine de Clèves, la jeune veuve d'Antoine de Croy. Ce qui toutefois n'empêchera pas le duc d'Anjou, rencontrant le duc de Guise, de lui lancer cette menace :

— Gardez-vous bien de revoir ma sœur et de penser à elle, car je vous tuerai.

La jalousie et les menaces règnent en maîtresses incontestées dans cette nouvelle famille des Atrides!

Chapitre V

On marie Margot

Charles IX avait épousé, en 1571, Élisabeth d'Autriche et, depuis plusieurs années déjà, Madame Catherine échafaude des projets afin de marier sa fille. Marguerite est douée d'un trop bel appétit amoureux!

— Son sang est chaud et bouillant, précisait-elle.

Elle lui ordonne de boire à tous ses repas «du jus de vinette», autrement dit une décoction d'oseille. Ce remède ne semble nullement avoir refroidi le sang de Marguerite et la famille espère que la jeune femme, étant mariée loin de Paris, se calmerait et cesserait de penser à Henri de Guise.

C'était mal la connaître.

Marguerite a déjà été plus ou moins fiancée à un jeune archiduc d'Autriche. L'empereur Maximilien II la voulait, en effet, pour belle-fille en lui faisant épouser son fils Rodolphe, roi de Hongrie, le savant amateur d'astrologie. On s'en souvient, il avait été question également du fils de Philippe II — don Carlos — à qui on avait même montré un jour — tel un catalogue — les portraits des princesses à marier afin qu'il puisse faire son choix...

— C'est cette petite qui est la plus jolie, avait-il déclaré en désignant Marguerite.

Catherine a fait prudemment un pas en arrière en apprenant que don Carlos, au corps malingre, est un boiteux doué d'une rare cruauté. Il reçut un jour un peu d'eau sur la tête en passant devant une maison. Il n'hésita pas à ordonner le massacre de tous les occupants de la demeure et à la faire brûler ensuite. Les projets de mariage s'écroulent d'autant plus que Philippe II a fait interner son fils. Dans sa prison, le malheureux déséquilibré avale une bague ornée d'un diamant... que, contre toute attente, il digère. A croire que l'opération a excité son appétit, car il se rue sur la nourriture avec tant d'avidité qu'il en trépasse... Le glouton n'a que vingt-trois ans!

Il est certain que les princes espagnols-autrichiens sont le plus souvent dégénérés et ont le cerveau quelque peu dérangé — sans parler de leur santé chancelante, due sans doute à trop de mariages consanguins. Aussi se tourne-t-on vers d'autres candidats. Un postulant portugais au mariage avec Marguerite est bien près d'aboutir. Des ambassadeurs, venus de Lisbonne, arrivent même à Paris afin de demander à Charles IX la main de la jeune princesse pour leur maître don Sébastien, roi du Portugal. Un soir, Catherine recommande à sa fille « de se parer pour les bien recevoir ». Éprouve-t-elle quelque répugnance à épouser le royal candidat portugais ? Le trouve-t-elle trop mystique ? Trop chambré par les moines, ainsi qu'on le lui aurait assuré ?

— Ma volonté, lui répond la petite rouée en baissant pudiquement les yeux, n'a jamais dépendu que de la vôtre. Tout ce qui vous sera agréable le sera aussi pour moi.

Mais Catherine n'est pas dupe :

— Ce que vous dites là, ma fille, vous ne l'avez point dans le cœur.

En effet, Marguerite, qui a toujours dans le cœur son cher guisard, n'en répond pas moins à la reine mère :

— Venez à l'effet du mariage avec le roi du Portugal, et vous verrez alors mon obéissance.

Tous les jours, nous dit Marguerite, on lui reparle de cette union portugaise, on la « tourmente », selon son expression. Jusqu'à ce que — ô soulagement! — le roi d'Espagne fasse rompre le projet de mariage portugais, sous le prétexte que la santé du jeune roi est, elle aussi, médiocre : « Le marié serait avancé de ses jours », révèle-t-il. En vérité, connaissant la réputation, la personnalité et l'intelligence de Margot, il ne tient nullement à avoir sur le flanc de son royaume une trop adroite et intrigante présence française.

Alors ? Que faire de Margot ?

Catherine — on a raison de la surnommer *Madame Serpente* — semble sincère lorsqu'elle cherche à réconcilier catholiques et protestants. Le meilleur moyen ne serait-il pas encore d'unir Marguerite de Valois à Henri de Navarre, qui a dix-neuf ans ? La concorde ne renaîtrait-elle pas du même coup en France ? Du moins, pouvait-on l'espérer. Un peu lasse, la reine mère l'avait d'ailleurs écrit au duc de Florence : « Nous sommes à espérer plus de repos en ce pays que nous n'en avions jusqu'ici. »

Un soir, sortant de table, Charles de Montmorency s'approche de Marguerite et, à la demande de la reine, l'entretient du projet conçu par le roi Charles et Madame Catherine. La jeune princesse fait la grimace. Elle connaît le Béarnais pour l'avoir rencontré souvent lorsqu'elle était enfant et le tient en piètre estime — ce en quoi elle avait bien tort !... Mais tout d'abord elle ne s'en incline pas moins, selon son habitude :

— Je n'aurai d'autre volonté que celle de ma mère, affirme-t-elle.

Cependant — ultime et adroite manœuvre — mandée par Catherine dans son cabinet, elle supplie la reine d'avoir « égard au fait qu'étant bonne catholique », il lui « fâcherait fort d'épouser quelqu'un qui ne fût pas de sa religion ». Elle a seulement dix-huit ans, et l'idée d'être unie à ce futur roitelet calviniste, qui régnera sur un carré de choux, ce rustaud sentant l'ail à dix pas, ne la séduit guère.

Huguenot ? Il l'est pourtant si peu à cette époque ! Henri de Navarre se gausse des prédicateurs, déguste des cerises pendant le prêche et en projette les noyaux au visage de l'officiant. L'œil de l'un d'eux, un jour, fut à tel point atteint que le malheureux faillit en perdre la vue. Il n'empêche que le futur Henri IV est une force de la nature, un joyeux vivant, aimant les filles, la guerre et le vin. Assurément il acceptera d'abandonner le protestantisme! Du moins, Catherine l'espère...

Néanmoins, quelques difficultés surgissent, qui font tressaillir Margot d'espoir. Pour laisser son fils épouser une catholique, la reine de Navarre, Jeanne d'Albret — étrange marché! —, exige que lui soit remise la ville de Lectoure. Afin de mettre les choses au point, Catherine demande à Jeanne d'Albret de quitter son petit royaume et de monter, sans la compagnie de son fils, à Paris. Elle pourra ainsi se rendre compte par elle-même de la beauté et de l'intelligence de la bru qui lui est proposée. Le départ de la souveraine sera retardé, car la malheureuse souffre d'un rhume « qui lui descend sur les dents » — autrement dit, elle est atteinte d'une lancinante sinusite. Le malaise se termine, affirment les médecins, grâce à une soudaine attaque de dysenterie. Les diagnostics de l'époque seront souvent inattendus!

En attendant l'arrivée de Mme d'Albret, la Cour séjourne à Blois où se succèdent d'étranges divertissements et de bizarres métamorphoses... Tandis que le roi se déguise en cheval noir, le visage noirci de suie et portant une selle sur le dos, son frère Anjou commence à se féminiser. Il se farde, se parfume et porte des boucles d'oreilles. Mais il est encore « adonné aux dames » — il est vrai que l'un n'empêche pas l'autre — car il est toujours fort amoureux de Marie de Clèves, la jolie princesse qui a épousé Henri de Condé, le fils de Louis Ier.

La sévère Jeanne d'Albret arrive enfin à Blois — sans son fils — et obtiendra pour sa future belle-fille une dot incroyable : Agen, Cahors, et trois cent mille écus! Catherine espère que le charme incomparable de Marguerite attirera son futur gendre vers le catholicisme. D'autant plus qu'il retrouverait ainsi la religion de son enfance.

Mais, lorsque Jeanne d'Albret interroge Margot, celle-ci lui répond «rudement» et dès le début des pourparlers :

— On sait bien de quelle religion je suis!

De son côté, le futur Henri IV est tout aussi net et précis :

— Quelque embûche le roi Charles et sa mère me puissent dresser, ils ne me gagneront pas à leur foi.

On le voit, nous sommes encore loin du célèbre «Paris vaut bien une messe»! Ne parvenant pas à ses fins, Catherine n'est guère aimable pour celle qui devait devenir la belle-mère de sa fille : «La reine mère me traite à la fourche, se plaint Jeanne à son fils. Elle ne fait que se moquer de moi et dire à chacun le contraire de ce que je lui ai dit... De sorte que je crève, parce que je me suis si bien résolue de ne me courroucer point, que c'est un miracle de ma patience... Je crains bien d'en tomber malade.»

Il fallait le prévoir : la cour de Valois paraît à Jeanne fort écartée de la sévère moralité huguenote :

— C'est pitié! Ce ne sont pas des hommes ici qui prient les femmes, ce sont les femmes qui prient les hommes!

Elle juge sévèrement la prétendue : «J'avoue qu'elle est de belle taille, mais aussi elle se la serre extrêmement. Quant au visage, c'est avec tant d'aides que cela me fâche, car elle s'en gâtera; mais en cette petite cour, le fard est presque commun...»

L'union effrayait autant Sa Majesté Catholique Philippe II d'Espagne que la protestante reine Élisabeth d'Angleterre :

— J'espère que Dieu empêchera ce mariage! s'exclame-t-elle.

Bien au contraire, Charles IX et sa mère souhaitent que Henri de Navarre rejoigne au plus vite le Louvre — mais les pourparlers s'éternisent :

— Je suis de complexion soupçonneuse, déclare Jeanne d'Albret en épluchant les clauses du futur contrat.

Les soupçons n'empêchent pas Catherine de considérer l'« affaire » comme étant conclue et de négocier avec Rome afin d'obtenir à la fois une dispense pour un mariage unissant une catholique et un protestant, et une exemption à propos des liens de sang unissant les fiancés. En effet, comme l'on dit à Anvers, les futurs mariés sont « famille avec... ». Marguerite d'Angoulême, grand-mère d'Henri de Navarre, était la sœur de François Ier, grand-père de Marguerite de Valois. Donc Margot et Henri sont cousins issus de germain.

En attendant l'arrivée de son fils, Jeanne lui multiplie les conseils : « Je vous prie de regarder à trois choses : d'accommoder votre grâce, de parler hardiment, même en lieu où vous serez appelé à part, car notez que vous imprimerez à votre arrivée l'opinion que l'on aura de vous ci-après. »

Il y a aussi le physique du fiancé : « Accoutumez vos cheveux à se relever, mais non pas à l'ancienne mode ; je vous recommande la dernière comme celle que j'ai le plus à ma fantaisie... » Mais qu'en pense la « fantaisie » de la fiancée ?

Enfin, la moralité : « Méfiez-vous de tous les allèchements que l'on pourra vous donner pour vous débaucher, soit en votre vie, soit en votre religion, pour établir contre cela une constance invincible, car je sais que c'est leur but : ils ne le cèlent pas. »

Assurément, Jeanne d'Albret deviendrait vite une belle-mère abusive. Aussi Marguerite pousse-t-elle un soupir de soulagement en apprenant qu'à l'aube du 10 juin 1572 la reine de Navarre, installée durant les transactions chez son neveu le prince Henri de Condé, rue de Grenelle-Saint-Honoré, venait de trépasser, atteinte d'« une fièvre continue cause d'un mal de poumons ». Autrement dit, l'infortunée est morte poitrinaire à l'ultime degré. Bien sûr, on parle d'empoisonnement. On précise même que Catherine aurait envoyé à la future belle-mère de Marguerite des gants enduits de poison. Une autopsie est ordonnée, mais les médecins affirment ne voir aucune trace de produit suspect dans le pylore.

On l'enterre sans faste, précise Marguerite, avec le « petit appareil de la huguenoterie ».

Ainsi la fiancée, après son mariage, deviendra reine de Navarre. Certes, le titre royal en imposait; cependant, il s'agissait d'un royaume dont on affirmait qu'on pouvait le traverser à cloche-pied... Mais — et ceci compensait cela — les terres héritées d'Antoine de Bourbon, le père d'Henri, étaient fort nombreuses *.

Catherine ordonne de frapper une médaille d'or : un cordon — un lien bordé — enlaçant les initiales H et M et une devise en latin gravée sur le bord : *La Discorde réunie est éteinte par ce lien.* A l'avers, un serpent mordant sa queue, symbole de l'Éternité.

La Cour est maintenant installée au château de Madrid, à l'orée d'une forêt qui sera un jour le bois de Boulogne. Le 12 juin, à Chaunay-en-Poitou, Henri de Navarre a appris avec beaucoup de chagrin le décès de sa mère. Le courrier, on le constate, avait fait grande diligence. Le fiancé s'attarde, et c'est seulement le 20 juillet 1572 qu'il est accueilli à Palaiseau par ses cousins Bourbons, les Guises — duc et cardinal —, les maréchaux de France entourés de cinq cents cavaliers. Le fiancé n'arrive pas seul : il s'est fait suivre par neuf cents gentilshommes huguenots et pour la plupart gascons, tous vêtus de noir — car ils portent le deuil de la reine Jeanne. Une véritable invasion de protestants!

Le nouveau roi de Navarre se rend immédiatement au Louvre où il sera logé dans l'attique occupé autrefois par la reine Éléonore, deuxième épouse de François Ier. Il ne se doute assurément pas qu'il devra y vivre près de quatre années!

Dès le lendemain de son arrivée, Henri revoit sa fiancée de dix-neuf ans. Il l'avait quittée petite fille, et se trouve en présence d'une véritable « divinité » — du moins considérée comme telle —, une femme brillante, fort savante, pour laquelle les conversations, les intrigues de

* Cf. *Henri IV*, du même auteur (Perrin).

cour et la science amoureuse n'ont déjà plus de secret! L'élégante Marguerite, au surplus cultivant les muses, paraît peut-être trop radieuse au rustre béarnais. Assurément, en dépit de son assurance gasconne, Henri est quelque peu intimidé lorsqu'il se compare aux seigneurs raffinés de la Cour, particulièrement à son rival, le séduisant duc de Guise.

Puisque de nombreux seigneurs protestants ont accompagné leur maître, l'amiral Gaspard de Coligny, qui se trouve à leur tête, se croit assez puissant pour revenir sur un projet qui lui tient très à cœur : la guerre aux Pays-Bas, avec l'alliance du protestant prince d'Orange, contre les occcupants espagnols. Ceux-ci sont, en effet, franchement détestés.

Toutefois, une victoire française ne ferait pas outre-Manche le jeu de la reine Élisabeth. Ainsi que le disait un diplomate britannique :

— En Angleterre, l'on désire surtout que la France et l'Espagne s'en tiennent à leurs possessions actuelles. L'on redoute surtout que la France ne vienne à s'emparer des Flandres, ce que l'Angleterre ne saurait souffrir à aucun prix *.

Le sombre Coligny n'en plaide pas moins le conflit contre l'Espagne. L'argument qu'il développe au Conseil royal, qui s'est tenu au château de Madrid, un mois avant l'arrivée d'Henri de Béarn, est spécieux :

— Le remède contre les guerres civiles est d'employer la nation belliqueuse sur les terres d'autrui, car les autres peuples, au lendemain d'une paix faite, reprennent leurs métiers, mais peu de Français quittent leur épée quand ils l'ont ceinte une fois.

Aussi, selon lui, si les Français se battaient hors des frontières, on aurait la paix à l'intérieur de celles-ci, et, de plus, vis-à-vis des Flandres, Charles IX ferait figure de libérateur. Le roi se montre d'abord séduit, tandis que

* Aussi comprend-on mieux que, plus tard, Napoléon s'exclamera : « Je veux faire d'Anvers un pistolet dirigé contre le cœur de l'Angleterre. »

Catherine est infiniment plus réticente devant l'argument. Elle craint l'engrenage d'un conflit qui risquerait d'amener une guerre avec l'Espagne, autrement dit avec son gendre Philippe II. On reporte la décision à la semaine suivante, soit le 26 juin. Ce qui n'empêche nullement certaines troupes huguenotes de prendre déjà le chemin des Pays-Bas, et les armuriers des deux pays de fourbir les armes destinées aux futurs combattants. Mais, au Conseil, les partisans de la guerre sont mis en échec : le conflit se prolongerait assurément trop longtemps — et le roi se trouverait « toujours mené en laisse par les huguenots ».

Le Conseil du jeudi 26 juin n'apporte donc aucune décision. Chacun demeure sur ses positions.

— Eh bien, constate l'amiral avec violence en désignant les pacifistes, puisque l'avis de ceux-ci a persuadé Votre Majesté, je ne puis plus m'opposer à votre volonté, je suis certain que vous vous en repentirez. Quoi qu'il en soit, Votre Majesté ne trouvera pas mauvais qu'ayant promis appui et secours au prince d'Orange, je m'efforce de le lui fournir, à l'aide de tous mes amis, parents et serviteurs, et même de ma personne, s'il en a besoin.

Constatant la fureur de Coligny, Charles IX se demande s'il n'a pas eu tort en refusant de s'engager aux côtés des huguenots sur le sentier de la guerre.

— Les gens de ma cour et ceux de mon Conseil ne sont que des bêtes, déclare-t-il.

L'amiral, de plus en plus aigri, élève le ton et, espérant que Charles IX changera d'opinion, avertit la reine mère en ces termes :

— Madame, le roi renonce à entrer dans une guerre. Dieu veuille qu'il ne lui en survienne une autre dont il ne serait pas en son pouvoir de se retirer.

Ces paroles ont presque le ton d'une menace.

Les dispenses pour le mariage de Marguerite et d'Henri n'arrivant toujours pas de Rome, Grégoire XIII tergiverse à autoriser ce mariage contre nature. Il avait déjà été horrifié lorsque le protestant prince Henri de Condé avait épousé la catholique Marie de Clèves.

Charles IX a tant de hâte de voir Margot ne plus penser au beau duc de Guise qu'on l'entend déclarer :

— Je ne suis pas huguenot, mais je ne suis pas sot aussi. Si M. le pape fait trop la bête, je prendrai moi-même Margot par la main et la mènerai épouser en plein prêche!

Catherine, « serpente » à souhait, fait même établir une fausse lettre écrite par l'ambassadeur de France à Rome, par laquelle le diplomate annonce la prochaine arrivée à Paris de la dispense papale. Mais un nouvel obstacle surgit : le cardinal de Bourbon fait quelques difficultés pour unir Marguerite et Henri. Il désire avoir l'assistance d'un évêque qui, par sa présence, l'aiderait à franchir ce mauvais pas. Pressentis par le duc d'Anjou, les prélats de Châlons, d'Angers et de Damiette se récusent :

— Monseigneur, s'exclame ce dernier, puisque le roi accorde aux huguenots la liberté de conscience, il doit aussi nous la laisser.

— Alors, riposte le frère de Marguerite, vous ne pensez pas que nous autres, catholiques, nous avons, nous aussi, une conscience?

— Votre Altesse et Sa Majesté ont le devoir de prendre notre conseil en ce qui touche la conscience, et moi, je ne suis pas obligé de le demander à Votre Altesse.

Enfin, l'évêque de Digne accepte d'aider le cardinal à accomplir cet acte de désobéissance envers Rome, et l'union est prévue pour le lundi 18 août 1572. Ainsi en a décidé la reine mère qui, avec adresse, afin d'intercepter l'éventuelle interdiction papale, donne même l'ordre d'arrêter à la frontière jusqu'à cette date tous les courriers en provenance d'Italie.

Marguerite se sent perdue.

Guise s'est marié de son côté et elle le sera elle-même dans quelques jours avec un paysan béarnais, qui l'entraînera loin de Paris dans son royaume crotté! Brusquement, elle prend sa décision et déclare à la reine mère et au duc d'Anjou qu'elle se refuse à épouser le rustre et huguenot Henri de Navarre, tout roi qu'il est devenu ! La scène est violente et affreusement longue. On ignore les rudes paroles qui furent échangées, mais lorsque Mme de Curton pénètre dans la pièce, elle trouve le roi assis sur le lit de sa mère et égrenant son chapelet pour se faire pardonner sa fureur, tandis que Marguerite, vaincue, matée, résignée, laisse abondamment couler ses larmes.

La future mariée, afin d'être un peu consolée, reçoit un douaire encore plus important que celui prévu, et, de son côté, le roi de Navarre offre cent huit mille livres de bijoux — ce qui est, paraît-il, considérable — mais n'apporte aucun apaisement à la promise. Le soir du dimanche 17 août, veille de la cérémonie déclarée par Rome « contre nature », Margot s'en va passer la nuit à l'archevêché.

Ses larmes ne tarissent toujours pas...

Le mariage doit être célébré à Notre-Dame, et il fait ce jour-là un temps magnifique, mais le soleil éblouissant ne luit d'aucune façon dans le cœur de la mariée. Pourtant, en dépit de ses yeux rougis, on ne peut être plus jolie et, ce même matin, lorsqu'elle apparaît aux yeux de la Cour, le corps oint d'huile de « jassemin », Brantôme, ébloui, affirme que jamais il ne la vit aussi séduisante : « Si belle que rien de si beau au monde n'eût su faire valoir, car, outre la beauté de son visage et sa belle taille de corps, elle était superbement parée et vêtue. Son beau visage blanc, qui ressemblait à un ciel en sa plus grande et blanche sérénité, était orné par la tête de si grand nombre de grosses perles et riches pierreries, et surtout de diamants mis en forme d'étoiles, qu'on eût dit que le naturel du visage et l'artifice des étoiles en pierreries confondait avec le ciel, quand il est bien étoilé pour en tirer la forme. »

Charles IX s'est vêtu « en soleil », et Catherine, pour la première fois depuis le tournoi des Tournelles, abandonne son deuil et arbore une robe de soie presque claire couverte de diamants. Le double cortège — celui du marié et celui de la mariée — arrive devant la cathédrale.

On se sépare.

Les catholiques prennent place sur une grande estrade construite sur le parvis devant le porche même de Notre-Dame. C'est là que sera célébrée la messe par le cardinal et son coadjuteur, dont on a brisé la résistance. Pendant ce temps, le marié, entouré de ses amis protestants, se promène ostensiblement, et même bruyamment, dans le cloître et autour de la cathédrale.

— Nous vous forcerons bien à y entrer ! leur lancent les badauds.

Anjou, revêtu d'un costume jaune, étincelant de diamants et de perles, tient devant l'autel la place d'Henri de Navarre. Toujours effondrée et toujours en pleurs, la mariée, au moment de la célébration, ne semble pas avoir entendu la question rituelle posée par le cardinal de Bourbon. Il faudra que, d'un brusque coup de la main, le roi Charles force sa sœur à incliner la tête en signe d'assentiment. Un geste qui permettra un jour d'obtenir l'annulation !... L'interminable cérémonie terminée, le marié est appelé et vient embrasser — du bout des lèvres — son épouse.

Puis se déroule au Louvre, dans la grande salle des Cariatides — elle existe toujours, convertie en musée —, un somptueux banquet. Après le dîner, Marguerite est obligée d'ouvrir le bal. On le sait par Brantôme, « il faisait beau la voir danser la pavane d'Espagne, le *passemazzo* d'Italie, ou le branle de la Torche et du Flambeau, avec une si belle grâce, majesté et gravité, que les yeux de toute la salle ne se pouvaient saouler ni assez se ravir par un si agréable spectacle »...

Pour faire honneur à l'amiral et amener une manière de sourire sur ce visage austère qui ne se déridait jamais, a lieu un défilé nautique de chars recouverts de coquilles et de « lions marins argentés ». Il y avait aussi un cheval tout doré, à la croupe assez vaste pour porter sur son dos un groupe de dieux marins et de musiciens. On voit même un hippopotame incliner sa lourde bedaine devant Neptune symbolisant le roi Charles.

Ce soir-là, Marguerite — la *reine* Margot depuis quelques heures — est-elle devenue charnellement l'épouse de son mari? La malheureuse mariée, pensant toujours à son cher duc de Guise, avait pleuré la plus grande partie de la journée. Certes, elle ne se trouvait pas à cette heure « aussi mouvante que le mercure », comme elle l'était habituellement. Elle devait, au surplus, être de fort méchante humeur. Et puis Henri se montrait perpétuellement intimidé devant cette créature toute divine. Bien plus tard, Margot le précisera :

— On a été l'espace de sept mois couchés ensemble sans s'entre-parler.

Peut-être s'aimaient-ils en silence, car Henri — bien plus tard, lui aussi — lorsque, nous le verrons, lui sera posée la question par les juges ecclésiastiques : « Le mariage a-t-il été consommé ? » —, répondra d'un ton léger :

— Jeunes tous deux, et de tempérament gaillard que nous étions la reine et moi, pouvait-il en être autrement ?

Margot renchérira — toujours bien plus tard :

— Nous étions tous deux *au jour des noces* l'un et l'autre si paillards qu'il était plus qu'impossible de nous en empêcher.

D'ailleurs pourquoi — gaillards et paillards tous deux — se seraient-ils privés du plaisir de l'amour, même si les battements de leurs cœurs se trouvaient être absents de leurs ébats ?

Le lendemain mardi, c'est au tour du marié de recevoir la Cour pour un bal, et Margot peut de nouveau démontrer l'agréable spectacle « de la beau voir danser ».

Le mercredi 20 août, devant le palais Bourbon, se déroule un étrange divertissement. Une longue scène a été transformée en jardin appelé le « Paradis d'amour », embelli de verdure, de toutes sortes de fleurs et orné par la belle présence de douze nymphes fort « richement accoutrées ». Dans le ciel, au son de clochettes, tourne une grande roue garnie des douze signes du zodiaque. Au centre, une pluie d'étoiles fait cortège aux sept planètes — Neptune et Pluton n'avaient pas encore été découvertes... Une multitude de lampes et de flambeaux « artificiellement accommodés par-derrière » mettent tout en relief. Ajoutez à cela une roue qui, en tournoyant, dardait de tous côtés ses rayons.

La droite de la scène symbolise les Champs-Élysées, autrement dit : le paradis. L'enfer est matérialisé par une rivière d'où s'échappent des vapeurs de soufre. C'est le profond Tartare, lieu de châtiment des ennemis. Sur ses rives où brûlent des feux de Bengale, un grand nombre de diables et diablotins « faisant d'infinies singeries et tintamarres ». On le voit, notre époque n'a rien inventé en créant les spectacles « Son et Lumière ».

Bien sûr, l'actualité se doit d'être présente. Aussi voit-on Henri de Navarre et son cousin Henri de Condé, accompagnés d'autres « infidèles », attaquer des anges revêtus d'une légère armure argentée. Les défenseurs catholiques sont évidemment interprétés par le roi et ses frères qui, vainqueurs, repoussent leurs adversaires vers le sinistre et sulfureux Tartare. Là, ils sont faits prisonniers par les diables, tandis que les vainqueurs rejoignent les anges parmi lesquels se distinguent, habillées à ravir, Marguerite et la princesse de Condé. Elles exécutent avec leurs compagnes un fort joli ballet avant de s'unir pour danser avec tous les personnages du divertissement. Navarre et Condé retrouvent donc ainsi leurs épouses.

L'inévitable tournoi termine la semaine des festivités. Cette fois, ce sont les Amazones — Charles IX et ses frères exhibant leur poitrine dénudée — qui combattent victorieusement les Infidèles, des Turcs, représentés, il va de soi, par Navarre, Condé et leurs amis. En apothéose, le chanteur Étienne le Roy — la grande vedette de l'époque — vient psalmodier l'apologie de l'amour.

Cependant, les protestants ne sont guère enchantés d'avoir ainsi, durant quatre journées, été maltraités, battus et ridiculisés... fût-ce au cours d'un ballet doublé d'une pantomime. La rancune envahit leur cœur — cette rancune évoluera bientôt vers la haine — et le sang coulera au cours d'une atroce et toute proche tragédie...

***

La paix de Saint-Germain, entre catholiques et protestants, est consolidée par le mariage qui a tant fait pleurer Margot. Alors que la reine mère ne désire que la paix, le lugubre amiral de Coligny ne pense toujours qu'à tendre la main au prince d'Orange et mener avec lui une guerre pour la libération des Pays-Bas du pesant joug espagnol. Catherine n'a pas changé d'avis. D'après elle, ce conflit ne pourrait être que désastreux pour la monarchie française.

L'orgueilleux Coligny s'en moque bien!

Il ne voit qu'une chose: une telle opération ne ferait qu'accroître sa puissance de maire du palais. Coligny possède en effet à un tel point la confiance de Charles IX que celui-ci l'appelle «mon père»! Il faut donc empêcher l'amiral de nuire. Telles sont les aspirations de Catherine et de son fils Anjou, but partagé également par le duc de Guise. Celui-ci n'a garde d'oublier que l'amiral est indirectement responsable de l'assassinat du duc François: n'a-t-il pas armé le bras de Poltrot de Méré, le meurtrier de son père?

Un assassinat? Pour Catherine, il n'y a pas d'autre solution! Et le duc d'Anjou est chargé par sa mère de tout préparer pour l'attentat contre l'amiral, mais il ne faut pas rater son coup!

Le matin du vendredi 22 août 1572, Gaspard de Coligny quitte le Louvre où il vient d'assister à un bref Conseil, pendant lequel tous sont demeurés sur leur position : on ne se lancera pas guerroyer dans les plaines de Flandre! Un conflit avec l'Espagne risquerait fort, répétons-le, de s'achever par un désastre. Le roi est allé entendre la messe et c'est le duc d'Anjou qui préside la réunion. Assurément, Monsieur a dû être quelque peu distrait pendant les délibérations car, selon le plan des conjurés, c'est ce même matin que l'on doit assassiner l'amiral!

Catherine et son fils auraient préféré tout d'abord confier l'opération à un certain capitaine gascon, mais la faconde toute méridionale de ce fier-à-bras, tandis qu'il expliquait la manière originale qu'il avait l'intention d'employer pour « dépêcher l'amiral », est si plaisante que l'on eut presque envie d'éclater de rire. Mais ce n'était pas le moment...

C'est alors que la mère du duc de Guise, Anne d'Este, petite-fille de Louis XII, devenue duchesse de Nemours *, recommande chaudement aux conjurés le seigneur de Maurevert, Charles de Louviers, chevalier de l'ordre de Saint-Michel, ancien page de la maison de Lorraine. Anjou approuve ce choix « d'un instrument propre, nous le vantait-il, et déjà expérimenté à l'assassinat ».

Où devra-t-il opérer ?

Le mieux ne serait-il pas de placer l'« expérimenté » Maurevert sur le chemin que suivra obligatoirement l'amiral en sortant du Conseil du Louvre pour se rendre à son habitation située rue de Bétisy ? Justement, un ancien précepteur d'Henri de Guise, le chanoine Pierre de Piles de Villemur, demeure sur le parcours qui sera suivi par Coligny, rue des Fossés-Saint-Germain. Sous un faux nom — celui de Bondot, archer à cheval du roi — Maurevert loue une chambre basse située au rez-de-chaussée et dont l'ouverture grillagée donne sur la rue. Il suspend quelques linges qui dissimulent le canon de sa lourde arquebuse posée, à défaut de *fourquine* ou de croc, sur l'appui de la fenêtre.

Et Maurevert attend...

La maison a fort heureusement une autre issue donnant sur le cloître Saint-Germain où un cheval, un petit genet d'Espagne, est tenu prêt à être enfourché.

L'attente est longue.

Ce fatal vendredi, le Conseil s'est prolongé plus que de coutume. Maurevert s'impatiente. Il ignore, en effet, que l'amiral, en quittant le Louvre, a croisé le roi sortant de

* Par son mariage avec Jacques de Savoie.

la chapelle. Charles a entraîné «son père» vers le tout voisin jeu de paume. L'amiral regarde un moment la partie, puis, accompagné d'une douzaine de gentilshommes protestants, tout en mâchonnant, selon son accoutumée, un cure-dent, prend le chemin de la rue de Bétisy. En marchant, il parcourt un mémoire que l'on vient de lui remettre. A sa droite marche M. de Guerchy et, à sa gauche, M. de Pruneaux. Une cohorte de gentilshommes huguenots les suit. Coligny s'arrête et, geste qui le sauvera de la mort, se penche pour renouer le lacet de sa chaussure. A cet instant précis, Maurevert saisit son arquebuse et la fait partir. Ce coup arrache l'index de Coligny et se loge dans son avant-bras, exactement dans le coude. L'amiral ne tombe pas :

— Voyez, s'écrie-t-il, comment on traite en France les gens de bien! Le coup vient de cette fenêtre... Il en sort de la fumée!

Plusieurs de ses compagnons se précipitent vers la maison du chanoine, dont la porte résiste. Enfin le panneau cède et les huguenots se ruent vers la chambre basse. L'arquebuse encore chaude gît sur le lit, mais le tireur a eu le temps de s'enfuir... D'ailleurs, on entend résonner sur le pavé le galop d'un cheval qui s'éloigne.

L'amiral ensanglanté, soutenu par ses amis, rejoint sa chambre de la rue de Bétisy, et l'on se hâte d'aller quérir l'inévitable Ambroise Paré.

— Quoi? Toujours de nouveaux troubles! s'exclame Charles IX en apprenant l'attentat, et il jette violemment à terre son «battoir». N'aurai-je donc jamais de repos?

Aussi, quittant le jeu de paume et pressant le pas, le roi ne se doute absolument pas encore que le complot a été ourdi par sa mère et son frère. Ayant regagné le Louvre, Charles y prend d'importantes mesures : il donne l'ordre aux quarteniers et à la garde bourgeoise de renforcer le guet aux portes de la ville. Il commande ensuite sans vergogne aux catholiques demeurant rue de Bétisy de déménager au plus vite afin de laisser leurs logements aux protestants. On arrête à tout hasard la servante et le laquais du chanoine des Fossés-Saint-Germain. Enfin un mandement est expédié « aux archers, arbalétriers et arquebusiers » de Paris afin de se rassembler en armes place de Grève, devant l'Hôtel de Ville.

L'amiral, couché dans son lit, Henri de Navarre et son cousin Henri de Condé viennent demander justice au roi et à sa mère. Catherine dissimule avec adresse son désappointement en apprenant que Maurevert a manqué sa cible. Elle demeure calme, tandis que Charles IX est en proie à une violente colère : « Justice sera faite des coupables » et les châtiments seront tels que « l'amiral et ses amis auront de quoi s'en contenter » !

Ainsi que nous l'affirme Marguerite dans ses *Mémoires*, Charles IX est persuadé que le duc de Guise a armé le bras de l'assassin, mais ses soupçons ne se portent nullement encore sur sa mère et son frère Henri, qui sont pourtant les instigateurs de l'attentat.

Pendant ce temps, rue de Bétisy, Ambroise Paré abandonne son premier projet d'amputer le bras gauche du blessé. Il se contente, avec une paire de ciseaux, de couper l'index de la main droite, puis, à l'aide de ces mêmes ciseaux, d'extraire le plomb logé dans l'os du coude. Les gens de cette époque possédaient, pour des opérations exécutées sans anesthésie, un courage étonnant. Coligny, tandis que l'on charcute sa plaie d'arquebusade, ne profère aucune plainte. Mais autour de lui, Henri de Navarre, son cousin Condé et ses amis laissent couler leurs larmes.

— Mes amis, leur déclare l'amiral, pourquoi pleurez-vous ? Je m'estime bien heureux d'avoir été ainsi blessé pour le nom de Dieu !

Cependant, il accuse les Lorrains :

— Je n'ai personne pour suspect que MM. de Guise. Toutefois, je ne voudrais pas affirmer, mais j'ai appris dès longtemps, par la grâce de Dieu, à ne craindre mes ennemis ni la mort même... Vrai est qu'une chose m'afflige en cette blessure-ci, c'est que je me vois privé des moyens de faire paraître au roi combien je désirais lui faire service.

Coligny, malgré son état, ne pense qu'à la guerre à mener dans les Flandres.

— Je désirerais bien qu'il lui plût, poursuit-il, m'ouïr parler un peu; car j'ai à lui dire chose qui lui importe gravement, et pense qu'il n'y a personne qui le lui osât dire.

Justement, Charles IX, accompagné de sa mère et de ses frères Anjou et Alençon, ainsi que par le maréchal de Tavannes, le nouveau garde des Sceaux, arrive rue de Bétisy entouré par une nombreuse escorte. La colère royale ne s'est pas apaisée :

— Toi, l'amiral, s'écrie-t-il, tu dois supporter la douleur, et moi je dois supporter la honte! Mais j'en tirerai une vengeance si terrible que jamais elle ne s'effacera de la mémoire des hommes!

Coligny, profitant de la situation, développe une nouvelle fois ses arguments :

— La fidélité et le zèle que je dois avoir pour vos intérêts exigent de moi que je vous supplie de ne pas perdre l'occasion présente... Votre Majesté a fait connaître assez clairement quelles sont ses dispositions sur la guerre de Flandre, vous avez pris des engagements pour l'entreprendre. Si vous en restiez là et que vous ne poursuiviez pas ce que vous avez commencé, vous exposeriez le royaume à un péril évident...

Manifestement, le roi ne tient aucunement à s'engager sur ce terrain mouvant qui entraînerait un conflit avec l'Espagne : il désire la paix et préfère parler de la blessure de Coligny — en essayant de le calmer :

— Vous parlez avec beaucoup trop d'action, lui dit-il, et je crains que la violence que vous vous faites ne retarde la guérison de votre blessure. J'aurai soin de tout, je vengerai l'insulte, j'en punirai les auteurs.

— Ils ne sont pas difficiles à trouver, fait remarquer Coligny, les indices sont assez clairs.

La reine Catherine estime que la conversation s'engage sur un terrain dangereux et intervient :

— Il n'y a pas l'apparence de faire parler ainsi un malade...

Pour créer une diversion, elle demande à examiner le plomb qu'Ambroise Paré a extrait de la blessure, ce qui lui fournit l'occasion d'évoquer l'assassinat du duc François par Poltrot de Méré :

— Il me souvient, précise-t-elle, que lorsque M. de Guise fut tué devant Orléans, ses médecins me dirent que, si la balle était sortie, encore qu'elle eût été empoisonnée, il n'y avait pas de danger de mort.

Ambroise Paré intervient :

— Nous ne nous sommes pas contentés de cela, Madame, car, voulant prévenir ce danger, nous avons donné un breuvage à l'amiral pour empêcher la force du poison — si d'aventure il y en avait un...

Le roi et Catherine se retirent, mais le duc d'Anjou, fourbe à souhait — l'arquebuse appartenait, en effet, à l'un de ses gardes du corps —, croit adroit de demeurer encore quelques instants avec les protestants qui entourent le lit du blessé et le plaignent.

Coligny n'est pas dupe de leur manège... car certains mémorialistes affirment que l'amiral aurait soufflé au roi, tandis qu'il s'apprêtait à quitter la pièce :

— Régnez par vous-même et méfiez-vous de votre mère et du duc d'Anjou...

Marguerite vient à son tour s'enquérir des nouvelles du blessé. A-t-elle assisté à la scène entre Coligny et Henri de Navarre, que l'amiral et son entourage forceront à repartir une seconde fois pour le Louvre, afin d'exiger la punition des coupables ? Le roi leur répète que telle est bien sa décision et leur rappelle qu'il a ordonné de grouper les huguenots autour de la rue de Bétisy. Il leur propose même de faire transporter Coligny au Louvre afin de le mieux protéger.

— Par la mordieu, précise-t-il, j'ai ordonné que l'on

cherche M. de Guise et qu'on le prenne. Je ne tolérerai pas que pareil acte demeure impuni!

***

Paris commence à prendre la fièvre. Certaines boutiques ferment. Des nouvelles plus ou moins alarmantes courent à travers la ville. « Le sang mue aux bourgeois », et surtout aux huit mille ou dix mille huguenots qui s'en sont venus à Paris pour le mariage de Marguerite et d'Henri.

— Que veut dire tout ceci? s'étonne le roi. Voici que l'on me dit que le peuple se mutine et prend les armes?

— Il ne fait ni l'un ni l'autre, intervient précipitamment Catherine, mais, s'il vous en souvient, vous avez commandé au bureau de la ville que dès le grand matin chacun se tienne en son quartier, de peur que quelque trouble n'advienne.

— Cela est vrai, reconnaît Charles IX... Toutefois j'ai défendu que quiconque prenne les armes. En tout cas, j'exige que l'on protège le logis de l'amiral

Les chefs calvinistes estiment qu'ils ne sont guère en sûreté dans Paris, d'autant plus qu'ils soupçonnent la vérité. Aussi demandent-ils l'autorisation de quitter la ville. Le roi les tranquillise : il n'y a rien à craindre! Bien plus, pour les rassurer, il réitère sa proposition de faire transporter Gaspard de Coligny au Louvre. On pourrait le faire coucher dans l'appartement de Marguerite de Navarre, situé dans l'attique méridional du palais. Ainsi serait-il soigné et protégé!

Navarre et Condé déclinent l'offre : ils préfèrent que l'amiral demeure à l'hôtel de la rue de Bétisy, où il sera préservé et entouré beaucoup mieux qu'il ne le serait au Louvre.

Partout on emmagasine des cuirasses et des épées pour soutenir un siège éventuel. Jouant le jeu, le duc d'Anjou envoie rue de Bétisy cinquante arquebusiers auxquels Henri de Navarre adjoint cinq suisses de sa garde personnelle.

Dès le lendemain, samedi 23 août, Charles IX fait prendre des nouvelles du blessé. Tant de sollicitude exaspère Catherine. Elle estime que l'« affaire » s'engage de plus en plus mal. Ce même samedi matin, le Gascon Pardaillan a jeté à la face de la reine mère que les huguenots feraient justice eux-mêmes si le roi ne la rendait point. La reine mère a reçu cette menace comme un soufflet.

Dans Paris, la fièvre continue à monter, et devant l'hôtel de Guise toute une foule de huguenots défile en proférant des cris et en brandissant leurs épées... Des cris de haine, bien sûr, contre les Lorrains, mais également contre le roi et le duc d'Anjou. Aussi, à la demande d'Henri de Navarre, des huguenots gascons se rendent-ils au Louvre pour protéger leur roi.

La reine mère a peur.

Elle décide de frapper la première. Un nouveau complot, contre le roi cette fois, s'échafaude. Dans l'après-midi du 23 août, Catherine se promène sous les ombrages du jardin des Tuileries avec le duc d'Anjou, le duc de Guise, le maréchal de Tavannes, et quelques autres fidèles. Parmi eux, le Florentin Albert de Gondi, seigneur de Retz. Il a été le gouverneur de Charles IX et, s'il faut en croire Brantôme, son influence est demeurée grande auprès du roi. Le voici chargé de réussir le retournement de Charles en lui révélant la vérité. Il le « préparera » en quelque sorte, et Catherine prendra la suite, en enfonçant le clou planté par Gondi. Ce dernier regagne le Louvre et est aussitôt reçu par Charles IX, qui vient de terminer son souper. Sans préambules inutiles, il attaque :

— C'est comme votre serviteur très fidèle que je voudrais vous parler, sire, parce que je ne peux vous celer le danger où vous êtes, si Votre Majesté continue dans sa résolution de faire justice à M. de Guise. Car il faut bien que vous sachiez que le coup qui a été fait à l'amiral ne l'a pas seulement été par M. de Guise, mais par votre frère, et aussi par la reine, votre mère.

Et après un instant, il achève :

— Ils ont été tous deux de la partie!

Charles est abasourdi. Gondi peut craindre que le malheureux succombe à une de ses habituelles crises nerveuses et, très volubile, l'envoyé de Catherine se lance dans une longue démonstration : les catholiques sont tous hostiles à l'intervention armée aux Pays-Bas. Ce point établi, il prouve que Coligny souhaite et prépare même la guerre civile. Le roi ne parvient pas à l'interrompre. Lorsque, profitant d'un silence, il s'apprête à rétorquer pour défendre son cher amiral, la porte s'ouvre, comme dans une adroite comédie dramatique.

Catherine et Anjou pénètrent dans la pièce.

Ils sont pâles tous deux. La reine connaît son fils mieux que personne et sait comment le prendre. Elle lui annonce d'emblée avoir appris de terribles nouvelles et fait un tableau effroyable de la situation dans laquelle serait plongée la France. Les huguenots vont à n'en point douter attaquer et venger leur chef : il y va de la vie de la famille royale et de celle de l'État!

— Oui, mon fils, le parti des huguenots s'arme contre vous. L'amiral a envoyé plusieurs dépêches en Allemagne pour lever dix mille reîtres, et auprès des cantons suisses pour réunir autant d'hommes de pied. Dans tout le royaume, les capitaines huguenots recrutent eux aussi des troupes. Les rendez-vous sont pris : le jour et le lieu choisis. A cette armée se joindront les alliés que comptent les huguenots hors de France. Et, faible comme vous l'êtes en hommes et en argent, je ne vous vois en sûreté nulle part dans votre royaume!

Le roi est maintenant ébranlé, et la reine mère assène son dernier coup :

— A un si grand danger qui vous menace, et avant vous tout votre État, à tant de ruines et de calamités, au meurtre de tant de milliers d'hommes, un seul coup d'épée donné ce soir peut tout remédier...

Ainsi légalise-t-elle la future tuerie. En une heure, Charles est convaincu au-delà de toute espérance et, lorsque sa mère lui demande s'il n'est pas effrayé d'assumer la responsabilité d'une aussi terrible décision, il trépigne, crie, hurle même :

— Il faut les tuer tous afin qu'il n'en reste pas un seul pour me le reprocher un jour !

Catherine a gagné. La terrible machine à tuer est mise en mouvement, alors que l'avant-veille, on dansait encore pour les noces de Margot...

Chapitre VI

« *Tuez-les tous** *!* »

Le roi mande auprès de lui le prévôt Le Charron et, en présence de la reine et du duc d'Anjou, lui annonce « que ceux de la nouvelle religion se voulaient élever, par conspiration, contre lui, contre son État et troubler le repos de ses sujets et de sa ville de Paris ». Il indique les mesures à prendre :

— Saisissez-vous des clés de toutes les portes de la ville, que vous ferez soigneusement fermer, recommande-t-il. Vous tirerez tous les bateaux sur la rive droite de la Seine et les ferez enchaîner. Vous appellerez aux armes tous les capitaines, lieutenants, enseignes et bourgeois capables de porter les armes, et les ferez tenir prêts aux carrefours pour recevoir et exécuter mes ordres. En outre, toute l'artillerie de la ville devra être placée tant dans l'Hôtel de Ville qu'en place de Grève.

Catherine est victorieuse et renchérit :

— C'est un grand outrage fait au roi. Si l'on supporte cela aujourd'hui, demain on prendra la hardiesse d'en faire autant dans le Louvre !

Ayant regagné ses appartements, la reine mère appelle Henri de Guise et ses conseillers. Certes, elle n'envisage nullement encore un massacre général des protestants.

* Charles IX.

A cet instant du drame, il ne s'agit encore que de supprimer les principaux chefs huguenots. D'après le maréchal de Tavannes, Catherine aurait plaidé la cause de son gendre Navarre et de son cousin Condé :

— Des jeunes princes innocents ne doivent point pâtir pour les coupables. Il y a espoir qu'étant instruits, assistés des serviteurs qui leur seront choisis par Leurs Majestés, ils pourront être ramenés à la religion catholique et à l'obéissance qu'ils doivent au roi et à leurs parents...

Mais M. de Retz intervient avec une rare violence :

— Je maintiens le contraire, Madame : il faut tout tuer ! Ces jeunes princes, nourris en religion réformée, cruellement offensés de la mort de leur oncle et de leurs amis, s'en ressentiront — il ne manquera pas d'hommes pour les inciter à la vengeance. D'ailleurs, il ne faut pas offenser à demi. Songez à Brutus : déclarant seulement César coupable, il ne voulut pas qu'on tuât Antoine qui, ensuite, a soulevé le peuple contre lui et fut cause de sa ruine. En ces desseins extraordinaires, il faut considérer premièrement s'ils sont nécessaires et justes — et les ayant jugés tels, il ne faut rien laisser qui puisse causer la ruine du but que l'on tend. Et, si l'on viole les lois, qu'on les viole entièrement pour plus de sûreté, car le péché sera aussi grand pour peu que beaucoup.

Le futur Henri III aurait certes été aise de voir massacrer Henri de Condé afin d'avoir tout à lui sa bien-aimée Marie de Clèves, dont il portait toujours, sous son pourpoint, le portrait à son cou. D'autre part, Charles IX ne souhaite aucunement que Margot devienne veuve au lendemain de ses noces. Quant à Catherine, elle estime préférable de garder son gendre en otage de sa politique. Une seule pensée l'occupe : poursuivre et mener à bien le complot qui avait échoué du fait que l'amiral avait soudain éprouvé la nécessité de rattacher le lacet de sa chaussure...

Guise s'est chargé, bien entendu, de faire mourir l'amiral et son gendre Teligny. Pour l'amant de Marguerite, tuer l'instigateur du meurtre de son père est parfaitement légitime. Afin d'exécuter cette affreuse besogne, il disposera non seulement de ses Lorrains, mais aussi — ô paradoxe! — des cinquante arquebusiers qui campent rue de Bétisy et ont été chargés par le roi de protéger le blessé.

On convoque également l'orfèvre Claude Marcel, ancien prévôt des marchands. A son retour du Louvre, il appellera à lui les chefs du quartier et leur donnera cet ordre :

— La nuit prochaine, que dans chaque maison un homme se trouve armé, muni d'une torche et le bras gauche entouré d'une écharpe blanche. Qu'à chaque fenêtre il y ait un flambeau.

***

En cette fin d'après-midi de ce samedi 23 août, Marguerite est inquiète, et il faut ici lui donner la parole : « Pour moi, on ne me disait rien de tout ceci. Je voyais tout le monde en action, les huguenots désespérés de la blessure faite à l'amiral, et chuchotant tous à l'oreille. Les huguenots me tenaient suspecte parce que j'étais catholique, et les catholiques parce que j'avais épousé le roi de Navarre, qui était huguenot. De sorte que personne ne m'en disait rien, jusqu'au soir, qu'étant au coucher de la reine ma mère, assise sur un coffre auprès de ma sœur, la duchesse de Lorraine *, que je voyais fort triste, la reine ma mère, parlant à quelques-uns, m'aperçut et me dit que je m'en allasse coucher. Comme je lui faisais la révérence, ma sœur me prend par le bras et m'arrête. Elle se prend fort à pleurer et me dit :

« — Mon Dieu, ma sœur, n'y allez pas!

« Ce qui m'effraya extrêmement. La reine ma mère s'en aperçut et, appelant ma sœur, se courrouça fort à elle et

* Claude de France, qui avait épousé Charles II, duc de Lorraine, et était âgée de vingt-cinq ans. Elle ne survivra que trois années à la Saint-Barthélemy.

lui défendit de ne rien me dire. Ma sœur lui dit qu'il n'y avait point l'apparence de m'envoyer sacrifier comme cela, et que sans doute, s'ils découvraient quelque chose, ils se vengeraient sur moi. La reine ma mère répond que, s'il plaisait à Dieu, je n'aurai point de mal, mais quoi que ce fût, il fallait que j'allasse, de peur de leur faire soupçonner quelque chose qui empêchait l'effet.

« Je voyais bien qu'ils se concertaient, poursuit Margot, et ne rendaient pas leurs paroles. Elle me commanda encore rudement que je m'en allasse coucher. Ma sœur, fondant en larmes, me dit bonsoir, sans m'oser dire autre chose. Et moi je m'en allai toute transie et éperdue, sans me pouvoir imaginer ce que j'avais à craindre... »

La nuit tombe maintenant sur Paris...

Une sourde rumeur monte de la ville, les émissaires guisards galopent à travers les rues, afin de transmettre les consignes royales et municipales. Les troupes doivent être appelées à rejoindre leur cantonnement et à l'aide de lourdes chaînes barreront la Seine. Enfin, Guise réunit chez lui les principaux capitaines :

— Voici l'heure que, par la volonté du roi, il faut se venger de la race ennemie de Dieu : la bête est dans les toiles, il ne faut pas qu'elle se sauve !

A la lueur des flambeaux, les troupes royales se concentrent dans la cour du Louvre. Afin de se reconnaître dans la nuit — selon les instructions de Claude Marcel, les hommes portent tous une croix blanche au chapeau et arborent une écharpe blanche en sautoir.

Au Louvre, Henri de Navarre se met au lit et demande à Marguerite de venir le rejoindre. Une étrange angoisse étreint la jeune femme. Elle court vers la chambre où le roi de Navarre est couché. Trente à quarante gentilshommes entourent son mari. Marguerite, « toute transie et éperdue », se glisse dans le lit de son époux. Mais, pas plus que les huguenots présents, elle ne peut s'assoupir. « J'avais toujours dans le cœur les larmes de ma sœur, écrit-elle, et ne pouvais dormir pour l'appréhension en laquelle elle m'avait mise sans savoir de quoi. La nuit se passe de cette façon sans fermer l'œil. »

Tous ont le pressentiment qu'un danger les menace. L'atmosphère est si oppressante que le sommeil les fuit. Et puis aussi, pour oublier leur inquiétude, ils palabrent jusqu'au petit jour.

L'aube de la Saint-Barthélemy, l'aube de la journée la plus rouge de l'histoire de France, se lève.

L'air est déjà chaud et lourd : « Attendant que le roi Charles soit éveillé, écrit encore Marguerite, mon mari prend soudain la résolution de lui demander justice. Il sort de la chambre, et tous ses gentilshommes aussi. Moi, voyant qu'il était jour, estimant que le danger que ma sœur m'avait dit fut passé, vaincue de sommeil, je dis à ma nourrice : Ferme-moi la porte pour pouvoir dormir à mon aise. »

Peut-être en écrivant ces lignes, bien après les événements, l'amoureuse du duc de Guise avait-elle oublié qu'elle pouvait difficilement « dormir à son aise », alors que le tocsin sonnait à toutes les églises de Paris et que les cris des meurtriers montaient déjà de la rue...

Charles IX désire protéger son ami de religion protestante, le comte François de La Rochefoucauld *, l'un de ses favoris :

— Foucauld, lui demande-t-il, reste auprès de moi, nous balivernerons le reste de la nuit.

Mais La Rochefoucauld a un rendez-vous galant : sa maîtresse, Françoise, seconde femme de Louis de Bourbon-Condé, l'attend. Aussi répond-il :

— Mon petit maître, il faut dormir et se coucher.

— Tu coucheras avec mes valets de chambre, lui réplique le roi.

---

* Le comte François de La Rochefoucauld que Solange Fasquelle vient de faire revivre dans son beau livre, paru chez Perrin, *La Rochefoucauld, une famille dans l'Histoire de France*.

— Cela ne se peut, leurs pieds puent.

Et, sans le savoir, «Foucauld», après avoir vu sa maîtresse, marchera vers la mort...

Le roi décide de sauver Ambroise Paré qui, dit-on, est protestant. «Il l'envoie quérir et venir ce soir dans sa chambre, lui recommandant de n'en bouger.» Il explique cette décision en précisant «qu'il n'était raisonnable que quelqu'un pouvant servir à tous fût aussi massacré». Mais, au matin, le chirurgien se rendra rue de Bétisy, auprès de l'amiral.

Le jour du dimanche 24 août est maintenant tout à fait levé. Le duc de Guise, selon le plan prévu, est déjà à pied d'œuvre, et fait les cent pas devant la maison de l'amiral. Il attend ses hommes : les suisses du duc d'Anjou revêtus de leur tenue noir, blanc et vert. Sitôt arrivés, ils frappent à la porte du logis où demeure Coligny. Le maître d'hôtel Labonne, à travers l'huis, demande ce que l'on veut à son maître à pareille heure :

— Ouvrez, au nom du roi! ordonne l'un des suisses. Je dois me rendre maintenant auprès de votre maître.

Labonne ouvre et s'effondre, frappé d'un coup de dague. Les tueurs, tout en poussant des cris de mort, envahissent la demeure de l'amiral. Les domestiques accourent... Coligny est encore endormi dans sa chambre du premier étage, mais il est réveillé par des tirs d'arquebuse, car on se bat dans l'escalier et dans le petit couloir. Il se lève, passe sa robe de chambre. A cet instant, pénètrent dans la pièce quelques familiers, dont Ambroise Paré, qui referment la porte à clé. Ils commencent par barricader la pièce.

— Monseigneur, soupire le pasteur Merlin, c'est Dieu qui nous rappelle à Lui!

— Il y a longtemps que je me suis disposé à mourir, déclare l'amiral. Vous autres, sauvez-vous s'il est possible, car vous ne sauriez garantir ma vie. Je recommande mon âme à la miséricorde de Dieu.

Les amis de Coligny obéissent à contrecœur et parviennent à s'enfuir par le toit de la maison, tandis qu'à grands coups de hache et d'épieu les meurtriers enfoncent la porte. Ce sont deux spadassins, dont on a conservé les noms : Picard Artins, et le Tchèque Jean Simanowitz, que l'on appelle Besme.

— Es-tu l'amiral, coquin ? demande ce dernier.

— Jeune homme, répond Coligny, tu devrais avoir égard à ma vieillesse et à mon infirmité.

Besme lui donne un coup mortel avec son épieu, puis, aidé par les autres spadassins, achève la besogne avec sa dague.

Devant la maison, le duc de Guise s'impatiente et crie :

— Besme, l'affaire est-elle finie ?

— Oui, Monseigneur !

— Eh bien, qu'on le jette par la croisée !

Guise n'a que le temps de se reculer. Le grand corps de l'amiral est défenestré et, dans un bruit sourd, s'écrase sur le pavé. Le duc se penche, sort son mouchoir, essuie le sang qui couvre le visage du cadavre, et se relève le sourire aux lèvres. C'est bien l'amiral ! A ce moment arrive un envoyé du duc d'Anjou. Celui-ci, brusquement « épris de terreur et d'appréhension », vient d'ordonner de ne rien entreprendre contre Coligny. Madame Catherine, s'il faut en croire son fils, aurait, elle aussi, été épouvantée devant « les grands désordres qui s'allaient commettre ».

Mais il est trop tard !

Maintenant que l'irréparable a été accompli, on ne peut plus reculer : l'heure du monstrueux carnage a sonné. Dédaigneusement, Henri de Guise repousse le cadavre du pied. Puis les forcenés se jettent sur le corps dénudé et, au couteau, découpent, en guise de souvenir, des lambeaux de chair. La tête de l'amiral, embaumée, sera envoyée au pape dans un pot de miel... du moins on l'affirme ! A l'aide d'une corde, les restes sanglants et mutilés seront bientôt traînés sur les pavés jusqu'au gibet de Montfaucon *.

* A l'emplacement de l'actuel 154-156, quai de Jemmapes.

Marie, la cloche de Saint-Germain-l'Auxerrois, sonne le tocsin sans relâche. Durant des heures, elle accompagnera la tuerie de son lugubre tintement *.

Et Henri ?

Fait à peine croyable, après une nuit de discussions fébriles, le mari de Margot se trouve à deux pas de la maison de l'amiral et, dans l'ignorance totale des événements, joue à la longue paume avec son cousin Condé, rue d'Hostriche, contre la muraille faisant face à l'hôtel de Bourbon... C'est là que des gardes viennent interrompre leur partie.

Le roi Charles les demande.

En traversant la cour Carrée du Louvre, Navarre aperçoit une trentaine de huguenots, parmi lesquels son ancien gouverneur Charles de Lavardin. Ils viennent d'être arrêtés et veulent suivre leur maître, mais les gardes les en empêchent.

— Adieu, mes amis, leur lance Henri, tandis qu'on l'entraîne avec Henri de Condé, Dieu sait si nous nous reverrons !

Charles IX apparaît à une fenêtre et assiste au meurtre des « parpaillots » demeurés dans la cour. Puis il se tourne vers les deux princes qui viennent d'être conduits dans la pièce et leur déclare :

— Après avoir souffert tant de guerres dont le royaume a été oppressé, j'ai enfin trouvé un expédient propre à mettre fin à toute occasion de trouble : j'ai donné l'ordre de massacrer l'amiral qui s'est tenu coupable de tant de méchancetés, et de traiter de même dans la ville tous les hérétiques séditieux. Je me souviens bien tout le mal que vous m'avez fait, vous tout autant que l'amiral.

Va-t-il donner l'ordre de tuer les deux cousins ? Une telle fureur l'anime que tout est à craindre.

---

* C'est toujours *Marie* qui sonne aujourd'hui les naissances, les mariages et les enterrements du quartier s'étendant des anciennes Halles au Louvre.

— Toutefois, reprend le roi, pour l'amour du sang de France qui est en vous et en considération de votre jeune âge, je veux bien oublier le passé, mais à condition que vous efffaciez vos fautes en me montrant fidélité et obéissance et que vous retourniez au giron de notre mère l'Église romaine — car je ne veux, à l'avenir, qu'une religion en mon royaume : celle des rois qui m'ont précédé sur le trône. Et si vous ne voulez point obéir, il faut le déclarer sans plus tarder, car alors vous recevrez le même châtiment que subissent en ce moment les hérétiques, vos complices!

Puis il précise en criant au visage des deux princes le choix qui leur est offert :

— Messe, mort ou Bastille?

Point de difficulté pour Henri de Navarre qui, depuis son enfance, a été tiraillé entre les deux religions. Il choisit la messe, mais demande simplement — il rirait sous cape si l'heure était à la plaisanterie — d'être instruit dans la religion catholique qu'il ne conçoit guère, affirme-t-il! Condé résistera plus longtemps : il s'inclinera cependant quelques jours plus tard, cédant sous la menace.

«Commc j'étais la plus endormie, raconte Marguerite, voici un homme frappant des pieds et des mains à la porte en criant : "Navarre! Navarre!" Ma nourrice, pensant que ce fut le roi mon mari, court vivement à la porte. C'était un gentilhomme, nommé M. de Léran *, qui avait un coup d'épée dans le coude et un coup de hallebarde dans le bras, et était encore poursuivi de quatre archers, qui entrèrent tous après lui dans ma chambre. Lui se voulant garantir se jeta dessus mon lit. Moi, sentant cet homme qui me tenait, je me jette dans la ruelle, et lui après moi, me prenant toujours à travers du corps. Je ne connaissais point cet homme, et ne savais s'il venait là pour m'offenser, ou si les archers en voulaient à lui ou à moi. Nous criions tous les deux, et étions aussi effrayés

* Gabriel de Lévis, vicomte de Léran.

l'un que l'autre. Enfin, Dieu voulut que M. de Nançay, capitaine des gardes, y vînt qui, me trouvant en cet état-là, encore qu'il y eût de la compassion, ne se put tenir de rire et se courrouça fort aux archers de cette indiscrétion, les fit sortir et nous donna la vie de ce pauvre homme qui me tenait, lequel je fis coucher et panser dans mon cabinet... Je me changeai de chemise, parce qu'il m'avait toute couverte de sang.»

Puis Margot poursuit son récit: «M. de Nançay me conta ce qui se passait, et m'assura que le roi mon mari était dans la chambre du roi Charles et qu'il n'aurait nul mal. Et, me faisant jeter un manteau de nuit sur moi, il m'emmena dans la chambre de ma sœur de Lorraine où j'arrivai plus morte que vive. Entrant dans l'antichambre, de laquelle les portes étaient ouvertes, un gentilhomme nommé Bourse, se sauvant des archers qui le poursuivaient, fut percé de coups de hallebardes à trois pas de moi. Je tombai de l'autre côté, presque évanouie entre les bras de M. de Nançay, et pensai que ce coup nous eût percés tous deux. Étant quelque peu remise, j'entrai dans la petite chambre où couchait ma sœur...»

Puis la reine de Navarre descend vers les appartements de son frère afin d'obtenir la vie sauve d'Yssaure-Jean d'Armagnac et de Jean d'Albret, baron de Miossens, cousin du roi de Navarre et son premier valet de chambre. «Je me jetai à genoux devant le roi et la reine pour la leur demander, nous raconte-t-elle, ce qu'enfin ils m'accordèrent.»

La petite reine remonte vers sa chambre. Sur son chemin, les escaliers, les couloirs et les galeries du Louvre offrent un affreux spectacle: partout des cadavres et des blessés. Durant toute la matinée, des nouvelles de la tuerie parviennent à Marguerite, commotionnée et tremblante.

La ville, étouffante de chaleur, est maintenant frappée de folie sanguinaire. On promène à travers les rues, le poignard au col, des protestants que l'on égorgera sitôt atteintes les rives de la Seine. S'ils surnagent, on les achèvera à coups de gaffe et de pierres...

Visions de cauchemar! Ce ne sont que hurlements de bêtes traquées s'achevant dans un hoquet de sang, ce ne sont que coups d'arquebuse, rires gras et cris de victoire des tueurs qui basculent les corps par les fenêtres : « Aux huguenots! Aux huguenots! » Le sire de Tavannes a trouvé une formule dont il n'est pas peu fier :

— Saignez! Saignez! La saignée est aussi bonne au mois d'août qu'au moi de mai *!

On tue, on viole, on vole, et tous les bas instincts s'assouvissent. « Les Parisiens se sont mis au pillage avec une extraordinaire avidité, rapporte le nonce Salviati, bien des gens ne s'étaient jamais imaginé qu'ils pourraient posséder un jour les chevaux et l'argenterie qu'ils ont ce soir dans leurs mains. » Charles IX a d'ailleurs accordé à ses suisses le droit au pillage.

Selon Agrippa d'Aubigné, le roi en personne, posté à sa fenêtre, et armé d'une arquebuse, aurait « giboyé aux passants ». Voltaire affirme que le maréchal de Tessé interrogera plus tard un ancien garde de Charles IX, presque centenaire :

— Est-il vrai que le roi ait tiré sur les huguenots?

— Oui, et c'était moi, monsieur, qui rechargeais son arquebuse!

Lorsqu'on se penche sur les récits des contemporains, qui ont vécu près du roi et ont décrit les accès de fureur sanglante auxquels était en proie l'avant-dernier des rois Valois, tout est plausible.

Que de scènes atroces se déroulent tout le long de cette journée rouge! « Une petite fille, nous rapporte l'auteur des *Mémoires de l'Estat de France*, fut trempée toute nue dans le sang de son père et de sa mère massacrés avec d'horribles menaces que, si elle était huguenote, on lui en ferait autant! »

Les huguenotes enceintes sont particulièrement

* Il était d'usage alors de se faire saigner chaque printemps.

visées. L'une d'elles, une comtesse demeurant rue Saint-Martin, a cherché refuge sur le toit de sa maison. Découverte, elle est poignardée et précipitée dans le vide. Une autre est jetée à l'eau, le ventre béant « tellement qu'on voyait remuer son enfant ».

Les hurlements des tueurs ont réveillé la jeune reine Élisabeth d'Autriche. On la met au courant :

— Hélas ! le roi mon mari le sait-il ?

— Oui, Madame, c'est lui qui le fait faire.

— Oh ! mon Dieu, qu'est ceci ? Et quels conseillers sont ceux qui lui ont donné un tel avis ?

Elle se met à genoux et murmure :

— Mon Dieu, je Te supplie et Te requiers de lui vouloir absoudre car, si Tu n'en as pas pitié, j'ai grand-peur que cette offense ne lui soit pas pardonnée.

Les massacreurs, commandés par le capitaine Anglarez, sont arrivés chez La Rochefoucauld. Le malheureux croit qu'il s'agit d'une farce du roi Charles et s'écrie en riant :

— Au moins, ne frappez pas trop fort !

Et « Foucauld » mourut, le sourire aux lèvres...

Le duc de Guise s'est lancé à la poursuite d'un parti de protestants ayant à leur tête Gabriel de Montgomery, le triste héros du dramatique tournoi. Le petit groupe est parvenu à s'enfuir et galope sur la route de Pontchartrain. Montgomery est monté sur une jument qui court, paraît-il, « sans boire ni manger un espace de temps incroyable ». Il ne sera pas rejoint. Arrivé à Montfort-l'Amaury, Guise abandonne la poursuite.

Le pauvre Teligny, gendre de Coligny, qui, sur l'ordre de son beau-père, a cru pouvoir s'enfuir par les toits et s'est caché dans un grenier, est découvert par les arquebusiers du duc d'Anjou qui le poignardent.

Au matin, le roi voit une masse de cadavres amoncelés sous ses fenêtres. Il ne semble pas horrifié. Simplement, vers midi, il donne l'ordre au prévôt des marchands, venu le voir, d'enjoindre le guet de parcourir la ville afin de

« faire cesser tous lesdits meurtres, pilleries, saccagements et séditions et y avoir l'œil jour et nuit »... Le carnage s'arrête, mais il reprendra de manière spasmodique.

***

Le matin du lundi 25 août, une nouvelle court le Louvre et Marguerite est aussitôt mise au courant : au cimetière des Innocents, une aubépine a fleuri pour la seconde fois, « une épine sèche et morte, et toute gâtée, a produit des branches vertes et jeté des fleurs ». On l'affirme : par cette floraison miraculeuse, Dieu approuve le meurtre des hérétiques !

Charles IX ordonne « de ne plus faire aucun déplaisir » aux protestants. Ainsi cette atroce tuerie est-elle appelée par lui un « déplaisir » ! Le mot avait certes un sens plus fort au XVIe siècle...

— Tout ce qui est advenu dans Paris, avoue le roi, a été fait, non seulement par mon consentement, mais par mon commandement et de mon propre mouvement. J'entends que toute la louange, ou toute la honte, en soit rejetée sur moi seul !

Mais le « déplaisir » se poursuit. On nettoie Paris, et l'on remarque un homme vider sa hotte contenant les cadavres de petits enfants. Les corps des huguenots sont basculés dans la Seine par pleines charretées. Onze cents cadavres sont venus s'amonceler au tournant du fleuve devant la colline de Chaillot. L'Hôtel de Ville envoie des fossoyeurs qui enterreront les corps dans une île qui se trouvait là... Une île qui sera un jour rattachée à la terre ferme* et sur laquelle sera construite la tour Eiffel. De nombreux ossements seront découverts en creusant les fondations de la tour : c'étaient ceux des victimes de la

* Il en demeure un fragment : c'est l'étroite *allée des Cygnes*, face à la Maison de la Radio.

Saint-Barthélemy, des noces sanglantes de la reine Margot et du roi Henri...

***

Quelques jours plus tard, Marguerite mettra elle-même sa plume au service de son mari et écrira ce texte qui sera signé par Henri de Navarre : « Après nos noces advint la Saint-Barthélemy où furent massacrés tous ceux qui m'avaient accompagné, dont la plupart n'avaient bougé de leur maison durant les troubles. Entre autres fut tué Beauvais, lequel m'avait gouverné dès l'âge de neuf ans. On peut penser quel regret ce me fut voyant mourir ceux qui étaient venus sur ma simple parole, et sans autre assurance que les lettres que le roi m'avait fait cet honneur de m'écrire, que je le vinsse trouver, m'assurant qu'il me tiendrait droit comme frère. Or ce déplaisir me fut tel que j'eusse voulu les racheter de ma vie, puisqu'ils perdaient la leur à mon occasion, et même les voyant tués jusqu'au chevet de mon lit, je demeurai seul d'amis et de défiance. »

Marguerite se souviendra d'une scène angoissante qui se déroulera huit jours après le massacre. Henri IV, devenu roi de France, la racontera lui-même : « Une grande multitude de corbeaux vint s'appuyer sur le pavillon du Louvre. Leur bruit fit sortir pour les voir et les dames firent part au roi de leur épouvantement. La même nuit, le roi, deux heures après s'être couché, saute en place, fait lever ceux de sa chambre, et m'envoie quérir entre autres pour ouïr dans l'air un bruit de grand éclat et un concert de voix criantes, gémissantes, hurlantes, tout semblable à celui que l'on entendait les nuits du massacre. »

Charles IX croit que la tuerie a repris et dépêche à l'Hôtel de Ville un messager : il faut arrêter cette nouvelle hécatombe! Mais les gardes reviennent au Louvre en rapportant que la ville était en paix et « l'air seul en trouble ». Tous les Parisiens demeuraient anxieux, « principalement parce que le bruit dura sept jours, toujours à la même heure ».

Le mercredi 27 août 1572 se déroule une procession macabre, sur l'ordre de Madame Catherine, à laquelle le roi et la reine de Navarre sont contraints d'assister. On se dirige vers le gibet de Montfaucon où a été pendu à un crochet le cadavre méconnaissable et sans tête de Coligny. La putréfaction est atroce.

Un ennemi sent toujours bon, aurait fait remarquer Catherine.

Raffinement horrible : les fils de l'amiral sont conduits devant le corps de leur père. L'aîné sanglote, le second regarde, hagard, semblant ne pas comprendre...

Une *Chanson nouvelle*, publiée au lendemain de la tuerie, l'avoue :

De savoir le nombre des morts
C'est une chose impossible ;
Sans fin, sans cesse les corps
Pendant la fureur terrible,
Tant de mâles que de femelles
Étaient tous jetés dans l'eau
Pour emporter les nouvelles
Jusques à Rouen, sans bateau.

Le 29 septembre 1572, Marguerite et son mari se rendent avec toute la Cour à Notre-Dame où doit avoir lieu le chapitre annuel des chevaliers français de Saint-Michel. A l'offrande, Margot voit le roi Charles, précédé de porteurs de cierges, marcher vers le chœur. Le duc d'Anjou et Henri de Navarre le suivent. Tous les trois s'agenouillent devant l'autel. En revenant vers son siège, Henri, champion du double jeu, fait une profonde révérence en passant devant Catherine et les dames qui l'entourent. La reine mère se retourne alors vers les ambassadeurs étrangers et rit victorieusement, semblant leur dire : « Voyez comme le petit Henri est maté ! »

Pendant l'office même, un courrier vient annoncer au roi que les protestants faits prisonniers par le duc d'Albe à Mons ont été exterminés. Henri de Navarre ne bronche pas...

***

La terreur qui s'est abattue sur Paris et qui, telle une traînée de sang, s'est répandue à travers toute la France, n'a pas affecté le moins du monde la reine mère. Le surlendemain du drame, Rosny, plus tard Sully, nous rapporte que Catherine de Médicis et ses dames d'honneur se sont offert « la lubrique satisfaction d'examiner sur des cadavres nus certaines vitalités masculines ». La Florentine n'est certes pas rongée par le remords! Et d'ailleurs pourquoi le serait-elle? Ces atrocités, ne les a-t-elle pas souhaitées? Elle va jusqu'à se féliciter du résultat obtenu et, dans une lettre à Philippe II d'Espagne, le principal bénéficiaire de l'opération, elle approuve et décrit « l'énergique moyen employé pour se défaire de sujets rebelles »...

Le 3 octobre, la terrible reine oblige son gendre à écrire au pape Grégoire XIII — elle lui aurait, en fait, dicté la lettre — pour supplier le Saint-Père « de lui ouvrir les bras de l'indulgence et de l'accueillir en la loi en laquelle il avait été baptisé ». Le roi de Navarre se prosterne ainsi humblement devant ce même saint pontife qui a reçu la nouvelle de la Saint-Barthélemy avec joie, en remerciant le ciel de ses bontés... Il semble bien qu'il n'a pas « pleuré de désespoir » en apprenant le massacre, ainsi que l'affirme le pieux *Dictionnaire des papes*. En effet, la tuerie ne lui suffit pas et, le 20 novembre, le Saint-Père demande à son cardinal-légat, Mgr Orsini, d'exiger l'extermination totale de *tous* les huguenots français. Mais la reine Catherine, spécialiste, elle aussi, en matière de double jeu, s'y oppose et répond :

— Désormais, je ne permettrai pas que le pape mette sa main dans les affaires de la France.

La reine mère propose maintenant à Marguerite de faire annuler son mariage. La reine de Navarre redresse alors fièrement la tête et refuse de se laisser « démarier » :

— Vous m'avez mise auprès de lui, j'y dois demeurer !

Certes, elle pleurait la veille de ce mariage d'intérêt auquel sa mère l'avait contrainte et sa noble attitude d'aujourd'hui ressemble davantage à une manière de vengeance qu'à une preuve d'amour. Cette revanche s'est déjà exercée lorsque Catherine demanda à sa fille si son mariage avait été consommé. Margot, en levant les yeux au ciel avec une feinte innocence, répondit non sans ironie :

— Je ne m'y connais pas encore en ce que vous me mandez.

Elle aurait même ajouté :

— Je pourrais dire comme cette Romaine à qui son mari se courrouçait de ce qu'elle ne l'avait pas averti qu'il avait l'haleine mauvaise, lui répondit qu'elle croyait que tous les hommes l'eussent semblable, ne s'étant jamais approchée d'autre homme que lui.

Si ce propos a été rapporté à son ex-amant, le duc de Guise, il a dû bien rire... Quoi qu'il en soit, Marguerite n'était certes pas une candide jeune fille lorsque Henri est devenu son époux. Celui-ci le confirmera lui-même avec sa verdeur coutumière :

— Elle n'avait pas mal débuté avant notre mariage, et tout le monde sera aisément persuadé que je n'ai pas eu besoin d'une grande vigueur pour emporter la bague à mon doigt.

Chapitre VII

Une cour de soie et de sang

Maintenant, Marguerite se lie d'affection avec la jeune princesse Marie de Condé, qui aime toujours, à en perdre la tête, son duc d'Anjou qui, lui-même, on le sait, l'adore... Un jour, au Louvre, la petite princesse, toute rieuse, les yeux brillants, annonce à Marguerite qu'elle lui réserve une jolie et séduisante surprise. Elle l'entraîne vers le Petit-Bourbon où les deux jeunes femmes sont attendues par Monsieur et par Henri de Guise. Un rendez-vous qui devrait logiquement se terminer par une partie carrée. Mais Margot, plus prude qu'au temps du « montoir », affirme qu'elle n'a point de goût pour ce genre de divertissement pimenté. Elle préfère quitter la place et Philippe Desportes, dans le Livre II de ses *Élégies*, versifie l'aventure qui, selon lui, eut un dénouement plus satisfaisant pour les quatre partenaires :

Ô jeune enfant, Amour, le seul dieu des liesses,
Toi seul pourrais conter leurs mignardes caresses,
Leurs soupirs, leurs regards, leur doux ravissement.

Et ces petits refus suivis d'embrassements,
Ces propos enflammés, ces agréables plaintes,
Ces désirables morts, et ces colères feintes...

***

La guerre devant reprendre pour la quatrième fois, Catherine exige de son gendre qu'il fasse partie de l'expédition royale menée contre la forteresse calviniste de La Rochelle. Ainsi que l'a fort bien expliqué Jean Héritier, il s'agissait d'un port dont les habitants étaient animés « d'un républicanisme protestant... un curieux mélange de survivance féodale ou communale et de théorie biblique ».

Les princes, amis et ennemis du parti des massacreurs et de celui des massacrés, sont donc présents à Nieul où se tient, sous les ordres d'Henri, duc d'Anjou, le quartier général de l'armée catholique. Tous s'observent, se haïssent et intriguent... Pendant le siège, un troisième parti se forme, groupant les « mal contents » des deux bords, composé de catholiques et de protestants, tous partisans de la tolérance. On les appelle aussi les « politiques ». Allait-on continuer à s'entre-tuer pour ou contre la messe ? Celui qui sera un jour le roi Henri IV pourra écrire : « La Cour est la plus étrange que vous avez jamais vue. Nous sommes presque toujours prêts à nous couper la gorge les uns aux autres. Nous portons dagues, jaques de mailles et bien souvent la cuirasse sous la cape. »

Le duc François d'Alençon — alors âgé de dix-huit ans — prend la tête des *politiques*, non pour réconcilier les Français — c'était bien là le cadet de ses soucis... — mais par ambition personnelle afin de nuire au roi son frère. Noir de poil, le visage ravagé, « tout creusé » par la petite vérole, c'est un être plus que disgracié par la nature.

Navarre prête une oreille complaisante aux projets développés par Alençon, et accepte même d'y collaborer, nourrissant le secret espoir de pouvoir à cette occasion quitter la Cour et s'enfuir enfin vers son cher Béarn. Cependant, impassible, du moins en apparence, sans se trahir, il joue la comédie du « bon et hardi compagnon ». Henri participe effectivement au siège de La Rochelle. On le verra même ordonner à ses propres gardes de prendre part à l'assaut général de la ville. Mais est-ce lui qui recommandera à ses hommes d'attaquer en poussant de tels hurlements que, la garnison ainsi alertée, l'offensive échouera ?

Dans les deux camps, les soldats gascons ne sont pas dupes. Ils savent que leur roi combat contraint et forcé. On entendra, au-dessus des remparts, un soldat protestant assiégé demander à un assaillant gascon, catholique et assiégeant, des nouvelles de « *leur* roi de Navarre ». Certains affirmeront avoir vu le Béarnais viser l'« ennemi » avec une arquebuse à mèche. Mais l'avait-il allumée ?

***

Le siège de La Rochelle est levé à la suite d'un événement qui bouleverse la cour des Valois. Anjou, grâce aux intrigues menées de main de maître par Catherine, est élu roi de Pologne et grand-duc de Lituanie.

A la pensée de devoir abandonner Marie de Condé, Henri veut d'abord refuser ce trône par trop lointain, ensuite parce que la santé du pauvre Charles IX est de plus en plus précaire. Il crache déjà le sang et son frère pourrait bientôt devenir le roi Henri III de France. Mais la reine mère et Charles IX exigent que le duc d'Anjou accepte la royauté polonaise.

Lorsque les cent cinquante ambassadeurs arrivent au Louvre pour apporter la couronne à leur nouveau roi, Anjou, en les voyant, est quelque peu effrayé. Très moyenâgeux d'aspect, les diplomates portent de longues barbes blondes et sont revêtus de robes tombant jusqu'à terre, alors que les Français exhibent leurs jambes du talon aux cuisses... Les Polonais sont en outre coiffés de hauts bonnets de zibeline et armés d'un cimeterre, sans parler de leurs carquois placés sur le dos et débordant de flèches, ce qui leur confère une allure de sauvages du Nouveau Monde. Ceux qui ne sont pas entassés dans des chariots à quatre ou à six chevaux montent des destriers aux brides à mors d'argent et couverts de housses décorées de passementeries d'or. Les écuyers, qui les accompagnent, portent de lourdes massues de fer sur les épaules.

Ils se rendent chez Marguerite, qui les reçoit « si richement parée et avec une si grande majesté » que le Palatin Siradu Albert Laski déclare en sortant de l'audience qu'« après avoir vu une telle beauté, il ne voulait plus rien voir en ce monde ». L'évêque Adam Ronarski lui adresse un long discours en latin et, à l'étonnement général, la « Perle des Valois » lui répond fort adroitement dans la même langue — et tout aussi longuement, alors que les autres membres de la famille ont dû avoir recours aux services des interprètes.

Le soir, un ballet de plus d'une heure est représenté aux Tuileries. Des nymphes, figurant les seize provinces de France, dansent et récitent des vers de Pierre de Ronsard. Tous les assistants ont les yeux attirés par la reine de Navarre, « vêtue d'une robe de velours incarnadin d'Espagne, fort chargée de clinquants et d'un bonnet de même velours, tant bien dressé de plumes et de pierreries »... Brantôme, qui est amoureux de l'ensorcelante Marguerite — il comptera, dit-on, parmi ses nombreux amants —, renchérit : « Elle parut si belle ainsi, que depuis elle porta cette robe assez souvent et s'y fit peindre : de sorte qu'entre toutes ses diverses peintures, celle-là emporte sur toutes les autres. »

Charles IX déteste toujours Anjou et exige son prompt départ pour la Pologne. Point d'atermoiement :

— Mon frère, si vous ne partez pas, par amour pour vous je vous ferai partir de force.

Henri d'Anjou est bien obligé de s'exécuter, et Charles, craignant qu'il ne se dérobe, décide de l'accompagner jusqu'à la frontière de Lorraine. La reine mère, Marguerite et son frère Alençon seront du voyage.

Par le baron de Miossens, dont elle avait sauvé la vie le matin de la Saint-Barthélemy, Marguerite apprend que les huguenots, voulant venger leurs morts, sont en train de mettre sur pied un vaste complot destiné à délivrer Navarre et Condé lors de la traversée du cortège royal à travers la Champagne. La jeune reine de Navarre estime avec Miossens qu'il s'agit là d'une entreprise « pernicieuse » pouvant apporter « des maux à eux et à cet État ». Aussi décide-t-elle de les dénoncer : « J'allai trouver le roi et la reine ma mère, racontera-t-elle, et leur dis que j'avais chose à leur communiquer qui leur importait fort, et que je ne la leur dirai jamais qui ne leur plût me promettre que cela ne porterait aucun préjudice à ceux que je leur nommerai, et qu'ils y remédieraient sans faire semblant de rien savoir. »

Charles et Catherine la tranquillisent.

« Alors, poursuit Margot, je leur dis que mon frère et le roi mon mari s'en devaient le lendemain rejoindre des troupes huguenotes. Ils les venaient chercher à cause de la renonciation qu'ils avaient faite à la mort de l'amiral, ce qui était bien excusable. »

Elle les supplie de leur pardonner. Catherine accepte le « marché », mais, excédée, la reine mère fait monter les deux « rebelles » dans son propre chariot, afin de les mieux surveiller. Arrivée à Vitry le François, la cavalcade s'arrête : le roi Charles IX doit s'aliter. Le duc d'Alençon, appelé désormais « Monsieur », après le départ de son frère pour Cracovie, espère bien recueillir en France la succession du nouveau roi de Pologne, et se voir attribuer le titre de lieutenant général du royaume — en attendant de recevoir le duché d'Anjou.

Charles IX refuse brutalement.

A Nancy, Henri remarque la jeune Louise de Lorraine, la douce et timide fille du comte de Vaudémont, qui le regarde avec extaxe. Ému à son tour par les battements de cœur de la jeune fille, le nouveau roi lui demande de prier pour lui.

Ils se retrouveront...

On arrive enfin à Blamont, non loin de Lunéville. Henri « de Pologne » vient voir Marguerite et lui rappelle leurs souvenirs d'autrefois, leurs conversations dans le parc du château de Plessis-lez-Tours. Ne lui avait-il pas dit ce jour-là: «Je crains que l'absence ne me nuise»? Il lui répète ces mêmes mots et demande à sa sœur de servir à nouveau sa cause. La jeune reine lui promet de veiller à son intérêt tout comme jadis. «Il essayait ainsi, nous dit Marguerite, de me faire oublier les mauvais offices de son ingratitude, et de remettre notre amitié dans la même perfection qu'elle avait existé lors de nos premiers ans...»

Henri pleure en embrassant Marie de Clèves, et affirme à sa maîtresse qu'il demandera à Rome la nullité du mariage qui lie sa bien-aimée au prince de Condé. Elle deviendrait reine de Pologne, puis de France, puisque Charles n'est déjà plus qu'un mort-vivant...

Quelques instants plus tard, Catherine, en embrassant le nouveau roi, lui prédit:

— Adieu, mon fils, vous ne serez pas longtemps absent.

Marguerite — le grand cardinal Salviai, envoyé par Pie IV, le remarquera — a les yeux pleins de larmes, tandis que s'éloigne son frère préféré.

***

Et voici Margot amoureuse éperdue de l'élégant Hyacinthe-Boniface de La Mole, un officier provençal déjà âgé de quarante-quatre ans. C'était, au XVIe siècle — triste époque! —, le seuil de la vieillesse. Parfumé, il est d'une rare élégance, et ses jambes sont considérées comme étant les plus belles de la Cour. Curieuse habitude — lorsqu'il est en colère, il mange les plumes de son chapeau! Sa barbe, taillée en pointe, est soyeuse à souhait, et ses conquêtes ne se comptent plus. Il espérait bien vaincre la princesse de Condé, mais Anjou veillait et, durant cette année 1573, La Mole n'était point parvenu à ses fins. Dès qu'il remarque, au retour de Blamont, que Marguerite le regarde en souriant avec insistance, il s'enflamme à son tour. Ainsi, dix mois après son mariage, commence pour Margot une liaison ardente — une des plus ardentes de sa vie amoureuse — avec ce gentilhomme « meilleur champion de Vénus que de Mars... », s'il faut en croire Pierre de L'Estoile. Il écoute trois ou quatre messes tous les jours. Le reste du temps, il l'emploie à l'amour, « ayant cette persuasion que la messe ouïe dévotement expiait tous les péchés et gaillardises qu'on eût pu commettre »; de quoi, le roi, bien averti, a dit souvent en riant que « pour celui qui voulait tenir registre des débauches de La Mole, il lui suffirait de compter le nombre de ses messes!... ».

Charles IX trame un complot afin de surprendre le séduisant quadragénaire dans un des escaliers du Louvre qui mène à l'appartement de Margot. Mais son plan échoue, La Molle ayant tout simplement emprunté un autre chemin pour rejoindre la reine de Navarre...

De son côté, La Mole conspire en compagnie du duc d'Alençon. Leur premier objectif est de rallier Margot à la cause des politiques. Le duc « emploie toutes sortes de recherches et moyens pour se rendre agréable à mes yeux, écrit Marguerite, afin que je lui fasse amitié, comme j'avais fait au roi Charles... M'y croyant conviée par tant de soumissions et de sujétions et d'affection qu'il me témoignait, je me résolus de l'aimer et d'embrasser ce qui lui concernait ».

Henri de Navarre, le mari, se moque pas mal des passades de son épouse : il préfère roucouler aux pieds de l'une des plus appétissantes filles de l'Escadron volant de Catherine. Elle a nom Charlotte de Sauve et, affirme un contemporain, possède « la cuisse longue et la fesse alerte ». Douée d'un solide appétit, elle contentait également Alençon, Guise, du Gast, La Mole et l'amant de la duchesse de Nevers, l'Italien Annibal de Coconat, ou Coconas, un nom qui prêtait à rire. Ils projettent de faire évader Navarre, Condé et Alençon, et de les conduire à Sedan, principauté alors indépendante. Henri ne se méfie pas... et, sur l'oreiller, confie le secret des conjurés à Charlotte de Sauve. Elle le révèle à Catherine. Celle-ci prévient le roi Charles, qui entre dans une de ces terribles colères habituelles. Il ne se contient plus et renverse une table en hurlant :

— Il faut les arrêter tous !

« Les choses en vinrent à tel terme, nous dit Marguerite, qu'on députa des commissaires de la Cour de Parlement pour ouïr mon frère et le roi mon mari. Celui-ci n'ayant personne du Conseil auprès de lui, me commanda de dresser par écrit ce qu'il avait à répondre, afin que, par ce qu'il dirait, il ne mît ni lui ni personne en peine. Dieu me fit la grâce de dresser si bien le plaidoyer qu'il en demeura satisfait, et les commissaires furent étonnés de le voir si bien préparé. » Henri est sauvé, et du même coup Alençon, qui certifie, lui aussi, aimer son frère et sa mère, et ne pas vouloir les quitter... Ils déclarent tous deux se louer de la vie qu'ils mènent au Louvre. Henri affirme même qu'on l'injurie en l'accusant de vouloir prendre les armes contre le roi, et d'être le chef des politiques. Mais La Mole et Coconat sont condamnés à mort d'autant plus que l'on a trouvé chez l'amant de Margot une statuette de cire représentant le roi percé d'une flèche... Après avoir été martyrisés et décapités, « leurs corps seront sciés en quatre quartiers » et devront être « attachés à quatre potences, hors les principales portes de cette ville de Paris, et leurs têtes plantées sur un poteau en ladite place de Grève ».

C'est en vain que le duc d'Alençon demande la grâce de La Mole et de Coconat. Marguerite et la duchesse de Nevers voient passer les condamnés dans le tombereau les conduisant à la place de Grève. L'amant de Margot dit son chapelet, et Coconat prie. Sur l'échafaud, ce dernier soupire :

— Messieurs, vous le voyez, les petits sont punis et les grands, qui ont fait la faute, demeurent.

Quant à La Mole, il murmure :

— Dieu ait merci de mon âme et la benoîte Vierge.

Il ajoute :

— Recommandez-moi aux bonnes grâces de la reine de Navarre et des dames.

Durant cette nuit du 30 avril, Marguerite et la duchesse de Nevers prennent place dans un carrosse bien fermé par des rideaux de cuir. L'équipage s'arrête place de Grève au pied de l'échafaud. Des pages descendent de leurs sièges et remettent une somme d'argent au bourreau. Jacques d'Oradour, le maître d'hôtel de Marguerite, achète les deux têtes des condamnés plantées sur les piquets d'infamie. Leurs amoureuses les feront embaumer, puis les enterreront elles-mêmes dans la chapelle Saint-Martin « sous Montmartre ». Dès le lendemain, sans craindre le scandale, elles paradent toutes deux au Louvre en robes de deuil brodées de têtes de mort. Leurs colliers et leur coiffure sont également ornés de trophées funèbres.

***

Le roi de Navarre et le duc d'Alençon demeurent le plus souvent retirés dans leurs appartements : « Ils n'avaient d'autre exercice, rapporte le futur duc de Sully, qu'à faire voler des cailles dans leurs chambres. »

Cependant, Henri de Navarre ne pense plus dorénavant à s'enfuir — du moins provisoirement —, mais il estime indispensable d'expliquer à Catherine et au roi ce qui l'a poussé à vouloir quitter Paris. Et c'est Margot, une fois de plus, qui tiendra la plume pour son mari : « En voyant les grandes méfiances que Vos Majestés avaient de nous, écrit-elle, et recevant beaucoup d'avertissements, tous nouveaux, que l'on ne voulait me faire, cela fut cause que Monsieur le duc (d'Alençon) se résolut pour l'assurance de sa vie de s'en aller, or je lui promis de l'accompagner, et de là m'en aller vers mon pays, tant pour ma sûreté que pour donner ordre au Béarn, où pendant mon absence, je ne suis nullement obéi. Lorsque nous étions, pour sauver nos vies, sur le point de nous absenter de la présence de Vos Majestés, il advint que Vous en fûtes avertis, et Vous nous appelâtes en votre cabinet, où nous vous dîmes tout ce que nous savions.

Alors Vous nous assurâtes de notre vie, et nous dites que le roi donnerait si bon ordre que nous n'aurions ci-après occasion de nous plaindre... »

Mais quelques heures plus tard, poursuit Marguerite, qui tient toujours la plume : « Nous eûmes les mêmes alarmes qu'auparavant, même que l'on disait qu'on nous voulait mener au bois de Vincennes prisonniers. Alors le vicomte de Turenne arriva de la part de Vos Majestés... il nous confirma les mêmes occasions de peur et de crainte, et nous représenta devant les yeux le danger où nous étions de nos vies... »

En dépit de ces explications, les deux princes sont l'objet d'une vigilance implacable. Chaque jour — le Béarnais le racontera —, le capitaine des gardes pénètre dans leur appartement dont les fenêtres sont grillagées et « regarde dessous le lit s'il n'y avait personne ». Catherine espère ainsi garder bien en main son autorité et démontrer « son habileté en débrouillant ce qu'elle-même avait le plus souvent brouillé ». A ce régime, on comprend que Navarre n'ait désormais plus qu'une idée en tête : recouvrer sa liberté.

Marguerite change maintenant d'avis et estime, elle aussi, que l'existence de son mari à la cour de France est de plus en plus menacée et qu'il serait prudent qu'il quittât Paris. La situation ne peut se prolonger !

Pour protéger sa fuite, elle trouve un subterfuge qu'elle relate dans ses *Mémoires* : « Comme je sortais et entrais librement en coche sans que les gardes regardassent dedans, ni que l'on fît ôter le masque à mes femmes », la reine propose à son mari et à son frère de se raser, de revêtir les robes de ses chambrières et de leur faire quitter le Louvre dans sa voiture, dissimulés sous cet accoutrement. Ils porteront même un loup puisque les dames de qualité, et celles qui l'étaient moins... sortaient masquées. Toutefois, pour réussir l'opération, celle-ci devait être accomplie en deux temps : « Jamais, poursuit la reine, ils ne purent s'accorder lequel des deux sortirait le premier... De sorte que ce dessein ne put être exécuté. »

C'est son frère qui fera avorter le projet. En effet, Alençon, dévoré d'ambition, avait nourri le secret espoir de prendre la tête et le commandement des protestants. Pour réussir, il devait absolument devancer son beau-frère Henri de Navarre.

Lamentable François d'Alençon! Chez ce «petit moricaud au visage bouffi, ne rêvant que guerre et tempête», aucune qualité: le sang des Médicis prédomine! Ce phtisique, qui porte également le prénom bien mal choisi d'Hercule, est un traître, mais hélas! sans l'allure d'un Laurent le Magnifique! Précurseur de Gaston d'Orléans, à l'heure du péril il abandonnera ses amis avec une perfidie qui laisse pantois. François d'Alençon ne vécut que trente-deux ans, deux mois et vingt-trois jours, mais à lui seul réussira à empoisonner l'existence de Charles IX, puis d'Henri III, plus que tous les protestants réunis — ce qui n'est pas peu dire!

***

Charles IX, ce pauvre tuberculeux voûté, au visage pâle, aux yeux jaunâtres, «bilieux et menaçants», est atteint, nous l'avons dit, d'un mal atroce: l'hémorragie sous-cutanée. A Vincennes, sentant venir la dernière heure, il mande à son chevet Henri de Navarre:

— Mon frère, lui dit-il en l'embrassant, vous perdez un bon maître et un bon ami.

Certes, on lui a dit beaucoup de mal de son beau-frère.

— Si je l'avais voulu croire, vous ne seriez plus en vie, affirme-t-il.

Le matin du 30 mai 1574, dans la chapelle neuve, la reine mère Catherine et la reine Élisabeth prient Dieu pour que la mort épargne ce Valois de vingt-quatre ans! Charles n'en est pas moins moribond. Il n'a plus que les os et la peau, «les cuisses si amoindries qu'il ne peut se soutenir». On l'entend soupirer:

— Maintenant, ma mère, je sais bien qu'il faut que je vous dise adieu et que je prenne congé de vous.

Il pense aux terribles luttes fratricides. Que de fantômes se pressent dans sa chambre! Toutes ces «faces hideuses et couvertes de sang» dansent autour de son lit leur ronde macabre! Il appelle sa nourrice qui est huguenote et sommeille assise sur un coffre :

— Ah! ma nourrice, ma mie, que de sang! Que de meurtres! Ah! que j'ai eu de méchants conseils!

— Sire, lui répond la nourrice, les meurtres et le sang sont sur la tête de ceux qui vous les ont fait faire et sur votre méchant Conseil.

Et Charles IX, ce même 30 mai, à trois heures trente après dîner, exhale son dernier souffle et s'enfonce dans la nuit éternelle.

Le roi de France s'appelle à présent Henri III... et il est en Pologne!

Une heure plus tard, un homme vêtu de noir traverse la cour du château de Vincennes. C'est Ambroise Paré, qui déclare paisiblement — étrange diagnostic :

— Le roi est mort pour avoir trop sonné de la trompe à la chasse au cerf.

Puis il pratique une surprenante opération : il détache la tête du roi et l'emporte à l'abbaye de Saint-Antoine-des-Champs en vue d'une autopsie. Pendant cette décapitation, une grande procession se prépare : le corps du roi Charles IX doit quitter Vincennes pour Saint-Denis. Cinq cents pauvres, vêtus de noir et portant chacun un cierge de cire jaune, sont déjà massés dans la cour... et Ronsard soupire :

Ah! malheureux cent fois, vieux château de Vincennes!
Parc et bois malheureux, coupables de nos peines!
En toi ce jeune prince a fermé ses beaux yeux
Dignes de voir toujours la lumière des cieux!

Lentement, le cortège funèbre parcourt les rues, transportant à travers la foule le corps décapité de son roi.

***

Le nouveau roi de Pologne règne depuis cent vingt jours sur un royaume anarchique et à demi inculte où sévit une température souvent glaciale. A Cracovie, le roi est relativement bien logé dans le vieux château de Wawel, mais ses nombreux compagnons — près de cinq cents personnes venues de France avec lui — sont mal installés. Ils campent et, xénophobes à souhait, critiquent tout et se plaignent amèrement.

Les prérogatives du roi de Pologne sont amenuisées et fort réduites quand on les compare à la puissance d'un roi de France. Les difficultés avec la Diète polonaise se renouvellent sans désemparer jusqu'au jour où Henri, lassé, renvoie les députés chez eux. Ceux-ci, ulcérés, déclarent :

— Avec des mots choisis, ô grand roi, tu avais promis de confirmer nos lois, non seulement par des écrits, mais de les signer, au besoin de ton sang. A quel point fut malheureux ce jour où tu refusas de tenir ton serment, jamais nous ne le pourrons dire trop haut. Comment nos concitoyens vont-ils nous accueillir ?

L'argent commence déjà à manquer : « Il y a dix jours, annonce un ambassadeur, que le trésorier polonais enleva le vin de la maison du roi. Le jeudi, il enleva tout le reste des vivres, en sorte que le trésorier français fournît en ce moment l'argent pour les vivres de la maison. »

Dès le lendemain de la mort de Charles IX, le 31 mai, Catherine écrit tristement à Henri III pour lui annoncer le décès du « meilleur chrétien qui fut jamais. Ayant reçu tous les sacrements et la dernière parole qu'il dit ce fut : “Eh! ma mère.” Cela n'a pu être sans une extrême douleur pour moi, et ne trouve autre consolation que de vous voir bientôt ici... comme votre royaume en a besoin, et en bonne santé, car si je venais à vous perdre, je me ferais enterrer avec vous tout en vie... ».

Pour « tenir le chemin » de son retour, elle conseille à son fils de traverser l'Autriche pour, de là, gagner l'Italie, « car pour l'Allemagne, je ne pense pas qu'elle soit sûre pour vous de vous y engager ». Henri étant devenu roi de France, les Allemands « ont trop de querelles à démêler avec vous »... Catherine lui recommande également « de ne retarder en nulle façon son départ de Pologne... Prenez garde qu'ils ne veuillent vous retenir ! » ajoute-t-elle.

Henri III reçoit cette longue lettre plus de quinze jours plus tard, le soir du 17 juin 1574. Il hésite. Quel parti prendre ? Désigner le duc d'Alençon pour successeur sur le trône de Pologne ou, plus simplement, le nommer son lieutenant général à Cracovie ? Mais il hait tant son cadet qu'il ne parvient pas à prendre une décision. Il se souvient peut-être de la fière recommandation de Philippe le Bel : « Pesez ces mots : qu'est-ce que d'être roi de France ! » Aussi le principal est de regagner Paris au plus vite. Craignant d'être gardé malgré lui en Pologne, il décide de s'évader le plus secrètement possible de Cracovie. La nuit du 18 juin, après son coucher, il se relève, se rhabille, aidé par son valet de chambre du Halde. Villequier, du Guast, et trois autres intimes viennent lui annoncer que des chevaux sellés les attendent à l'une des portes de la ville. Villequier et du Guast s'emparent sans vergogne des diamants de la couronne polonaise, qu'ils cachent sous leurs habits. Et en route ! Au grand galop ! Bien que poursuivis par des Tatares envoyés par les Palatins, Henri réussit à atteindre, à Ples, la frontière autrichienne, où sa cavale tombe raide morte d'épuisement.

Il est sauvé. Il a vingt-trois ans, est roi de France et retrouvera sa chère Marie de Condé qu'il espère bien épouser en faisant rompre son mariage.

***

Pendant ce temps, le 22 juillet 1574, à Paris, le mari de

Marguerite tente de s'enfuir du Louvre en prenant une barque amenée sur la Seine par un bâtard de la famille de Bourbon. Mais Catherine a vent du complot. Tout est une fois encore manqué et l'étau ne se resserre que davantage autour du roi de Navarre. Margot aurait bien voulu, elle aussi, quitter maintenant la Cour. Comment Henri III va-t-il réagir en apprenant coup sur coup la conspiration menée par son frère et par son beau-frère, ainsi que la mort de La Molle et de Coconat? Des événements qui démontrent au nouveau roi de France que la jeune reine de Navarre, en dépit de la promesse qu'elle lui a faite lors de la séparation de Blamont, n'a nullement pris en cette circonstance les intérêts du roi de Pologne.

Impossible de nier que Marguerite a choisi le parti du duc d'Alençon. Que nous voilà bien loin de Plessis-lez-Tours et de leurs penchants malsains d'autrefois!... C'est donc avec une sorte d'angoisse que Margot part au-devant de son frère avec son mari et la reine mère.

Le 6 septembre 1574, près de deux mois et demi après son départ de Cracovie, Henri III retrouve la France. Il a musé en Autriche, puis s'est attardé à Venise où il a acheté du parfum — il a ainsi dépensé pour 1 125 écus de musc! — et découvert le confort de manger avec une fourchette à quatre dents — instrument commode alors inconnu en France.

Catherine a attendu à Lyon l'arrivée de son fils préféré et dépêche au-devant du nouveau monarque Alençon et le roi de Navarre. La rencontre des trois princes a lieu sur le pont de Beauvoisin. Henri III ouvre ses bras à son frère et à son beau-frère, et leur affirme que le passé sera oublié. Et l'on chevauche vers Lyon en conversant allégrement! Henri III n'ignore pas que sa sœur jadis bien-aimée s'est rangée parmi les tenants du duc d'Alençon. Comment accueillera-t-il cette sœur?

Lorsque Marguerite revoit son frère à Lyon, ce même 6 septembre, vers cinq heures du soir, elle manque s'évanouir d'émotion. «Il me prit, dit-elle, un frisson si grand, avec un tremblement si universel, que j'eus beaucoup de peine à le cacher. » Cependant, Henri lui assure être heureux de la revoir et l'embrasse. Tout semble oublié.

Néanmoins, une tragédie endeuillera toute l'existence du nouveau souverain : le 30 octobre 1574, la princesse de Condé met au monde un enfant mort-né et passe en quelques heures de vie à trépas. Personne n'ose annoncer à Henri III, qui séjourne toujours à Lyon, la mort de la femme de sa vie, aussi glisse-t-on la nouvelle parmi les lettres — on disait le paquet — qui lui sont soumises chaque matin. Lorsqu'il lit la fatale nouvelle, il demeure, durant une minute, hagard et sans voix. Son visage devient d'une pâleur extrême et il tombe en pâmoison. Les médecins s'affairent... Quinze longues minutes de soins seront nécessaires pour qu'il reprenne connaissance. Puis le roi pousse de véritables hurlements, se frappe la tête contre les murs, pleure et « pétrit sa chair en gémissant ». Voulant ensuite officialiser son chagrin, Henri se vêt de noir et commande des dizaines de tenues de deuil. Ses souliers s'ornent de têtes de mort. Il se rend plusieurs fois par jour à la chapelle et hante monastères et églises.

***

Que de contrastes offre désormais à nos yeux la cour des Valois! Heures frivoles au cours desquelles le roi, déguisé en femme, des pendants aux oreilles, mène le branle, heures graves et dramatiques aussi, durant lesquelles Henri, ce roi honni et incompris, sauvera l'unité française et remettra au Béarnais son royaume.

Henri III est d'ailleurs une bénédiction pour les historiens! Selon leur humeur, leurs goûts, leur amour du paradoxe, leurs opinions politiques, leurs désirs de scandaliser ou de réhabiliter, ils peuvent, se fondant sur certains documents ou en laissant d'autres dans l'ombre, camper du dernier des Valois autant de portraits parfaitement justes, ou, du moins, qui paraîtront tels *.

Il faut bien reconnaître que l'historien impartial demeure quelque peu perplexe lorsqu'il confronte les témoignages du temps. Un chroniqueur peint Henri sous les traits d'un « guerrier amoureux », un autre compare le « doux roi » à un « très jeune homme, tout adonné aux dames », tandis qu'un troisième témoin le décrit sous les traits d'un « farouche et viril guerrier ». C'est l'homme, écrit l'ambassadeur d'Espagne à son maître Philippe II, « épuisé pour avoir été trop près des femmes ». C'est aussi le prince « d'agréable conversation et amateur de livres ». C'est enfin — et nous arrivons au portrait le plus populaire et le moins flatteur — l'image d'Henri III après la mort de la princesse de Condé : une coquette parfumée, aux mains gantées s'endormant avec ses carlins parmi un océan de coussins : un roi bouffe hérissé d'aigrettes, tout rutilant de bagues !

Mais ce joueur de bilboquet — la bille inventée par le menuisier parisien Boquet — savait également, et ici aucun doute n'est admis, se transformer en homme d'État et souffrir « mille morts » en voyant la triste situation de son royaume déchiré par les guerres de Religion.

***

Avant de quitter Lyon, la Cour se rend à Avignon. Or, le mardi 16 novembre 1574, en descendant le Rhône, la vaste barge sur laquelle ont pris place le roi et la reine de Navarre fait naufrage à Pont-Saint-Esprit. Henri et Marguerite sont indemnes, mais trente-cinq à quarante personnes, qui avaient embarqué avec eux, se noient. Pierre de L'Estoile, relatant cet événement, attache

* Jean Héritier l'a fort bien diagnostiqué : « Henri III, protéiforme dégénéré supérieur, étonnant mélange de grandeur royale et de personnelle indignité, échappe à l'historien pour ne relever que du psychologue et du psychiatre. »

d'ailleurs beaucoup plus d'importance à la perte des fort beaux meubles entassés à bord et appartenant à Marguerite qu'aux pertes de vies humaines.

Le 11 février 1575, Margot assiste au sacre d'Henri III à Reims et, selon la coutume, la cérémonie se prolonge durant cinq longues heures. Deux jours plus tard, le roi épouse la douce et charmante Louise de Vaudémont, qu'il avait rencontrée à Nancy en partant pour la Pologne et qui se montre éperdue de reconnaissance. En effet, la reine la plus effacée de notre histoire demeurera toute son existence illuminée d'avoir reçu la couronne de France. Ce matin-là, Henri tient à habiller lui-même sa femme, la draper, la coiffer et maquiller. Il recommence à plusieurs reprises l'opération, tant et si bien que la messe devra être reportée à l'après-midi... Les Parisiens surnomment alors leur roi le « gaudronneur des collets de la reine, et le friseur de ses cheveux ».

Chapitre VIII

«Je n'ai point de désir que pour vous désirer »*

L'incorrigible Marguerite était à présent devenue la maîtresse d'un joyeux bretteur nommé Saint-Luc. Pourtant, dès qu'elle aperçoit, à Reims, lors du sacre de Henri III, le vigoureux et séduisant Louis de Clermont Bussy d'Amboise, elle en tombe éperdument amoureuse. Celui-ci, à son tour, se trouve vite fasciné par cette jeune femme déjà légendaire et il versifie joliment :

Mes yeux ne sont point yeux, si ce n'est pour vous voir,
Et mon cœur n'est point cœur, si n'est pour recevoir
Les traits de vos beautés que j'adore et que j'aime.

Je n'ai point de désir que pour vous désirer,
Je n'ai point de soupir que pour vous soupirer,
Bref, je ne suis point moi, si ce n'est par vous-même.

Certains ont rangé ce spadassin arrogant — il se battait sous le premier prétexte venu — parmi les célèbres «mignons» du roi Henri III, ceux que Marguerite appelait les adeptes de «sales voluptés», car, selon la

* Bussy d'Amboise

morale, cette robuste fille n'est plus perverse ni dépravée. Le « montoir » est péché de jeunesse...

Les ambassadeurs italiens appellent plus justement ces mignons des *favoritii*, qui, à l'instar des femmes de l'époque, poudrent leurs cheveux en bleu, violet ou rose. Jusqu'où ces *favoritii* furent-ils des favorites royales ou princières — car Alençon était, lui aussi, entouré et adulé par une semblable cohorte ? Jusqu'où se portait l'affection contre nature du roi et de son frère ? Est-ce à François ou à Henri que s'adressaient ces vers de Philippe Desportes :

Ce mignon si frisé, qui n'est d'homme et de femme!
Il vous nomme son cœur, vous l'appelez votre âme!

Où s'arrête la réalité ? Où commence la légende ? Doit-on appeler les chroniqueurs du temps des historiens ou des pamphlétaires ? Car, fait important, les accusations portées contre Henri III et ses mignons, exploitées à des fins politiques, partent presque toutes des camps guisards ou ligueurs. Il est néanmoins un fait certain : ces mains parfumées, ointes d'onguents, tirent fort bien l'épée et manient sans trembler la dague. Beaucoup de ces jeunes gens à la mode, qui ne portaient jamais deux fois la même chemise, « estimant que le linge lessivé ne leur saurait convenir », sont de rudes bretteurs, affichant un parfait mépris de leur vie — et de celle des autres — quand il s'agit de ferrailler pour leur roi ou leur prince.

Quoi qu'il en soit, revenons au massacreur Bussy, le nouvel et brûlant amour de Marguerite. Pour elle, « son courage ne pouvait céder à nul autre ». C'est la grande passion !

Bussy, de son côté, lui écrit :

Il n'y a d'autres nuits, d'autres jours, d'autres cieux,
Que voir ou ne voir point le ciel de vos beaux yeux;
Vous, le ciel, le soleil, êtes la même chose...

Bussy, aimé de Marguerite, est au plus mal avec du Guast. Ce dernier paye quinze estafiers pour attaquer l'amant de Margot. Mais Bussy, bien que la main blessée au cours du combat, réussit à leur échapper et versifie à l'intention de sa maîtresse :

Lors d'un brave désir je veux pour me venger
Sortir, blesser, tuer, me jeter au danger,
Vous rapporter la main de leur sang toute teinte,
Mais la peur d'offenser, au fort de mon dessein,
L'honneur que je vous dois me saisit par la main.
Jamais un grand amour ne marche sans la crainte.

Cependant, ce bel esprit, ce bravache perpétuel et courageux, qui est bien de son siècle, indispose le roi. Il est jaloux de sa grande allure :

— C'est trop pour un Bussy! s'exclame-t-il en le voyant un jour suivi de deux cents gentilshommes qui lui font une escorte bruyante et admirative.

Aussi donne-t-il l'ordre à son ancien favori de quitter Paris. Franchissant la muraille de la ville, l'amant de Marguerite charge Brantôme de le rappeler au bon souvenir d'une dame à laquelle « il portait deux faveurs, l'une à son chapeau, l'autre à son col ». Car, à la suite du combat avec les estafiers, il arborait son bras en écharpe.

Quant à Alençon, il n'a maintenant plus qu'une idée en tête : abandonner la Cour et s'enfuir vers l'Anjou. Le 15 septembre 1575, un manteau cachant son nez facilement reconnaissable puisqu'il était totalement déformé par la petite vérole, sort paisiblement du Louvre, gagne la porte Saint-Honoré où l'attend un carrosse, de là rejoint l'abbaye Saint-Germain-des-Prés où son ami Bussy fait le guet. Le mur d'enceinte du couvent forme alors la clôture de la capitale. On pratique un trou dans la muraille et Alençon prend la route d'Évreux. Quelques jours plus tard, il apparaît avec Bussy sur les rives de la Loire.

Henri III fait fouiller les chambres de toutes les dames,

puis « l'alarme s'échauffe » et il doit se rendre à l'évidence : son frère a bien fui Paris! Il ordonne à de nombreux cavaliers de poursuivre le fuyard et de le ramener « mort ou vif ». Mais l'ordre est donné en pure perte!

Marguerite joue la comédie au roi et à leur mère : elle n'est pour rien dans l'évasion de son frère cadet. Elle s'enferme dans ses appartements et pleure... Impossible même de l'interroger : la fièvre, affirme-t-elle, ne la quitte pas.

Henri III est de fort méchante humeur. La présence d'Alençon, son frère — et héritier —, à la tête de l'armée protestante procure aux coalisés une apparence de légitimité et de légalité.

Quant à l'époux de Margot, toujours prisonnier au Louvre, il poursuit ses amours avec Charlotte de Sauve, dont Henri de Navarre paraît apprécier « les tétins fermes et blancs emplissant bien la main du gentilhomme ». Il passe également d'agréables moments avec une certaine demoiselle Rouet, fille d'honneur de la reine. Madame Catherine, s'il faut en croire un témoin, aurait commandé à cette jeune et adroite rouée d'« entretenir l'amoureux et de le complaire en tout ce qu'elle pourrait ». C'était, du moins la reine mère le pensait-elle, un excellent moyen pour désarçonner Navarre. Celui-ci témoigne maintenant de peu d'empressement à rejoindre Alençon. C'est avec une grande philosophie qu'il assiste, ne pouvant rien y changer, aux écarts amoureux auxquels se livre Marguerite à corps perdu. Il a appris à dissimuler ses sentiments et donne même le change à son ami et écuyer le protestant d'Aubigné, qui l'entend un jour pousser de lourds soupirs dans son lit :

— Sire, lui demande Agrippa, après avoir tiré les rideaux, est-il donc vrai que l'esprit de Dieu travaille et habite encore en vous? Vous soupirez à Dieu pour l'absence de vos amis. Or, vous n'avez que des larmes aux yeux et eux les armes aux mains. Ils comptent battre vos ennemis, et vous les servez; ils les remplissent de craintes véritables, et vous les courtisez pour des espérances fausses! Ils sont à cheval, et vous à genoux... Vous êtes criminel de votre grandeur et des offenses que vous avez reçues. Ceux qui ont fait la Saint-Barthélemy s'en souviennent bien!

Pour sa part, Agrippa préfère quitter la place.

— Avisez, sire, ajoute-t-il, qu'après nous les mains qui vous serviront n'oseront refuser d'employer sur vous le poison et le couteau.

C'est peut-être une manière de chantage, mais cette sinistre prédiction pourrait bien se réaliser! Navarre ne l'ignore pas. Il hésite cependant encore. Certes, au Louvre, on le bafoue, mais, d'autre part, se trouver en province le second du duc d'Alençon ou de son cousin Condé — il est parvenu, lui aussi, à s'enfuir —, tous deux à la tête des protestants, ne le tente guère pour l'heure. Pourtant, ne serait-il pas souhaitable qu'il devienne le chef du tiers parti qui se forme en France? Il le dira, plein d'espoir — et d'optimisme :

— Peut-être, entre les deux religions, le différend n'est si grand que par l'animosité de ceux qui les prêchent. Un jour, par mon autorité, j'essaierai de tout arranger.

Attendons!

***

Du Guast, toujours favori d'Henri III — un des tueurs de la Saint-Barthélemy, et colonel de la garde royale —, appelle Margot la reine *delle putane*, mais la reine de Navarre le surnomme le *Potiron*, car il est devenu obèse. Cependant, espérant se réconcilier avec Marguerite, il vient lui remettre un jour une lettre du roi.

« Quand elle le voit entrer chez elle, nous raconte Brantôme, elle est en grande colère », puis, d'un visage courroucé, elle lui lance :

— Bien vous sert, du Guast, de vous présenter devant moi avec cette lettre de mon frère, qui vous tient de sauvegarde, car je l'aime si fort que tout ce qui vient de lui est en toute franchise avec moi. Sans cela, je vous apprendrais bien à parler autrement d'une telle princesse que moi, sœur de vos rois, vos maîtres et souverains.

La sage Mme de Dampierre essaye d'arranger les choses. Pourquoi ne se réconcilierait-elle pas avec du Guast ? Ne serait-ce pas plus adroit ? Mais Marguerite relève orgueilleusement sa jolie tête :

— Madame de Dampierre, ce que vous dites serait bien pour vous qui avez besoin de faveur, de plaisir et de bienfaits, mais à moi, qui suis fille de roi, sœur des rois de France et femme de roi, vos paroles ne peuvent me servir.

Du Guast a comme ami et complice Philippe de Volvire, marquis de Ruffec, que l'on surnomme familièrement le gros Ruffé. Margot, ainsi que l'appellent toujours ses frères, a actuellement pour amant Charles Balzac d'Entragues, dit le bel Entraguet, qui a succédé à Bussy parti pour l'Anjou. Elle aime une fois de plus à la folie ce duelliste fougueux.

La Cour séjourne derechef à Lyon ; Entragues, qui est souffrant, garde le lit dans une maison voisine de l'abbaye de Saint-Pierre. Or, un jour, dans le carrosse du roi, ont pris place plusieurs familiers, dont le roi de Navarre et le gros Ruffé. « Voyant mon chariot vide, raconte Margot, le baron de Quélus se tourne vers le roi, mon mari, et lui dit :

« — Voyez le chariot de votre femme et voilà le logis de *Bidé* — autrement dit d'Entragues... Je gage, précise-t-il, qu'elle y est. »

Henri III « commande au gros Ruffé, instrument propre d'une telle malice, poursuit Marguerite, pour être un ami de du Guast, d'y aller voir ; lequel n'ayant rien découvert, et ne voulant toutefois que cette vérité empêchât le dessein du roi, lui dit tout haut devant le roi mon mari :

« — Les oiseaux y ont été, mais ils n'y sont plus.

« Cela suffit pour donner sujet de s'entretenir jusqu'au logis. » Henri de Navarre hausse les épaules, il ne croit pas que « les oiseaux soient au nid ! ». Or Marguerite se trouvait en prière à Saint-Pierre ! Henri III, en revanche, est persuadé que sa sœur est en train de filer des heures d'amour entre les bras du bel Entraguet — tout souffrant qu'il est... Il alerte la reine mère, qui convoque sa fille. Navarre, en riant, l'annonce à sa femme :

— Allez chez la reine votre mère, et je vous assure que vous en reviendrez bien en colère.

Marguerite s'étonne : que lui veut-on? Navarre la prévient :

— Ce ne sont que des inventions pour nous brouiller vous et moi, et rompre du même coup l'amitié qui vous unit au duc d'Alençon.

« Voyant que je n'en pouvais dire autre chose, raconte Marguerite, je m'en vais chez la reine ma mère. Rentrant dans la salle, je trouvai M. de Guise qui, prévenu par mon mari, n'était pas marri de la division qu'il voyait arriver en notre maison, espérant bien que du vaisseau brisé il en recueillerait les pièces. Il me dit :

« — Je vous attendais ici pour vous avertir que la reine vous a prêté une dangereuse charité...

« Je trouvai Mme de Nemours et toutes les autres princesses et dames qui me dirent :

« — Mon Dieu, Madame, la reine votre mère est en si grande colère contre vous que je ne vous conseille pas de vous présenter devant elle. »

Malgré tous ces avertissements, Marguerite pénètre dans la chambre de Catherine et se défend comme elle peut des calomnies dont elle est l'objet : elle était à Saint-Pierre, accompagnée de dix à douze personnes. On pouvait les interroger. N'y avait-il pas, priant à ses côtés, Mlle de Montigny et Mme de Liancourt, « qui ne dépendent que du roi »?

La reine mère qui, nous dit Marguerite, « n'a point d'oreille pour la vérité, veut complaire au roi son fils qu'elle idolâtrait », refuse les explications de sa fille et se livre à une scène atroce. Toute la furie italienne se déchaîne.

Cependant, Henri III, après avoir interrogé les compagnons de Marguerite à l'église, se rend compte de « l'erreur et de la malice » de Ruffé et en prévient sa mère, qui exprime « force excuses » à Margot. Enfin, tout rentre dans l'ordre... provisoirement.

Un fait nouveau creusera le fossé entre le roi de Navarre et Margot. Henri III demande à son beau-frère de renvoyer une suivante de sa femme, une certaine Gigonne de Thorigny. Sa réputation n'est pas fort bonne, mais la reine de Navarre l'aime et l'apprécie pour les services qu'elle lui rend. Henri, poussé par Charlotte de Sauve — celle-ci obéissait à Catherine —, s'incline. Fureur de Marguerite qui éclate en sanglots :

— Je ne peux plus me forcer à rechercher mon mari, dit-elle. Nous ne couchions, ni ne parlions plus ensemble.

Henri de Navarre a maintenant quelques difficultés pour rejoindre sa bien-aimée Charlotte de Sauve. Des barrières sont dressées par Henri III, poussé lui-même par du Guast. Charlotte a fait croire à son amant que c'est Margot la responsable — cela afin de la brouiller avec son mari. « Cette femme, nous explique Marguerite dans ses *Mémoires*, pour mieux jouer son jeu, persuada le roi mon mari que j'étais jalouse et que pour cette cause je prenais le parti de mon frère. Nous croyons aisément ce qui nous est dit par des personnes que nous aimons. Mon mari prend cette créance et s'éloigne de moi, puis s'en cache plus que de tout autre, ce que jusqu'alors il n'avait fait. Car, quoiqu'il en eût la fantaisie, il m'en avait toujours parlé aussi librement qu'à une sœur. Il savait que je n'en étais aucunement jalouse, ne désirant que son contentement. »

Henri de Navarre ne désire-t-il pas, lui aussi, le « contentement » de son épouse? Celle-ci est d'ailleurs espionnée par du Guast, non au profit de son mari, mais à la demande du roi. L'attitude du favori vis-à-vis de la reine de Navarre est devenue profondément injurieuse. Il lui arrive même de passer devant elle sans la saluer. Margot, ulcérée, tout animée par la haine, décide de se venger en supprimant son ennemi!

Ainsi se comportait-on à la cour des derniers Valois! Marguerite a assisté à tant de meurtres et de massacres accomplis autour d'elle — et sous ses yeux — que l'entreprise doit lui paraître toute naturelle.

D'abord la reine de Navarre se renseigne: de quelle manière vit du Guast? Il est toujours entouré de gardes comme s'il était un souverain, sans parler de quelques gentilshommes obséquieux qui lui font escorte. Il est atteint d'une pénible maladie de peau. Pour se soigner, il se rend chaque jour dans une habitation située rue Saint-Antoine, non loin du Louvre, où il suit un traitement hydrothérapique. Durant des heures, il stagne dans de la vapeur d'eau aromatisée. Le logis a en outre l'avantage d'être mitoyen avec la maison où demeure sa maîtresse. Une porte percée dans la muraille permet à du Guast, bien séché, la peau rendue plus appétissante, de rejoindre aisément ses amours.

Marguerite se mue en Messaline. Elle doit trouver un spadassin exécutant. Interrogée à ce sujet, son amie la duchesse de Nevers qui, on s'en souvient, avait été la maîtresse de Coconat, est connaisseuse en la matière. Elle lui indique un tueur, si j'ose dire, excellent. Pour l'instant, celui-ci vit caché au couvent des Grands-Augustins, ayant en effet massacré dans une querelle Alègre, mignon d'Henri III. Son nom? le baron de Viteaux. Ses amis ont essayé, mais en vain, d'obtenir du roi son pardon, du Guast s'y était opposé.

Marguerite lui donne rendez-vous dans la nuit du 29 octobre 1575 à la chapelle des Grands-Augustins. La reine arrive masquée et affirme au bretteur :

— Du Guast a prétendu au roi que vous vouliez attaquer Sa Majesté Elle-Même.

Évidemment, une copieuse somme d'argent est offerte au personnage et, bien plus, s'il faut en croire un témoin du temps, Margot s'offre elle-même au tueur en payant comptant sur les dalles inconfortables de l'église des

Grands-Augustins. Dans ce domaine, rien ne nous étonne de la part de Marguerite *...

Le surlendemain soir, veille de la Toussaint, Viteaux, accompagné de quelques spadassins, lance une échelle contre le logis de du Guast, rue Saint-Antoine, et pénètre par la fenêtre dans la chambre du favori. Celui-ci sort de sa baignoire, veut se défendre en saisissant un pieu placé à son chevet, mais les tueurs se ruent sur le grand ennemi de Marguerite et le transpercent de quatre coups d'épée et de dague.

En quittant la maison, le baron de Viteaux croise la maîtresse de du Guast — et, sans vergogne, essuie son épée sanglante à la robe de la dame. Puis il parvient à s'enfuir et à rejoindre l'armée de Monsieur à Angers.

En apprenant la mort de celui qu'elle avait condamné — ce vrai « fusil de haine », disait-elle —, Margot, qui étant souffrante gardait le lit, s'exclame :

— Il s'agit d'un jugement de Dieu! Je suis marrie que je ne suis pas bien portante pour, de joie, solenniser sa mort!

Plus tard, elle évoquera dans ses *Mémoires* ce « corps gâté de toutes sortes de vilenies, qui fut donné à la pourriture qui dès longtemps le possédait, et son âme aux démons, à qui il avait fait hommage par magie et toutes sortes de méchancetés ».

***

Brusquement, Navarre prend la décision, lui aussi, de s'enfuir, mais il commet l'erreur de mettre au courant un certain nombre de ses amis — dont Fervaques. Il faut donc s'entourer d'un maximum de précautions. Le 1er février 1576, il fait semblant de disparaître. On s'inquiète, on jure qu'il a pris la clé des champs, on le

* S'il faut en croire, en effet, Jacques-Auguste de Thou, dans son *Historiorium mei Temporis* (1543-1618). Ce fait, effarant, est donné comme exact par Michelet.

Margot n'a encore ici que quatorze ans et aime son frère, le futur Henri III, « comme s'ils n'étaient qu'un corps, une âme et une même volonté », dira Brantôme. *(Giraudon)*

Le pauvre et chétif François II *(à gauche)* ne régnera qu'une année ensanglantée par le Tumulte d'Amboise, une journée qui ouvrira la porte aux guerres fratricides de Religion. *Au centre,* le tuberculeux, cruel et déséquilibré Charles IX. C'est lui qui baptisa sa sœur « la grosse Margot ». *A droite,* Henri III, le préféré de la reine mère. Celle-ci disait à son fils Charles IX : « Vous n'êtes bon à rien. Regardez plutôt votre frère Anjou et sa manière d'agir. » *(Giraudon)*

Celle qui sera bientôt la reine Margot est âgée de vingt ans. Montaigne la place « parmi ces divines, supernaturelles et extraordinaires beautés qu'on voit parfois reluire comme des astres ». *(Giraudon)*

Le jeune roi de Navarre semble bien intimidé devant celle qui devient aujourd'hui sa femme. *(Giraudon)*

On a pu appeler le mariage d'Henri et de Marguerite les « noces vermeilles ». En effet, la même semaine, se déroule l'atroce et sanglant massacre de la Saint-Barthélemy. *(Giraudon)*

Catherine de Médicis, la mère de trois rois de France, multiplia les intrigues politiques. Une femme que l'on hait et que l'on admire à la fois. *(Giraudon)*

Margot aime danser la volte, dont la dernière figure consistait, pour le cavalier, à aider sa partenaire à exécuter un saut, avant de retomber dans ses bras. *(Giraudon)*

C'est ici, dans la salle des Cariatides du Louvre, que Marguerite dansa bien souvent. C'est ici que le roi Henri III la traîna dans la boue devant toute la Cour. *(Giraudon)*

Margot acheta au bourreau la tête décapitée de son amant La Mole, pour la faire embaumer et l'enterrer elle-même. *(Coll. part.)*

Elle dira de Bussy d'Amboise *(ci-dessous)* — son grand amour — qu'« il n'y avait de son sexe et de sa qualité rien de semblable en honneur, réputation, grâce et esprit. » *(Giraudon)*

Henri de Guise *(en bas, à droite)*, qui sera assassiné un jour sur l'ordre d'Henri III, fut l'homme le plus élégant de la Cour. Marguerite eut un immense chagrin de ne pouvoir l'épouser... *(Giraudon)*

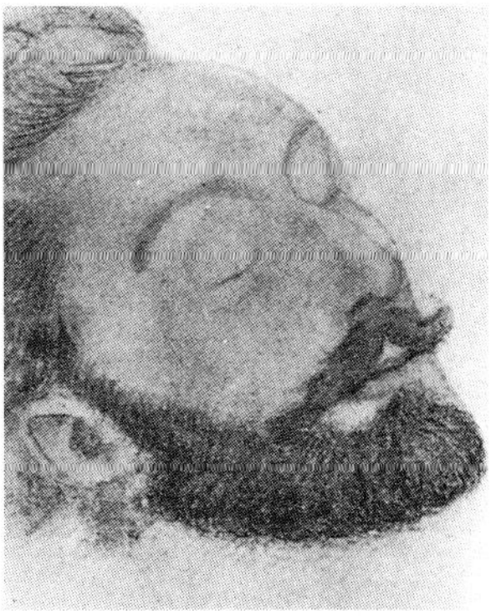

Ce qui reste du château de Nérac, cadre de la vie amoureuse de Marguerite et de son mari — le plus souvent séparément... *(Roger-Viollet)*

Tandis qu'elle se tenait à l'une des fenêtres du premier étage de l'hôtel de Sens à Paris, Marguerite vit tomber la tête de son amant, Vermont, assassin de Date de Saint-Julien qui lui avait succédé dans les faveurs de la reine. *(Jérôme da Cunha)*

Marguerite livre aux Ligueurs Agen, une ville clé de la Garonne. Dans cet hôtel situé rue de l'Ave-Maria, elle gouverne et règne... *(Coll. part.)*

Usson « ne craignait que la chute du ciel ». A l'abri de sa triple enceinte, la forteresse méprisait les efforts des assaillants « comme un roc élevé méprise les flots et les vagues ». *(Coll. part.)*

recherche... et on le voit surgir le lendemain, chez sa femme, souriant et goguenard, tout botté comme s'il revenait de la chasse. Après ce coup d'essai, il peut passer à l'action. Le 3 février, Henri de Navarre fait savoir qu'il va courre le cerf du côté de la forêt d'Halatte, au nord de Senlis. Sans prévenir Marguerite de ses intentions, il part en compagnie du capitaine et du lieutenant des gardes. L'époux de Marguerite est encore indécis. Le lendemain matin, d'Aubigné et Roquelaure rejoignent leur maître dans les faubourgs de Senlis. Agrippa a assisté la veille au coucher du roi Henri III et annonce à Navarre :

— Sire, le roi sait tout par Fervaques, qui me l'a confessé ! Le chemin de la mort et de la honte, c'est Paris ; ceux de la vie et de la gloire sont partout ailleurs... Il est temps de sortir des ongles de vos geôliers pour vous jeter dans le sein de vos vrais amis et bons serviteurs.

Cette fois Navarre ne tergiverse plus ! On se débarrasse au plus vite des deux officiers de la garde royale en les chargeant de galoper vers le Louvre afin de porter à Henri un billet, dont on n'a pas conservé le texte exact. Le Béarnais expliquait, paraît-il, à son beau-frère qu'il ne pouvait supporter plus longtemps « les vilenies et les mépris dont il était abreuvé ». Bref, il préférait regagner la Navarre. Henri III s'incline, car il espère sans doute faire du Béarnais un allié plutôt qu'un ennemi. Néanmoins, il place des gardes près de sa sœur, au cas où l'idée viendrait à Margot de rejoindre son mari.

La reine de Navarre est infiniment vexée en apprenant la fuite de son époux, qui s'est hâté de reprendre la religion protestante qu'il avait abjurée le matin de la Saint-Barthélemy. Ainsi, Henri se méfiait d'elle à ce point ! Mais quelques jours plus tard, elle reçoit une lettre de Navarre, lui demandant pardon d'avoir quitté le Louvre sans l'avoir prévenue de son départ — et la petite reine retrouve le sourire. Elle l'aurait retrouvé encore bien plus vite si elle avait su que son mari s'était fort aimablement exclamé en passant la Loire :

— Je regrette Paris pour deux choses que j'y ai

laissées : la messe et ma femme. Toutefois, quant à la première, j'essayerai de m'en passer, mais de l'autre, je ne le peux et je veux la revoir.

Mais la pauvre Margot est toujours surveillée comme une prisonnière, d'autant plus qu'Henri III demeure persuadé que sa sœur était au courant de ce « parement » — le départ de son mari — et jetait, nous dit-elle, « du feu contre moi. S'il n'eût pas été retenu par la reine notre mère, sa colère l'eût fait exécuter contre ma vie quelque cruauté ». Le roi Henri ordonne de placer autour de l'appartement de sa sœur un véritable corps de garde. La reine se plaint de ce traitement auprès de son frère, et lui demande de pouvoir au plus vite rejoindre son mari.

— Depuis que le roi de Navarre s'est refait huguenot, lui répond Henri III, je n'ai pas trouvé bon que vous y allassiez. Ce que nous en faisons, la reine notre mère et moi, c'est pour votre bien. Je veux faire la guerre aux huguenots et exterminer cette misérable religion qui nous a fait tant de mal... Qui sait s'ils ne voudraient pas se venger sur votre vie du mal que je leur ferais ? Non ! Non ! Vous n'irez point !

Marguerite, qui écrivit ses *Mémoires* plusieurs années plus tard, mêle du Guast à l'affaire, oubliant assez étourdiment que du Guast avait été assassiné sur son ordre trois mois auparavant...

***

L'arrivée d'Henri de Navarre parmi les protestants fait redoubler d'ardeur l'éternel conflit. La victoire d'Henri de Guise à Dormans, le 11 octobre 1575 — c'est là que le duc reçoit sa balafre due à un coup d'arquebuse sur la joue —, n'empêche pas les reîtres allemands, appuyés par l'Angleterre, de rejoindre le frère du roi qui a maintenant une véritable armée sous ses ordres. Alençon franchit la Loire et Henri III se décide à traiter.

Catherine, toujours suivie de son escadron de filles d'honneur et de ses mages, mais secondée cette fois par

Marguerite, quitte Paris pour rejoindre son fils François. L'entrevue a lieu au château de Chastenay, près de Sens. L'Escadron volant a beau faire feu de toutes ses pièces et Margot *mignotter* son cadet, le duc d'Alençon demeure inflexible. Le roi doit s'incliner et, le 6 mai 1576, les larmes aux yeux, Henri III appose sa signature au bas de la « paix de Monsieur ».

Les protestants obtiennent des places de sûreté, la réhabilitation des victimes de la Saint-Barthélemy, la charge de gouverneur de la Guyenne pour le roi de Navarre et, enfin, pour le duc d'Alençon, un apanage comprenant le duché d'Anjou — il en portera le titre désormais —, la Touraine, le Maine, le Berry et une prestation de cent mille écus d'or. Bussy devenait gouverneur d'Angers.

La France possède en France un nouveau Charles le Téméraire !

De plus, le roi vaincu doit payer les frais de la campagne. A eux seuls, les reîtres de Casimir, fils de l'Électeur palatin, coûtent à la Couronne la bagatelle de douze millions de livres et, pour régler la note, Henri III mettra ses bijoux en gage à Florence.

La paix dite de Beaulieu est le pendant du traité de Madrid !

Jamais la tendre Touraine ne vécut un si triste été ! Celui qui fut le dernier duc apanagiste entre dans sa capitale de Tours le 28 août 1576. Le duc François d'Anjou ne montre certainement pas la moindre gêne en contemplant l'arc de triomphe placé hors de la ville où l'on voit, sous les traits d'Henri de France et de François duc d'Anjou, deux statues représentant Castor et Pollux. Au-dessus de leurs têtes brille une « estoille claire et rayonnante, symbole de leur fraternelle amitié et de leur volonté unie pour chastier les infracteurs de la paix et perturbateurs du repos public ».

En voyant le « perturbateur du repos public » s'avancer sur le *boullever*, un homme, nous dit-on, « contrefait au naturel le chant du rossignol et plusieurs autres sortes d'oiseaux». Les Tourangeaux ont de l'esprit et peut-être le chant du merle moqueur se fit-il entendre alors que le nouveau duc d'Anjou passe sous une banderole indiquant qu'il

... recevait l'hommage des terres
Dont la vertu vous fait seigneur.

La vertu!... alors que seule la trahison rend François maître des quatre plus riches provinces du royaume!

Le 6 décembre 1576, le roi, suivi de la reine mère, de sa femme et de la reine sa sœur, préside les états généraux qui se tiennent à Blois. Marguerite porte une robe orangée et noire «avec force clinquant»... et «un grand voile de majesté». Elle retient, nous dit Brantôme, «l'attention davantage que les graves propos du roi»... Le duc d'Anjou, comblé de faveurs, ne peut faire moins que de soutenir la politique de son frère Henri III et de se déclarer l'ennemi des protestants, grâce à qui il avait pourtant obtenu son apanage! Les états, qui ne comptaient qu'un seul député protestant — l'élu de la noblesse de Saintonge —, exigent qu'il n'y ait désormais plus en France qu'une unique religion. On vote et l'exercice du culte réformé se trouve interdit, dogmatisants, ministres et pasteurs bannis.

Mais Henri refuse de faire chanter un *Te Deum.* Il avait eu les larmes aux yeux en signant la paix.

***

Henri de Navarre, entre deux complots, ne cesse de papillonner de femme en femme; néanmoins, Margot lui manque. Prisonnier au Louvre, il a eu de longues conversations avec son épouse. Elle «n'était rien qu'esprit, prudence et savoir», reconnaît-il, et il ajoute :

— Elle n'était pas inutile. Sa considération fléchissait

sa mère et ses frères aigris contre moi. D'un autre côté, sa beauté m'attirait quantité de braves!

A la tête des calvinistes, le duc d'Anjou avait presque reçu un royaume... Que n'obtiendrait-il pas en les battant? Aussi, sans vergogne, prend-il le commandement de l'armée royale et commence-t-il la guerre contre ses anciens amis en mettant le siège devant La Charité.

Du haut des remparts, les huguenots narguent le duc d'Anjou en ces termes :

En vain employerez le blocus et la mine
Le canon ne peut rien contre La Charité,
Bientôt vous détruiront la peste et la famine,
Car jamais sans la foi n'aurez la charité.

La peste et la famine n'eurent point à se mettre de la partie! La ville doit se rendre le 1er mai 1577.

Le 13 mai 1577, au château de Plessis-lez-Tours, on est en pleins préparatifs du festin que le roi s'apprête à donner le surlendemain pour fêter la victoire de son frère — festin placé sous le signe de la folie. On a acheté pour soixante mille livres — somme considérable pour l'époque — de drap de soie verte et l'on a habillé de cet uniforme, couleur des fous, les femmes en hommes, les hommes en femmes...

Maintenant que la paix est là — la trêve plutôt — Marguerite affirme de nouveau que son mari espère sa venue, car « il retirait beaucoup d'utilité de mon amitié ». Il est certain qu'à Nérac la présence à ses côtés de la sœur du roi de France affermirait l'autorité d'Henri de Navarre. La reine Margot deviendrait, en quelque sorte, la pièce maîtresse de l'échiquier politique. Henri envoie donc à son royal beau-frère des émissaires chargés de réclamer la venue de sa femme. Mais Henri III refuse de laisser sa sœur quitter le Louvre.

— Je l'ai donnée à un catholique et non à un huguenot, déclare-t-il de fort mauvaise humeur.

Ce qui était faux, puisque Navarre n'avait abjuré que

le matin de la Saint-Barthélemy. Mais Henri de Navarre insiste : il veut avoir sa femme auprès de lui! Henri III se livre à une manière de chantage, répétant que si le roi de Navarre voulait bien revenir au catholicisme, les portes du Louvre s'ouvriraient pour Marguerite. La jeune reine affirme à sa mère et à son frère Henri qu'il n'est pour elle « ni favorable ni bienséant de demeurer à la Cour ».

— Si j'y demeurais, le roi mon mari penserait que j'y prisse mon plaisir.

Ce qui était précisément le cas... Le ton monte :

— Je ne me suis pas mariée par plaisir et par ma volonté, déclare Margot. Mais puisque vous m'avez donné le roi de Navarre pour mari, vous ne pouvez m'empêcher de courir sa fortune. Je veux y aller! Si vous ne me permettez pas, je me déroberai et j'irai, de quelque façon que ce soit, au hasard de ma vie.

— Il n'est plus temps, ma sœur, lui répond froidement Henri III, de m'importuner de ce congé.

Chapitre IX

Un « beau coup »... manqué

« Ma femme n'était rien qu'esprit, prudence et savoir... »

HENRI IV.

Puisque Henri III s'obstine à ne pas autoriser sa sœur à gagner la Navarre, pourquoi ne pas essayer de quitter Paris et de partir pour les Flandres, où elle pourrait jouer un rôle capital ? Si sa mission réussissait, on ne pourrait, à son retour, qu'accéder à ses désirs. En effet, les dix-sept provinces des Pays-Bas — on les appelait le Cercle de Bourgogne — sont en pleine décomposition et particulièrement les terres méridionales. Les partisans protestants du prince d'Orange luttent contre les catholiques espagnols de Philippe II, maître théorique du pays et soutenu par la terrible Inquisition. Les membres de la noblesse des Flandres, selon leur religion, se battent dans les deux camps, en changeant parfois de maîtres suivant leur humeur ou leur conviction. La liberté des cultes étant pour beaucoup l'un des buts de la guerre civile.

Dédaigneusement, les Grands d'Espagne appellent les nobles flamands des « gueux ». Ceux-ci relèvent fièrement la tête et se parent avec orgueil de cette injure :

— Eh bien, oui, nous sommes les « gueux » !

Grande idée de Marguerite : en se rendant sur place, ne pourrait-elle pas faire jouer un rôle primordial d'arbitre au duc d'Anjou? Son frère trouverait peut-être une couronne dans l'opération, celle des États catholiques du Sud. Pour atteindre ce but, il fallait à Margot l'appui de sa mère. Or Catherine est toujours hantée par la prédiction de Ruggieri : ses fils se succéderont et régneront tous les trois. De ce fait, si le cadet Anjou pouvait s'asseoir sur le trône des Pays-Bas, et non sur celui de France, la prédiction serait accomplie : les trois fils de Catherine de Médicis régneraient... mais pas sur le même trône.

Mis au courant des projets de sa sœur, Henri III estime qu'éloigner de France son frère, « ce perpétuel agité », serait une belle opération. Alors que le dernier fils de Catherine, après avoir été à la tête des catholiques mécontents, est maintenant chef du parti protestant ! S'il partait pour Bruxelles, on aurait peut-être enfin la paix ! Mais n'était-ce pas risqué ?

Quant à l'ambitieux Anjou, il a accueilli avec joie l'annonce du nouveau soulèvement des sujets de Philippe II. En les aidant à se libérer du joug espagnol, il pourrait peut-être pêcher un trône, à l'instar de son frère lorsqu'il était devenu roi de Pologne.

Marguerite déclare, sur les conseils de la princesse de La Roche-sur-Yon, qu'elle désire se rendre en Flandre. Sous quel prétexte ? L'ambassadeur de France à Bruxelles, M. de Mondoucet, après avoir à nouveau confirmé que les Flamands souffraient de la domination espagnole, précise que la reine de Navarre pourrait jouer un rôle fort important dans les affaires d'une Flandre perturbée.

— Sire, assure l'ambassadeur au roi Henri, si la reine de Navarre pouvait feindre d'avoir quelque mal à quoi les eaux de Spa, où va maintenant la princesse de La Roche-sur-Yon, puissent remédier, cela viendrait bien à propos pour notre entreprise de Flandre. Elle pourrait faire un beau coup.

Henri III approuve que sa sœur tente de faire ce « beau coup » et, jouant à son tour la comédie, déclare à Marguerite en riant sous cape :

— Ô reine, ne cherchez plus, il faut que vous alliez aux eaux de Spa avec Mme la princesse de La Roche-sur-Yon. Je vous ai vu quelquefois un érysipèle au bras. Il faut que vous vous disiez que les médecins vous ordonnent de partir pour Spa.

Ainsi fut fait.

Comment se présente Marguerite, alors qu'elle s'apprête à jouer le rôle le plus important de sa vie? Selon Ronsard, «elle a la tête près du bonnet, mais le bonnet volontiers de travers». Quant au physique, sa silhouette de vingt-cinq ans, nous dit Brantôme, est «de si grande majesté qu'on la prend toujours pour une déesse du ciel plus que pour une princesse de la terre». Et une princesse qui est bien la seule en Europe à pouvoir accomplir une tâche politique aussi délicate! Son visage, affirme encore Brantôme, «soit qu'elle veuille montrer sa douceur ou sa gracieuseté, sert d'embraser un monde tant ses traits sont beaux, ses linéaments tant bien tirés et ses yeux si transparents et agréables, qu'il ne s'y peut rien trouver à dire».

De plus, elle éblouit ses visiteurs par la somptuosité de ses robes qu'elle compose elle-même, car elle a infiniment de goût. Dès le début de ses futures conversations, elle éblouira également ses interlocuteurs flamands par son intelligence, sa rare érudition, son goût de la poésie, ses connaissances en langue latine qui semble n'avoir pas de secret pour elle — et tout ceci avec une facilité qui laisse pantois. Elle lit Homère et Platon — car elle connaît le grec — comme elle parle l'espagnol et l'italien. Brantôme, toujours lui, est si admiratif, qu'il compare la correspondance de Marguerite à celle de Cicéron. C'était peut-être quelque peu exagéré... mais son amour pour Marguerite l'aveugle... Pour parachever le portrait, la jeune reine chante et joue fort joliment du luth.

***

Le 28 mai 1577 — alors que commençait le siège d'Issoire par le duc d'Anjou — Marguerite, en grand arroi, prend donc le chemin des Flandres. Elle est très optimiste et pleine de confiance en sa mission. L'ambassadeur Mondoucet lui a encore confié que «plusieurs seigneurs et communautés des villes l'avaient chargé de lui faire entendre combien ils avaient le cœur français».

— Tous vous tendent les bras, assure-t-il avec conviction.

Marguerite voyage dans une litière à piliers doublée de velours incarnadin et rehaussé de broderies d'or et de soie. Partout, ornant les glaces, quarante devises gravées en français, en italien et en espagnol. Suivent deux autres litières, celle de la princesse de La Roche-sur-Yon, puis celle de Mme de Tournon, première dame d'honneur de Marguerite. Chevauchent ensuite une dizaine de filles d'honneur et leur gouvernante. Des carrosses et de nombreux chariots où ont pris place deux évêques, plusieurs gentilshommes, sans parler d'une pléiade de domestiques fermant la marche. «Je passai par la Picardie, écrit Marguerite, où les villes avaient commandement du roi de me recevoir selon que j'avais cet honneur de lui être [sa sœur] et me firent tout l'honneur que j'eusse pu désirer.»

Et l'on passe dans les Flandres. Première étape, Le Catelet, où Margot a donné un rendez-vous secret au duc de Guise. Il ne s'agit plus d'amour mais de politique. La voici en Cambrésis, «terre de l'Église, pays souverain». L'évêque, Mgr de Berlaimont, fait partie d'une des familles principales des Flandres, mais il a malheureusement «le cœur espagnol». Cela ne l'empêche pas de recevoir la reine de Navarre avec beaucoup d'honneur «et non moins de cérémonies». Elle trouve la ville de Cambrai «beaucoup plus agréable que les villes françaises. Les rues et les places sont mieux proportionnées... Les églises sont très grandes et belles, ornement commun à toutes les cités des Flandres. Ce que je reconnus dans cette ville d'estime est la citadelle, des plus belles et des mieux achevées de la Chrétienté...».

D'autant plus que son gouverneur est le comte d'Inchy, Baudouin de Gavre. Celui-ci lui paraît, affirme-t-elle, «en grâce, en apparence et en toutes belles parties requises à un parfait cavalier, ne devant rien à nos plus parfaits courtisans et ne participant nullement à cette naturelle rusticité qui semble être propre aux Flamands».

La sensuelle Margot apprécia-t-elle dans l'intimité le charme «et toutes les parties requises» du gouverneur de la citadelle? Qui sait? Il l'emmène à un bal, auquel l'évêque n'assiste pas, car il est «d'humeur cérémonieuse espagnole». Puis, M. d'Inchy — que Marguerite s'obstine à appeler *Ainsi* —, «le plus entraînant de la troupe», la conduit à une collation de confitures.

Bien sûr, en dépit de son attirance pour le gouverneur de la citadelle, elle garde la «souvenance» des intérêts de son frère. Cambrai est la clé des Flandres, aussi, affirme-t-elle, «j'employai tout ce que Dieu m'avait donné d'esprit» pour séduire «Flamands ou Espagnols» qui possédaient «beaucoup de qualités et graces de l'esprit et du corps», infiniment plus que leur évêque. Elle entraîne le gracieux gouverneur jusqu'à Namur. «Pendant ce voyage, qui dura dix ou douze jours, il me parla le plus souvent qu'il pouvait, montrant ouvertement qu'il avait le cœur tout français et qu'il ne respirait que l'heur d'avoir un si brave prince que mon frère pour maître et seigneur»... et, sans doute, Marguerite pour maîtresse!

Sur la route de Valenciennes, elle remarque «les fontaines et les horloges, industrie propre aux Flamands»... Les Français sont ébahis «de voir des horloges représenter une agréable musique de voix avec autant de sortes de personnages» qui s'animent à chaque heure...

Deux ou trois cents gentilshommes se portent à sa rencontre à la porte de Valenciennes. Marguerite se lie avec le grand bailli du Hainaut, le comte de Lalain, qui offre un festin aux seigneurs et aux gentilshommes qui accompagnent la reine. Le bailli souffre de la domination espagnole et a été profondément affecté par l'exécution sur la grand-place de Bruxelles, neuf années auparavant, le 5 juin 1568, du comte de Hornes — il était protestant — et surtout du catholique comte d'Egmont, dont il est le neveu.

A Mons, elle fait la connaissance de la comtesse de Lalain, fille du prince de Ligne. « Le naturel des Flamandes étant d'être familières et joyeuses, la comtesse de Lalain tend à ce naturel... » La familiarité de l'épouse du bailli du Hainaut séduit Margot. « Nous contractâmes une étroite amitié. Point de nourrice, nous dit-elle. Elle nourrit son fils elle-même, de sorte qu'étant le lendemain au festin, assise tout près de moi à la table [...] étant parée et toute couverte de pierreries et de broderies [...] On lui apporta à la table son fils, emmailloté richement pour lui donner à téter. Elle le met entre nous deux sur la table et librement se déboutonne baillant son tétin à son petit. Ce qui eût été tenu pour incivilité à quelqu'un d'autre, mais elle le faisait avec tant de grâce et de naïveté, qu'elle en reçoit tant de louanges que la compagnie de plaisir... » en regardant ce joli spectacle.

Entre deux tétées, elle confie à Margot, qui note ses paroles :

— Ce pays a été autrefois de France et à cause de cette raison que l'on y parle encore le français, mais cette affection naturelle n'est pas encore sortie du cœur de la plupart d'entre nous. Pour moi, je n'ai plus d'autre chose dans l'âme, depuis que j'ai eu l'honneur de vous voir. Ce pays a été autrefois affectionné à la maison d'Autriche, mais cette affection nous a été arrachée à la mort du comte d'Egmont, du comte de Hornes et des autres seigneurs qui furent lors défaits et qui étaient nos proches parents, et appartenant à la plupart à la noblesse de ce pays. Nous n'avons rien de plus odieux que la domination de ces Espagnols et nous ne souhaitons rien autant que de nous délivrer de leur tyrannie. Nous ne saurions toutefois comment y procéder, parce que ce pays est divisé à cause des différentes religions. Si nous étions tous bien unis, nous aurions bien tous jeté l'Espagnol dehors, mais cette division nous rend trop faibles. Qu'il plût à Dieu qu'il prît envie au roi de France, votre frère, d'acquérir ce pays qui est sien d'ancienneté. Nous lui tendrions tous les bras.

Marguerite sait bien qu'Henri III et Madame Catherine ne veulent point de guerre avec l'Espagne. Peut-être espère-t-elle qu'un accord interviendra entre les deux pays, aussi fait-elle l'éloge de son frère François, puisque c'est dans le but de le mettre à la tête des Flamands qu'elle a entrepris son voyage :

— Mon frère, le duc d'Anjou, qui ne doit rien en valeur, prudence et bonté aux rois mes pères et frères prendrait bien cette entreprise, mais aurait moins de moyens que le roi de France, mon frère, de vous secourir. Il est nourri aux armes et estimé un des meilleurs capitaines de notre temps, étant même à cette heure commandant d'armée du roi contre les huguenots, avec laquelle il a pris, depuis que je suis partie de France, sur eux, une très forte ville nommée Issoire. Vous ne sauriez appeler à vous un prince de qui le secours vous serait plus utile que lui, qui a un si grand royaume que celui de France à sa dévotion, duquel il peut tirer hommes et moyens et toutes commodités nécessaires à cette guerre.

Marguerite se fait sirène :

— Et si l'on savait les bons offices de M. le comte, votre mari, vous pouvez vous assurer qu'il aurait telle part à sa fortune. Mon frère étant d'un naturel doux *, non ingrat, ne se plaît qu'à reconnaître un service ou un bon office reçu. Et chez les gens d'honneur et de valeur, aussi est-il suivi de tout ce qu'il y a de meilleur en France. Je crois que l'on fêtera bientôt une paix avec les huguenots et qu'à mon retour, je la pourrai trouver faite **. M. le comte,

* Ce qui était d'ailleurs quelque peu excessif.

** En effet, l'édit de pacification devait être publié au retour de Margot, le 5 octobre 1577.

votre mari, est en ceci de mêmes opinions que vous et de même volonté, qu'il advise s'il veut que je dispose mon frère et je m'assure que ce pays et votre maison en particulier en recevront toute facilité. Si mon frère s'établissait ici grâce à vous, vous pouvez croire que vous m'y reverriez souvent, étant notre amitié telle qu'il n'y eut jamais de frère et de sœur si parfaits.

Puis les deux amies se rendent au bal. Ainsi que l'écrivait l'ambassadeur vénitien Badoaro : « Les femmes flamandes passent le temps qui leur reste, après leurs occupations routinières, à danser, à faire de la musique et à chanter... Elles ont l'habitude de faire la cuisine une seule fois pour toute la semaine et leurs mets sont si communs qu'il serait difficile de vivre plus mesquinement. En revanche, il n'y a si pauvre homme qui n'ait sa maison bien meublée... Les hommes dans les maisons et par les rues ont pour coutume de s'entretenir avec les femmes des autres et même de les embrasser sans façon. Les jeunes personnes ne demandent pour sortir la permission ni à leur père ni à leur mère. Il est vrai qu'on dit qu'entre eux tout se passe en conversation. » Assurément, M. l'ambassadeur, dans ses rapports, aimait généraliser...

Les deux jeunes femmes vont « ouïr vêpres » chez les chanoinesses. Marguerite interroge son amie :

— Quel est cet ordre de religieuses?

— Ce sont toutes des demoiselles que l'on y met petites jusqu'à ce qu'elles soient en âge de se marier. Elles ne logent pas en dortoir, mais en maisons séparées, toutes dans un enclos comme les chanoines... Elles portent seulement l'habit de religion le matin, au service de l'église, et l'après-dîner à vêpres. Le service étant fait, elles quittent l'habit et s'habillent comme les autres filles à marier, allant par les festins et par les bals librement comme les autres, de sorte qu'elles s'habillent quatre fois le jour, et se trouvent tous les jours aux festins et aux bals.

Une longue conversation avec M. de Lalain semble faire

avancer les projets de François. Assurément, il paraît facile de gagner à la cause française la noblesse des provinces méridionales des Flandres. A son retour en France, Marguerite promet de s'arrêter à La Fère, qu'elle possède par son contrat de mariage. Anjou devait venir la rejoindre. Le comte de Lalain agirait de même, et l'on pourrait «traiter».

Puis, le 15 juillet, elle retrouve le fils naturel de Charles Quint, don Juan, le fameux vainqueur de la bataille de Lépante, qu'elle avait déjà rencontré sur les rives de la Bidassoa, lors du «grand voyage» de Catherine de Médicis. Un «Flamand espagnolisé», nous dit-elle. Il est maintenant, par la grâce de son frère Philippe II, gouverneur des provinces des Pays-Bas, où l'infortuné s'enlise — car ses sujets sont loin de reconnaître son autorité. «Il mit pied à terre pour me saluer dans ma litière», écrit Marguerite. Ce fut ensuite l'entrée, de nuit, dans Namur, «une ville éclairée par les fenêtres ouvertes et des boutiques pleines de lumières».

Marguerite est éblouie par les appartements qui lui ont été réservés: «Le tout tendu des plus beaux, riches et superbes meubles que je ne pense jamais avoir vus, étant toutes les tapisseries de velours ou de satin, faites avec de grosses colonnes de toile d'argent couverte de broderies, de gros cordons et des godrons de broderie d'or... Et, au milieu de ces colonnes, de grands personnages habillés à l'antique...» Non sans fierté, don Juan montre à sa visiteuse une tapisserie représentant sa victoire de Lépante. Le soir venu, après une messe «à la façon d'Espagne avec musique, violons et cornets», ce fut un festin où Marguerite et don Juan dînent seuls à une table.

C'est en bateau par la Meuse, entouré par de nombreuses embarcations où ont pris place des musiciens, que Marguerite gagne Liège. C'est ici que se déroulera l'épilogue d'un roman d'amour qui devait tenter plus tard Shakespeare dans *Peine d'amour perdue* et servir de modèle à *La Princesse de Clèves*, de Mme de La Fayette. La principale qualité d'Hélène de Tournon, la fille de la dame d'honneur de Marguerite, est « sa vertu et sa grâce ». Ses cheveux sont blonds et *crespelés* et sa gorge *grassette*. Ses yeux azurés se posent avec tant d'amour sur le marquis de Varanbon, destiné à être d'Église, que celui-ci veut abandonner la robe et la tonsure afin de pouvoir épouser la ravissante Hélène. Cette union n'a pas l'approbation de la sévère Mme de Tournon qui, nous dit Marguerite, « gourmande sa fille et crie sans cesse en ne lui laissant presque jamais l'œil sec ». Le frère du marquis, Philibert de Rye, baron de Balançon, mise sur la carrière ecclésiastique de son cadet, afin d'obtenir pour les siens de copieux bénéfices. Aussi, en sa qualité de chef de famille, s'oppose-t-il au mariage. Voici Mme de Tournon et le baron devenus en quelque sorte alliés. Le jeune marquis Varanbon revoit à Namur sa chère Hélène, mais dissimule sa joie sous une froideur destinée à apaiser à la fois les soupçons de son frère et ceux de Mme de Tournon, qui se trouvent présents à l'entretien. Bref, il fait même semblant de ne pas reconnaître la jeune fille. La pauvre Hélène a le cœur si serré, « se trouve tellement saisie qu'elle ne peut plus respirer qu'en criant et avec des douleurs mortelles ». Elle lutte huit ou dix jours contre la mort, qui, « enfin victorieuse, écrit Marguerite, la ravit à sa mère et à moi ».

Elle meurt d'amour...

L'enterrement se déroule trois jours plus tard. Le marquis de Varanbon ignore la terrible nouvelle. Tout « repentant de sa cruauté », plus amoureux que jamais, il arrive à Liège au moment où l'on s'apprête à enterrer la tendre Hélène. Quatre gentilshommes portent le cercueil disparaissant sous un voile blanc recouvert d'un tapis de fleurs. Le marquis demande qui est porté en terre ainsi en grande pompe. On lui donne le nom de Mlle de Tournon et le malheureux tombe de cheval, évanoui de douleur. On l'emporte au logis et, durant quelques heures, il demeura « sans aucune apparence de vie ».

Marguerite de Navarre aimait la disparue et se trouve en proie à une vraie tristesse. L'eau de Spa — cure imaginaire — qui lui est apportée de la source même, ne la console évidemment pas... Elle la boit par petites gorgées tout en se promenant lentement selon les recommandations des médecins. N'est-ce pas après tout le prétexte de son voyage?

Don Juan, le 24 juillet 1577, éprouve le besoin de s'emparer de la citadelle de Namur. Il s'agit là, comme le stigmatisa Yves Cazaux, d'une «maladresse politique». Voici rompus les pourparlers avec les états généraux de Flandres, qui préfèrent se réconcilier avec le prince d'Orange.

Les affaires politiques se compliquent: la noblesse flamande, tout en détestant le prince d'Orange, n'en accepte pas moins la souveraineté de Philippe II. Le duc d'Aschot, prince de Chimay, que Marguerite a rencontré à Namur, devient gouverneur des Flandres, et le prince d'Orange gouverneur du Brabant. Tout est en pleine confusion: les Gantois arrêtent Aschot, puis Orange le délivre et fait nommer lieutenant général l'archiduc Mathias, neveu du roi d'Espagne. Don Juan marche maintenant contre les états de Flandres et les disperse au mois de janvier 1578. Marguerite préfère alors partir pour La Fère, où Anjou doit la rejoindre, d'autant plus qu'Henri III semble à présent regretter d'avoir envoyé sa sœur en mission.

Marguerite n'a plus rien à faire en pays de Flandre, elle désire partir, mais sa bourse est vide. La princesse de La Roche-sur-Yon lui ouvre la sienne. Que de mésaventures! Bref, nous dit-elle, un «vrai chaos».

Lorsqu'elle arrive à Dinan, le peuple ferme à son nez les portes de la ville. Voilà Marguerite, nous dit-elle, «fort alarmée». Elle se met debout dans sa litière, ôte son masque et harangue les émeutiers, car il s'agit bien là d'une véritable émeute. On ouvre enfin les barrières et la jeune reine, entourée de tout un peuple, «ivre et armé», parvient au logis qui lui a été préparé.

Mais le grand maître du prince-évêque, Mgr Gérard de Groesbeck, qui a fait la guerre aux états de Flandres, «est tenu pour leur mortel ennemi». Il accompagne la reine et le voici reconnu par les habitants. «Ceux-ci commencent à lui crier des injures, raconte Marguerite, et à vouloir charger ce bon homme, qui était un vieillard vénérable de quatre-vingts ans, ayant la barbe blanche jusqu'à la ceinture. Je le fais entrer dans mon logis où des ivrognes font pleuvoir des arquebusades contre les murailles, qui n'étaient que de terre.» La maison est littéralement assiégée. Par la fenêtre, Marguerite appelle à l'aide le bourgmestre et ses adjoints.

— Je vous assure, leur lance-t-elle en colère, que les principaux seigneurs des états, et particulièrement le comte de Lalain, trouveront fort mauvaise la réception que vous me faites.

En entendant ce nom, tout change, car les émeutiers portent à celui-ci «plus de respect qu'à tous les rois à qui j'appartenais, poursuit Marguerite. Le plus vieux d'entre eux me demande, en souriant et en bégayant, si j'étais bien l'amie de M. le comte de Lalain, et moi, voyant que sa parenté me servait plus que celle de tous les potentats de la Chrétienté, je lui répondis :

«— Oui, je suis son amie, et sa parente aussi.

«Alors ils me font la révérence et me tendent la main. Ils m'offrent autant de courtoisie qu'ils m'avaient fait d'insolence, me priant de les excuser, et me promettant qu'ils ne demanderaient rien à ce bon homme le grand maître, et qu'ils le laisseront sortir avec moi».

Le lendemain, le chaos n'en redouble pas moins lorsque le comte de Berlaimont apparaît à la tête d'une troupe de cavaliers fidèles à don Juan. C'est bien pire! Le canon va s'en mêler. En effet, les habitants de Dinan se mutinent «de sorte que peu s'en fallut qu'ils ne massacrassent M. de Berlaimont, lui disant que s'il ne faisait pas retirer sa troupe hors de leur ville, ils feraient tirer l'artillerie»...

Mais je lasserais le lecteur en voulant rapporter tous les détails des mésaventures flamandes de notre Margot. Sachez simplement, si j'ose dire, que la reine de Navarre réussit, non sans difficulté, à prendre la route de Namur où, lui a-t-on appris, l'attend don Juan... qu'elle ne retrouvera d'ailleurs pas. Puis, arrivant au château de Fleurines — à trois lieues de Dinan * —, Marguerite s'impatiente devant le pont-levis qui refuse de se baisser. La maîtresse de maison ne veut pas faire entrer la sœur d'Henri III dans la place! Aussi faudra-t-il l'arrivée, à la nuit, de M. de Fleurines pour réparer l'« incivilité » de son épouse. Ne parvenant pas à regagner Mons, Marguerite a la reconnaissante pensée d'envoyer à Mme de Lalain une robe d'un montant de huit cents ou neuf cents écus, qui était « de satin noir couverte de broderies ».

A la frontière française, Margot, toute reine de Navarre qu'elle est, manque d'être attaquée par des troupes huguenotes. Elle doit fuir à cheval. Enfin, au grand galop, elle atteint Le Catelet, ayant pu « échapper à toutes les embuscades et guets de ses ennemis ». La voici à La Fère! C'est là qu'elle connaît les dernières nouvelles de la guerre. Le duc d'Anjou était entré dans Issoire, mais n'était pas parvenu à contenir ses hommes. Ceux-ci s'étaient livrés à un affreux pillage, brûlant et tuant « inhumainement tous ceux qui se trouvaient devant eux sans distinction ». Et ce fut, à la fin du mois de septembre, la signature de l'édit de Poitiers. Une fois encore, on établit une paix, la paix dite du Roi, une paix bien éphémère!

Margot apprend d'autres nouvelles. Henri III, attaquant des deux côtés, a ordonné la dissolution de la Sainte Ligue catholique ainsi que celle de la Confédération protestante. Sur ces entrefaites, Marguerite reçoit cette lettre de son frère Anjou : « La paix étant faite, le roi s'en retourne à Paris. Pour moi, ma condition va toujours en empirant, on me fait tous les jours des défaveurs et des indignités à moi et aux miens. Ce sont quotidiennement quelques querelles nouvelles que l'on suscite à Bussy et aux honnêtes gens qui se trouvent avec moi. Ce qui me

* Aujourd'hui Florennes.

fait attendre avec une extrême impatience votre retour à La Fère pour venir vous retrouver. »

Tenant sa parole, le duc, escorté seulement par quinze ou vingt hommes, arrive à La Fère. « Ce fut, avoue Marguerite, un des grands contentements que j'eus. » Le frère et la sœur savourent pendant deux mois leur bonheur. On est en droit d'employer ces mots quand on écoute leurs véritables déclarations d'amour.

— Ô ma reine, qu'il fait bon avec vous ! Mon Dieu, cette compagnie est un paradis comblé de délices !

Scipion Dupleix a parlé de l'amitié plus que fraternelle unissant Marguerite et François : « Ils s'aimaient uniquement et cordialement et j'ouïs dire souvent à cette princesse que, ne pouvant supporter la tyrannie d'un mari ni d'un frère, elle avait donné son cœur et toutes ses affections à son jeune frère pour le salut duquel elle eût volontiers employé sa vie. »

Cependant, elle le juge piètre politique, « plus né à conquérir qu'à conserver », constate-t-elle en soupirant avec un tendre regret.

Chapitre X

Jeux de capes et d'épées

«Ma fille est la plus accomplie princesse du monde.»

CATHERINE DE MÉDICIS.

Margot s'en retourne maintenant vers Paris. Le roi, la reine mère et la reine Louise se portent au-devant d'elle jusqu'à Saint-Denis où a été préparée «sa dînée». Tous l'interrogent sur «les honneurs et les magnificences» de son voyage, qu'elle présente comme une véritable réussite... Ce qui d'ailleurs est presque faux.

Froufroutant, les mignons entourent leur roi en poussant des exclamations, pour ne pas dire des gloussements, d'admiration. Ils sont «frisés, fraisés, les cheveux diaprés, pulvérisés de poudre violette et de senteurs odoriférantes qui aromatisaient les rues, places et maisons qu'ils fréquentaient»...

Et il semble que le chroniqueur n'ait pas exagéré!

C'est dans le «chariot» de la reine Catherine que Margot arrive ensuite au Louvre où ont lieu un bal et un souper en l'honneur de son retour. Le maître des cérémonies d'Henri III — le baron d'Oignon — disposait si bien les convives à table, selon leurs prérogatives, que l'on s'exclamait avec ravissement: «C'est rangé en rang d'Oignon!» *Se non e vero...* Ce soir-là, Marguerite rayonne. Aussi se croit-elle tout permis. La fête terminée, elle s'approche du roi et de la reine mère: «Et leur dis, racontera Margot, que je les suppliais de ne pas trouver mauvais si je les requérais d'avoir agréable que j'allasse trouver le roi mon mari... La paix étant faite, ajoute-t-elle, c'est chose qui ne peut vous être suspecte. Pour moi, il me serait préjudiciable et malséant si je demeurais davantage à Paris.»

Henri III et la reine mère y consentent à présent. Bien plus, Catherine promet d'accompagner sa fille jusqu'en Navarre, ce qui était une fort longue randonnée, car le train de leur équipage n'effectuerait assurément pas plus d'une dizaine de lieues chaque jour. Les trouvant en aussi heureuse disposition, Marguerite en profite pour souhaiter qu'on veuille bien lui «bailler» les moyens financiers d'accomplir son voyage — car elle compte être escortée d'une véritable cour en grand arroi, digne de son rang, et qui leur fît honneur. Elle les prie par la même occasion de la faire entrer en possession des terres prévues par son contrat de mariage, «l'assignat de ma dot», précise-t-elle.

Henri III accepte également. Sur sa lancée, Marguerite les supplie enfin de faire la paix avec son frère Anjou. Elle est malgré tout quelque peu étonnée en entendant le roi trouver toutes ses demandes «fort raisonnables», et lui promettre que ce serait «chose faite». La jeune reine s'enhardit encore:

— Je supplie que ce soit promptement, car je désirerais partir vers le commencement du mois prochain.

«Ce qui fut arrêté ainsi, mais à la façon de la Cour, car au lieu de se dépêcher, ils me firent traîner cinq ou six mois, et mon frère François de même.»

Ce furent «cinq ou six mois» d'un calme relatif. En vérité, Marguerite vivra dans un effarant imbroglio, un foyer d'intrigues, de bouleversements et de provocations, un tourbillon collectif dont le plus fréquemment elle sera l'épicentre. Ainsi que l'avait fort bien analysé Philippe

Erlanger : « Le Louvre semble devenu la maison du crime, des complots et de la folie. » Des scènes violentes entre le roi et son frère se succèdent, les mignons du roi et ceux d'Anjou, parmi lesquels son cher Bussy, croisent à tout propos la rapière... et se tranchent la gorge avec entrain. « Ce sont des gens qui se battent pour un clin d'œil, ou si l'on crache à quatre pieds d'eux », rapporte le baron de Foeneste. Ils se qualifient eux-mêmes de « raffinés d'honneur ».

On le devine, Margot a retrouvé avec Bussy son « incomparable amant » qui, s'il faut l'en croire, est l'innocence même. Pourtant le bravache a le tort de se moquer des mignons du roi car il en fait de mortels ennemis.

Le 10 janvier, dans la grande salle des Cariatides du Louvre, Bussy a une violente querelle avec Philibert de Gramont, comte de Guiche, époux de la fameuse Corisande, future maîtresse du roi de Navarre. On dégaine donc et la dispute verbale dégénère en une véritable bataille rangée. Bussy, suivi de six pages vêtus d'or frisé, part pour la porte Saint-Antoine à la tête de trois cents gentilshommes bien armés. Gramont est lui-même flanqué « de favoris et de partisans du roi », et tous « dévelop pent leur querelle à outrance ».

Gramont sort sain et sauf de la bagarre, mais profondément « outragé », se rend au cours de l'après-midi du même jour rue des Prouvaires et s'efforce d'entrer dans le logis occupé par Bussy. Le duel a repris de plus belle lorsque la garde royale intervient. Les deux ferrailleurs sont arrêtés, amenés au Louvre et enfermés chacun dans une pièce différente. En présence des maréchaux Montmorency et Cossé, se déroule ensuite, sur l'ordre d'Henri III, une manière de réconciliation obligée entre les batailleurs.

Mais les querelles opposant les deux clans ne cessent pas pour autant. Tous veulent en découdre. Les assauts se succèdent de nouveau et prennent l'aspect de combats sanglants qui se déroulent toujours le plus souvent à la porte Saint-Antoine.

Bussy reçoit, s'il faut en croire Margot, « mille indignités de jour et de nuit » et se venge en traitant Quelus, favori provisoire du roi, de « mignon de couchette ». Aussi, le 1er février, ce dernier, précédé de Rochebrune et en compagnie de trois amis — Saint-Luc, Arques et Saint-Mégrin —, flamberge au vent, attaquent Bussy près de la porte Saint-Honoré. L'amant de Margot se défend avec vigueur, et parvient, tout en ferraillant, à s'adosser à la porte d'une maison... qui s'ouvre comme par miracle. Selon les bonnes vieilles ficelles éprouvées d'un roman de cape et d'épée, Bussy parvient à se glisser furtivement dans la demeure et à refermer la porte derrière lui. Selon la tradition encore, la maison possède une double issue par laquelle Bussy se dérobe, et il va de soi qu'une jument « bragarde », droit sortie de l'écurie royale, l'attend toute piaffante. Notre bretteur l'enfourche et s'enfuit ventre à terre. Malheureusement, le capitaine limousin Rochebrune, qui l'escortait, vient d'être mortellement blessé au cours de la mêlée.

Bussy a galopé jusqu'au pont de Saint-Cloud. François d'Anjou, aussitôt prévenu, se déclare « offensé et indigné par ces querelles d'Allemands que l'on dresse tous les jours contre ses favoris ». Il n'a bientôt plus qu'une idée en tête : quitter la cour de son frère « pour tenir la sienne ailleurs ». D'autant plus que les mignons de ce dernier redoublent de violence. Lors d'un bal, ils vont jusqu'à provoquer Monsieur en lui lançant des paroles on ne peut plus « piquantes ». On l'attaque surtout sur sa laideur et sa petite taille, et l'on profère ces injures à si haute voix qu'« il est bien forcé de les entendre ».

François se plaint amèrement auprès de sa mère, qui se déclare « très marrie » par cette situation insupportable et approuve son désir de s'éloigner du Louvre sous le prétexte d'une partie de chasse. En réalité, sitôt libre, François prendrait la tangente, c'est-à-dire la route d'Angers, siège de son gouvernement. Fureur du roi prévenu simplement par Catherine des projets de chasse de François. Il pressent qu'il ne s'agit là que d'un prétexte pour déguerpir.

Un matin, encore vêtu de sa «robe de nuit», Henri bondit chez sa mère :

— Comment, Madame, s'exclame-t-il, «tout ému comme d'une alarme publique», à quoi pensez-vous d'avoir laissé aller mon frère? Ne voyez-vous pas, s'il s'en va, le danger où vous mettez mon État? Sans doute, sous cette chasse, il y a quelque dangereuse entreprise...

Assurément, François d'Anjou et Margot sont en train de fomenter un complot destiné à placer le duc sur le trône de Flandre, par conséquent à faire la guerre au roi d'Espagne — ce qu'Henri III, avec sagesse, ne veut à aucun prix envisager. Persuadé qu'une correspondance a été échangée de part et d'autre de la frontière du Nord, le roi ordonne à sa garde écossaise de fouiller les coffres de son frère.

— Je suis assuré que nous y découvrirons de grandes choses.

Redonnons la parole à Marguerite, car la scène semble cette fois échappée d'un vaudeville et le lecteur pourrait penser que je fabule, emporté par l'amour de l'art dramatique. Le jour n'est pas levé lorsque Henri se rend chez son frère en compagnie de leur mère en tenue négligée. Le roi frappe rudement à la porte en exigeant qu'on la lui ouvre.

— C'est moi! annonce-t-il.

Anjou «se réveille en sursaut, et, sachant qu'il n'a rien fait qui pût lui donner crainte, demande à son valet de chambre, Cangé, d'ouvrir la porte». Le roi entre furibond et «gourmande» son frère impétueusement, l'accusant de fomenter des projets contre la sûreté de l'État.

— Je vous apprendrai ce qu'il en coûte de s'attaquer à votre roi!

Sur ce, il commande à ses archers d'emporter les coffres de Monsieur hors de la pièce, et de faire sortir les valets de la chambre. «Il fouille lui-même dans le lit de mon frère pour voir s'il y trouverait quelque papier. Mon frère, précise Margot, ayant une lettre de Charlotte de Sauve, qu'il avait reçue ce soir-là. »

L'ensorceleuse jeune femme se trouvait également dans l'obligation — d'ordre de Catherine — d'avoir des bontés pour François. Celui-ci veut cacher la lettre « pour empêcher qu'on ne la vît, poursuit Margot. Le roi s'efforce de la lui ôter. Lui résiste, et le prie à mains jointes de ne la point lire — et cela en donne encore plus d'envie au roi, croyant que ce papier serait suffisant pour faire le procès à mon frère. Enfin, l'ayant ouverte en la présence de la reine ma mère, ils restent confus... et la honte de s'être trompés augmente le dépit et la colère du roi ».

Henri III se venge de sa déconvenue en décrétant l'arrestation de Bussy. Il demande à son chef des gardes, M. de Losse, et à ses archers de demeurer auprès de « Monsieur » — et de le garder à vue. Le capitaine en a les larmes aux yeux.

— Qu'en est-il de ma sœur ? interroge François.

— Le roi ne m'a encore rien mandé, répond Catherine.

— Cela soulage beaucoup ma peine de savoir que ma sœur est libre, reprend le duc, mais encore qu'elle soit dans cet état, je m'assure qu'elle m'aime tant qu'elle aimera mieux être captive avec moi plutôt que de vivre libre sans moi.

Et Anjou obtient du roi que sa sœur vienne partager sa captivité. Losse envoie aussitôt un archer écossais chez Marguerite qui dort encore, et se montre bien étonnée d'être réveillée en sursaut par l'arrivée d'un soldat qui écarte avec sans-gêne les rideaux de son lit, et lui annonce, avec un fort accent :

— Bonjour, Madame, Monsieur votre frère vous prie de le venir voir.

Marguerite reconnaît l'archer et s'étonne :

— N'êtes-vous pas un Écossais de la garde du roi ?

— Oui, Madame.

— Mon frère n'a-t-il point d'autre messager que vous pour m'envoyer chercher ?

— Non, Madame, car tous ses gens lui ont été ôtés.

Apprenant la scène nocturne qui vient de se dérouler chez son frère, Marguerite « s'afflige fort ». C'est alors que l'archer — il pense à ses propres intérêts, comme tout bon Écossais — s'offre de faire évader le prisonnier :

— Ne vous fâchez point, Madame, j'ai un moyen de sauver votre frère, mais il faudrait que je m'en aille avec lui.

La reine le tranquillise. Bien sûr, l'archer recevra « toutes les récompenses qu'il pourrait espérer ». Marguerite se montre fort touchée et émue en constatant « la grandeur et la fermeté des sentiments » que lui porte François. Elle se lève et s'habille promptement. En traversant la cour afin de se rendre près du duc d'Anjou, elle s'aperçoit que les courtisans font mine de ne pas voir la sœur de leur roi. La voici donc en pleine disgrâce! Quelques instants plus tard, frère et sœur s'embrassent en pleurant :

— Ma reine, lui dit Anjou, cessez, je vous prie, vos larmes. Dans la condition que je suis, votre ennui est la seule chose qui me pourrait affliger.

Dans ses *Mémoires*, Marguerite défend François, alors qu'elle connaît d'autant mieux l'existence du complot noué aux Pays-Bas que c'est elle-même, lors de son voyage, qui en a posé les premiers jalons.

C'est M. de Losse qui sauvera Anjou.

— Il n'y a de Français, déclare-t-il à Marguerite, à qui le cœur ne saigne de voir ce que nous voyons. J'ai été trop serviteur du roi votre père pour ne pas sacrifier ma vie pour ses enfants. Je crois que j'aurai la garde de Monsieur votre frère, en quelque lieu qu'on le tienne. Assurez-le qu'au hasard de ma vie, je le sauverai.

Catherine essaye provisoirement d'arranger la situation, de la « r'habiller », selon son expression. C'est pourquoi elle organise, le 15 février 1578, en présence de la reine mère, une réconciliation générale. Henri III et Anjou s'embrassent, tout en pleurant... Le roi libère Bussy, qui survient « avec cette belle façon qui lui était naturelle », admire Margot. Quélus est appelé et prié de bien vouloir se réconcilier avec son ennemi. Il accepte et s'exclame même en riant :

— S'il vous plaît, sire, que je le baise, j'y suis tout disposé.

Et, selon les témoins, il l'embrasse « à la pantalonne », c'est-à-dire en transformant ce baiser de paix en plaisanterie, ainsi que le ferait le personnage de la comédie italienne. Les mignons du roi et ceux de Monsieur agissent de même « sans haine et sans querelle ». C'est-à-dire, comme le précise Pierre de L'Estoile, « en buvant à la santé des uns aux autres et s'entre-caressant courtisanement »...

Le roi demande ensuite à sa sœur de tout faire pour maintenir Anjou dans ces « sentiments respectueux et fraternels ». Il ne peut être question de partir guerroyer en Flandre ! Marguerite l'admet, bien sûr. M. de Losse se tourne alors vers Marguerite et lui glisse à voix basse :

— Je ne crois pas que ce soit le dernier mot de ce jeu.

Effectivement, suivant les conseils de ses mignons, le roi prescrit à sa garde de demeurer en faction devant la porte des appartements de son frère. C'en est trop et, cette fois, Anjou prend la ferme décision de partir — Marguerite l'approuve en promettant de l'aider.

Par quel moyen ?

Inutile d'essayer de franchir les portes du Louvre plus encore sévèrement gardées et surveillées qu'autrefois. Un manteau dissimulant le visage ne suffirait plus... Une seule solution s'offre à eux : s'évader à l'aide d'une forte corde par la fenêtre de la chambre même de Margot, qui donne, au dernier étage du palais, sur les fossés du Louvre. Le nouveau complot s'échafaude. Deux jours après la réconciliation, Marguerite envoie remettre en état l'une de ses grandes malles de voyage, destinées à serrer sa literie lors de ses déplacements. On la lui rapporte le même jour... mais elle n'est point vide : le coffre contient maintenant une longue et forte corde.

Catherine a d'autant plus de soupçons concernant les projets de son cadet que, M. de Matignon le lui a assuré,

Monsieur ne serait plus au Louvre le lendemain. Elle interroge Marguerite qui, en digne fille de sa mère, n'hésite pas à mentir : « Je composai tellement mon visage et mes paroles qu'elle ne put rien connaître que ce que je voulais, et que je n'offensai mon âme ni ma conscience par aucun faux serment. »

Ce « faux serment », elle ne le prêtera sans doute pas, mais elle cachera allègrement la vérité en affirmant sur sa propre vie les bonnes intentions de son frère : « Il ne compte nullement quitter Paris », assure-t-elle.

— Pensez bien ce que vous dites, la menace sa mère quelque peu incrédule. Vous m'en serez caution, vous m'en répondrez sur votre vie !

— C'est ce que je voulais, lui répète paisiblement Marguerite, qui compte agir cette nuit-même.

« Puis je lui dis bonsoir, raconte-t-elle, et m'en allai dans ma chambre où, me déshabillant en diligence et me mettant au lit afin de me défaire de mes dames et filles (d'honneur), je demeure seule avec mes femmes de chambre. » Anjou arrive avec son valet Cangé. Il est également accompagné par son ami M. de Simier, qui tremble de peur...

« Nous accommodâmes la corde avec un bâton, poursuit Marguerite et, ayant regardé dans le fossé s'il n'y avait personne, étant seulement aidés par trois de mes femmes, qui couchaient dans ma chambre, et du garçon qui m'avait apporté la corde, nous descendons premièrement mon frère. Il riait et se gaussait, sans avoir aucune appréhension, bien qu'il y eût une très grande hauteur. »

Puis c'est au tour des deux compagnons du fugitif. Aidée par ses femmes de chambre, Margot jette ensuite au feu la corde, dont la combustion est si lente et dégage une fumée si épaisse que les archers du guet arrivent affolés, croyant à un incendie. Les femmes leur affirment que leur reine dort et qu'elles sont en train d'éteindre le feu sans leur secours — et les archers les croient, car l'abondante fumée commence déjà à se dissiper.

On devine la fureur d'Henri III en apprenant la fuite de

son frère. Ivre de rage, il convoque Marguerite en présence de la reine mère. On imagine les violents reproches dont ils l'accablent.

— J'ai été trompée comme vous, leur affirme Margot en levant ses jolis yeux candides vers le ciel.

Puis elle leur assure connaître suffisamment les sentiments de François pour estimer sur sa vie que la fuite de son frère « n'apporterait aucune altération au service du roi et qu'il s'en allait seulement chez lui pour donner ordre à ce qui lui était nécessaire pour son entreprise de Flandre ».

Mais c'est ce qu'Henri III ne veut absolument pas ! Il ne peut être envisagé d'avoir sur les bras un conflit avec l'Espagne ! Néanmoins fait-il semblant de croire sa sœur et laisse la *larronnesse*, selon l'expression peu flatteuse de Pierre de L'Estoile, regagner paisiblement sa chambre.

Arrivé sans encombre à Angers, François adresse ces lignes à son frère : « Vous avez permis que mes serviteurs, à la porte de votre château, aient été assassinés, sans qu'encore justice en ait été faite... Je n'ai pu moins faire que de me retirer de pareille servitude, j'ai évité ainsi le péril de ma vie, étant bien averti que quatre jours après on m'aurait préparé une retraite à la Bastille, attendant quelque conclusion et résolution sur le conseil de César Borgia. »

Il manquait à la fête !

D'ailleurs, l'ambassadeur italien, Jean Michel, le confirme :

— Bien lui en prit de s'évader, car il aurait été condamné à une prison perpétuelle.

Catherine part pour l'Anjou afin d'essayer d'arranger les choses. Elle retrouve son fils, le 13 avril 1578, et lui résume la situation :

— L'ambassadeur d'Espagne nous a menacés de déclaration de guerre si une armée française entrait dans les Flandres. Je vous supplie encore de renoncer à cette entreprise.

Monsieur ne promet rien, mais Catherine l'apaise

quelque peu en proposant de lui faire épouser une des filles du roi d'Espagne ou, à son défaut, Catherine de Navarre. En attendant, on se reverra avec Margot, puisqu'elles doivent toutes deux traverser prochainement l'Anjou. En effet, Henri III, comme on l'a vu, après avoir retardé durant six mois le départ de sa sœur, n'a plus en tête que de la voir partir. Peut-être parviendra-t-elle à convertir le Béarnais... C'est là d'ailleurs singulièrement se méprendre. Au moins, par sa présence, pourra-t-elle aider à la pacification de toute la région où le feu couve toujours sous la cendre. Outre-Loire, on s'acharne à guerroyer les uns contre les autres. Chacun pille, vole et multiplie les ravages. Mais l'arrivée prochaine de Marguerite inquiète les huguenots. Sa venue n'apporterait-elle pas « beaucoup de corruptions » ?

Afin de conférer plus de pouvoir à Marguerite, le roi la transforme en quasi-souveraine. Il lui cède l'Agenais, le Quercy, le Rouergue, le comté de Gaure et nombre de « jugeries ». Son autorité s'étendant jusqu'aux lisières des États du Béarnais, il lui sera plus aisé d'exercer son influence sur lui et de rallier les « rebelles » à la cause royale. C'est donc avec une satisfaction sans mélange, puisque sa mère lui donne un nouveau rôle politique à jouer, que Marguerite entame la longue route du Languedoc, et non, comme le prétend Pierre de L'Estoile, « à son grand regret et à son corps défendant ».

Et puis, que ferait-elle en demeurant inerte au Louvre qui prend de plus en plus l'aspect d'un coupe-gorge ? Son amie, la princesse de La Roche-sur-Yon, est morte le 12 avril, et Anjou engage ses longues intrigues et palabres avec les nobles Flamands, qui ne paraissent pas trop effarouchés par le physique du postulant. Le visage de François est devenu si creusé par la petite vérole qu'il semble posséder un double appendice nasal — et l'on rime en souriant :

Flamands, ne soyez étonnés
Si à François voyez deux nez,

Car par droit, raison et usage,
Faut deux nez à double visage.

Catherine confirme sa décision : elle accompagnera sa fille. « Madame Serpente » poursuit toujours le même rêve : réunir catholiques et protestants à la faveur d'une conférence qui pourrait se tenir au château de Nérac, résidence habituelle d'Henri de Navarre. Afin que les deux reines puissent voyager en grand équipage, Henri III exige du clergé un décime et demi d'impôt extraordinaire... Les clercs font la grimace, mais déclarent cependant qu'ils ouvriront leurs aumônières — ce qu'ils ne feront d'ailleurs pas. Pourtant le roi de France se rend ostensiblement à la messe dans toutes les paroisses de Paris, afin de bien prouver qu'il est « fort bon catholique et que le clergé ne peut ni ne doit rien lui refuser de ce qu'il demande ».

Le samedi 26 juillet 1578, Marguerite et sa mère vont prendre congé d'Henri III, qui séjourne dans son château d'Ollinville, non loin d'Arpajon. Les deux reines sont accompagnées par le cardinal de Bourbon, le duc de Montpensier et le président Guy du Faur, sieur de Pibrac, le chancelier — amoureux — de la reine de Navarre. L'indispensable Escadron volant de Catherine sera, lui-même, de l'expédition. Charlotte de Sauve chevauche sa mule et se promet du bon temps. Elle espère sans doute, après un intermède avec Anjou, reprendre ses amours avec le Béarnais, pour peu que l'intérêt de la reine mère l'exigeât... et bien qu'elle fût entre-temps devenue elle aussi l'amante du duc de Guise!

L'imposante suite de Marguerite — un vrai monde en déplacement — compte trois cents personnes dont la liste impressionnante se trouve aux Archives nationales. Vingt-huit volumes fort indigestes font en détail l'objet de la *Trésorerie et Recette générale des finances de la reine de Navarre.* Outre les dames et filles d'honneur, les femmes de chambre et lavandières, qui serrent de près leur maîtresse, l'escorte masculine marche, chevauche ou se fait véhiculer. Commençons par ceux qui assument les tâches les plus agréables : les joueurs de violon, de luth et de musette. Marguerite emmène également les gens de son conseil, fonctionnaires des finances, trésoriers ou secrétaires généraux, contrôleurs et maréchaux des logis. Marguerite est pieuse et n'a garde d'oublier ses chapelains, clercs de chapelle, aumôniers et confesseurs qui partent tous pour la Navarre. Médecins, apothicaires, chirurgiens, valets de chambre font partie de l'exode. On passera la nuit dans des châteaux qui ne seront pas meublés avec tout l'apparat requis pour une fille de France, aussi la reine sera-t-elle escortée par ses tapissiers et leurs aides. Les services de la Bouche leur emboîtent le pas et sont légion : une ribambelle de sommeliers, panetiers, d'échansons, de boulangers, écuyers, d'huissiers de cuisine, galopins, porteurs, gardes de la vaisselle, pâtissiers, bouchers, poissonniers, fruitiers, valets de fourrières... Et j'en passe!

Naturellement, les filles et dames d'honneur, qui marchent sur les jolis talons de Margot, possèdent chacune leurs laquais. Le service de l'écurie qui s'ébranle à la suite compte un nombre impressionnant de palefreniers, muletiers, cochers et charretiers.

On multiplie les étapes et Marguerite revoit Chenonceaux, Amboise, Chinon, Azay-le-Rideau. Ensuite, « dès que nous entrâmes dans le territoire de mon mari, rapporte Margot, on me fit *entrées* partout ». A Cognac, nous dit Brantôme, « il y eut plusieurs belles, grandes et honnêtes dames du pays qui viennent voir les reines et font la révérence. Toutes sont ravies par la beauté de cette reine Marguerite et ne se soûlaient de la louer à la reine sa mère qui en était éperdue de joie. Elle pria sa fille un jour de s'habiller le plus pompeusement et à son plus beau et superbe appareil qu'elle portait à la Cour en ses plus grandes et magnifiques fêtes et pompes pour en donner le plaisir à ces honnêtes dames. Ce qu'elle fit pour obéir à une si bonne mère et parut fort superbement d'une robe de toile d'argent et colombin à la boulonnaise, manches pendantes, coiffée si richement et avec un petit voile, ni trop grand ni trop petit, et accompagnée avec cela d'une majesté si belle et si bonne grâce que l'on eût plutôt dit déesse du ciel que reine en la terre».

— Ma fille, vous êtes bien, admire Catherine.

— Madame, je commence de bonne heure à porter et user mes robes et les façons que j'emporte avec moi de la Cour, car quand j'y retournerai, je ne les y emporterai point, mais je n'y entrerai qu'avec des ciseaux et des étoffes seulement pour me faire habiller selon la mode qui courra.

— Pourquoi dites-vous cela, ma fille ? Car c'est vous qui inventez et produisez les belles façons de s'habiller, et en quelque part que vous alliez, la Cour les prendra de vous, et non vous de la Cour.

Les mœurs de la cour des Valois nous surprendront toujours. Certaines robes de Marguerite sont décolletées au-delà du possible, et la jeune femme montre ses seins «que ses dames embrassent avec un grand ravissement», comme les filles d'honneur d'autrefois...

Marguerite est fort étonnée que son mari ne se porte pas à sa rencontre à Bordeaux. La raison en est simple : d'abord le gouverneur, le redoutable maréchal de Biron y règne, et Navarre est au plus mal avec lui. Ensuite, les Bordelais viennent de faire l'affront au roi de Navarre de l'empêcher d'entrer dans leur ville. Bien sûr, leur porte est grande ouverte pour Marguerite, vêtue ce jour-là d'une robe orangée rehaussée de broderies et chevauchant un cheval blanc. Le maréchal de Biron vient la haranguer. Puis lui succèdent les discours de l'archevêque, du maire et du Premier magistrat. Brantôme est toujours en extase en l'entendant répondre à tous «si éloquemment, si sagement et si promptement, avec une telle grâce et majesté, par un tel changement de paroles, sur un même sujet pourtant».

Le soir, M. de Largebaston, qui boit ses paroles comme un sorbet, déclare à Brantôme :

— Je n'ai jamais ouï dire mieux en ma vie!

Pourtant, il s'était déjà entretenu avec la Marguerite des Marguerites, la sœur de François Ier, dont la conversation était paraît-il un régal.

Le 2 octobre, à Casteras, un manoir isolé à mi-chemin de la catholique Saint-Macaire et de la protestante La Réole, Henri, suivi de six cents gentilshommes, s'avance « avec contentement » au-devant de sa belle-mère et de sa femme qu'il embrasse par deux fois. Catherine le racontera à Henri III : le roi de Navarre « nous ayant fort honnêtement, de très bonne grâce et, ce me semble, de très grande affection, et avec fort grande aise, saluées... Après le bon accueil que vous pouvez bien penser que nous lui avons fait, et nous étant entretenus un peu de temps de propos communs, nous sommes descendus de ladite salle et montés en mon chariot où il est aussi entré et venu avec nous jusque en ce lieu ».

Ce lieu est La Réole où Marguerite et Henri passent la nuit. Mais c'est seulement le lendemain que les époux partageront le même lit, car Henri dégageait un tel fumet que, le premier soir, Marguerite préféra dormir seule. Le roi de Navarre ne prête aucune attention à Charlotte de Sauve — elle en est d'autant plus vexée qu'il s'intéresse à une autre demoiselle de la reine mère, Victoire d'Alaya, appelée la Dayelle. C'est une jolie Espagnole, qui fait partie du lot des cinquante-six maîtresses répertoriées du Vert Galant... C'est à peu près tout ce que l'on en sait! Marguerite, qui a l'esprit large, mariée sous le régime des infidélités mutuelles, ne prend nul ombrage en apprenant les passades de son mari, à la condition, déclare-t-elle, qu'Henri lui conserve « honneur et amitié ». Et elle précise que tous deux « montraient avoir beaucoup de contentement » de se voir réunis.

A Toulouse, ville catholique, où l'entrée a lieu le dimanche 25 octobre 1578, Marguerite a un violent accès de fièvre. Les magistrats du Parlement viennent la visiter, « la complimenter », disait-on. Elle les reçoit dans un vaste lit de damas blanc, tandis qu'au fond de l'alcôve des enfants de chœur entonnent des hymnes. On conçoit l'ébahissement des députés...

Pendant que la reine de Navarre fait connaissance de ses nouveaux vassaux, Catherine tente de faire appliquer partout l'Édit de paix d'Henri III. D'autorité, elle rétablit l'Église catholique dans les villes ou villages où les huguenots l'avaient interdite.

Lorsque la famille royale se trouve en pays catholique, le roi de Navarre s'éclipse... pour reparaître dès que le cortège pénètre en terre huguenote. La reine mère veut séduire le mari de sa fille. Aussi, quand les clés de la ville d'Auch lui sont présentées, arrête-t-elle aimablement les échevins d'un geste gracieux :

— Gardez-les pour mon gendre!

Marguerite fait son entrée à Auch le 21 novembre 1578 dans sa litière couverte de velours noir. Henri — un furoncle mal placé l'a retardé — arrive seulement le surlendemain sur les bords du Gers et de fort méchante humeur, car les Auscitains — tout comme l'avaient fait les Bordelais — lui ont dernièrement fermé au nez la porte de leur ville. Il rejoint enfin Margot. «Les violons vinrent, nous commençâmes tous à danser...» Navarre annonce à sa femme — étreinte politique — qu'il fera son devoir de bon mari. En dépit du furoncle...

Le 15 décembre, à sept lieues d'Agen, des nymphes légèrement vêtues — il fait pourtant un temps frisquet — accueillent avec grâce les deux reines au château de Nérac — une vraie forteresse dont le corps de logis principal, fort élégant, s'élève au bord de la Baïse*. Une Gasconne, la demoiselle Sauvage, montée sur une haquenée blanche, s'avance au-devant de Margot et lui récite un poème gascon — *Saludat d'un doux cant la plus belle deu moun*, écrit par Guillaume du Bartas, qui fait partie de la maison d'Henri en qualité d'écuyer tranchant. «La plus belle du monde» offre une écharpe brodée à la jeune

* Il n'en subsiste plus qu'une belle galerie ajourée.

nymphe et remercie le poète qui dans son hymne l'a baptisée la «Marguerite unique».

Puis les comédiens du roi de Navarre — les Gelosi —, toujours en l'honneur de Margot, jouent en trois langues — gasconne, latine et française — un dialogue écrit aussi par Guillaume du Bartas.

La Cour banquette, danse et s'aime. «L'amour, nous dit Rosny, le futur duc de Sully, était devenu l'affaire la plus sérieuse chez les courtisans. Le mélange des deux cours, qui ne cédaient en rien l'une à l'autre du côté de la galanterie, produisait l'effet que l'on devait attendre. On se livre aux plaisirs, aux festins et fêtes galantes.» Cela dure jusqu'à la Noël que Catherine et Margot vont passer au prieuré de Paravis, sur les rives de la Garonne, car les huguenots de Nérac ont mis à sac l'église Saint-Nicolas qui se dresse à deux pas du château.

***

Le 2 février 1579, après une longue et difficile discussion — tiraillements et concessions se succédant —, les conférences s'ouvrent enfin à Nérac. Henri commence par énumérer les brimades dont les protestants sont victimes. Marguerite, de son côté, essaye de calmer les huguenots qui témoignent d'une «extrême arrogance». La reine de Navarre est aidée par le chancelier de Pibrac, qui est de plus en plus amoureux d'elle. Oubliant qu'il est conseiller d'État et président de la cour de France, pour les beaux yeux de Marguerite, il soutient les intérêts du roi de Navarre. Cependant, on refuse aux Réformés d'être enterrés au cimetière de leur village: ils sont inhumés dans un recoin de leur jardin. Henri accuse — et l'accusation est grave — les prêcheurs catholiques de pousser le peuple vers de nouveaux massacres en les persuadant «qu'on pense faire sacrifice agréable à Dieu de les tuer et meurtrir».

— C'est à mon très grand regret, conclut Navarre, qu'il m'a fallu retourner aux armes... Je déclare que je ne les ai prises contre la personne du roi, mon seigneur souverain, ni contre son État et sa couronne, mais plutôt pour l'entière conservation de celle-ci.

Après un mois de propositions et de contre-propositions mutuelles, les protestants obtiendront, pour une durée de six mois, trois nouvelles places de sûreté en Guyenne et onze places en Languedoc... dont Henri III rétribuera les garnisons.

« La reine ma mère, écrit Marguerite, pensait demeurer peu de temps avec nous, mais il survint tant d'incidents qu'elle demeura huit mois. » Enfin Catherine part pour Paris et Marguerite reste auprès de son mari.

« C'est le meilleur ménage que l'on peut désirer », écrit avec optimisme la reine mère à son amie la duchesse d'Uzès. Henri entraîne sa femme vers Pau. Cette venue n'enchante guère les Palois qui persécutent avec acharnement les catholiques, et c'est, nous dit-on, « d'un fort mauvais œil qu'ils virent arriver — le 26 mai 1579 — la reine dont ils avaient réclamé le divorce ».

Nous le savons, Marguerite est pieuse. Au château de Pau, elle souffre de devoir entendre la messe « dans une petite chapelle qui n'a que trois ou quatre pas de long », et dont l'accès est interdit aux catholiques palois. Pour les empêcher d'y pénétrer, on ferme le pont du château. Néanmoins, le jour de la Pentecôte, quelques fervents parviennent à se glisser dans la chapelle, et la reine n'a pas le courage de les renvoyer. Le secrétaire d'Henri, le seigneur du Pin, Jacques Lallier, est prévenu. Il envoie ses gardes qui expulsent les catholiques et, devant Margot, « les tirent dehors, les battent en ma présence, nous dit-elle, et les mettent en prison ». Ils sont en outre condamnés à payer une grosse amende. Marguerite est bouleversée. Elle se rend auprès de son mari, lui parle de l'incident, et Navarre semble fort ennuyé en apprenant l'ostracisme du seigneur du Pin :

— C'est le zèle de sa religion qui l'a transporté à faire cela, déclare-t-il en essayant de l'excuser.

Le roi promet de mettre au courant de l'incident ses

conseillers du parlement de Pau. Ils verront «ce qu'ils pourront faire pour contenter la reine». On ne sait au juste combien de temps les catholiques de Pau demeureront en prison...

C'est avec un infini plaisir — on s'en doute — que Margot quitte Pau, «jurant et protestant qu'elle ne mettrait jamais le pied en ce pays-là, d'autant qu'elle voulait être libre en l'exercice de sa religion»...

Les époux s'acheminent maintenant vers la très protestante Montauban : «Nous passâmes, raconte Marguerite, par une petite ville nommée Eauze, où la nuit où nous arrivâmes, le roi mon mari tomba malade d'une grande fièvre continue, avec une extrême douleur de tête, qui lui dura dix-sept jours, durant lesquels il n'avait repos ni jour ni nuit, et le fallait perpétuellement changer de lit à un autre. Je me rendis si sujette à le servir, ne me partant jamais d'auprès de lui et sans me déshabiller, qu'il commença d'avoir agréable mon service et à s'en louer à tout le monde...»

***

Tandis que le roi et la reine de Navarre, le 7 août 1579, reprennent le chemin de Nérac, que devenait Bussy? Cloîtré dans son château des Ponts-de-Cé, le gouverneur de l'Anjou — telles étaient désormais ses fonctions — s'ennuyait ferme... jusqu'au jour où lui vint l'idée d'aller visiter, à La Coutancière, la séduisante comtesse de Montsoreau, épouse du Grand Veneur — celle précisément que, bien plus tard, Alexandre Dumas devait rendre célèbre.

Les exigences de la charge de Grand Veneur obligent le mari à résider à la Cour et l'inévitable se produira. Si la légende est ici prolixe, l'histoire ne retient qu'un fait : l'ex-amant de Marguerite, galant mais assez peu élégant, envoie à Paris, à son ami de Thou, un billet dans lequel celui-ci peut lire cette phrase : «J'ai tendu des rets à la biche du Grand Veneur et je la tiens dans mes filets.»

— Est-il vrai, monsieur de Thou, demande le duc d'Anjou, que vous ayez reçu des nouvelles de M. de Bussy?

De Thou, sans se faire prier, exhibe le billet — et François lui demande :

— Voulez-vous me le confier?

— Très volontiers, Monseigneur.

Anjou agite la lettre devant Henri III et fait même mine de l'oublier sur une table du cabinet royal.

On devine la suite.

Le roi se souvenant de l'infidélité de Bussy à son égard, montre la lettre à M. de Montsoreau et lui fait comprendre à demi mot que s'il voulait venger son honneur, on saurait fermer les yeux. Le mari file à La Coutancière à bride abattue et, comme dans un bon mélodrame, dit à peu près ceci à sa femme :

— Je sais tout. Écrivez à votre galant en lui donnant rendez-vous pour demain soir vers minuit.

Et la dame de Montsoreau s'exécute.

Douze jours avant la venue de Marguerite à Nérac, « le mercredi 19 août 1579, nous dit Pierre de L'Estoile, Bussy d'Amboise, gouverneur d'Anjou, qui faisait tant le hautain à cause de la faveur de son maître et qui tant avait fait de maux et pilleries au pays d'Anjou, sera tué par le seigneur de Montsoreau ».

En effet, arrivant au château, Bussy « fut aussitôt investi et assailli par dix ou douze hommes qui accompagnaient le sieur de Montsoreau, lesquels de furie se ruèrent sur lui pour le massacrer. Ce gentilhomme, se voyant si pauvrement trahi et qu'il était seul, ne cessa pourtant de se défendre jusques au bout montrant que la peur, comme il disait souvent, jamais n'avait trouvé place dans son cœur. Tant qu'il lui demeura un morceau d'épée dans la main, il combattit toujours et jusqu'à la poignée et après s'aida de table, bancs, chaises et escabelles avec lesquels il blessa et offensa trois ou quatre [hommes] jusqu'à ce qu'étant vaincu par la multitude et dénué de toute arme et instrument pour se défendre, fût assommé près une fenêtre par laquelle il se voulait jeter pour se sauver». Selon certains, son corps que les spadassins jettèrent dans le vide, s'empala littéralement sur une grille placée en contre-bas.

«Telle fut la fin de Bussy, qui était d'un courage invincible mais vicieux et peu craignant Dieu, ce qui causa son malheur.»

En apprenant, à Nérac, la fin de celui qu'elle avait tant aimé, on entendit Marguerite soupirer :

— Il n'y avait en ce siècle de son sexe et de sa qualité, rien de semblable en valeur, grâce et esprit.

Elle écrira même une suite de quatrains fort bien venus sur *L'esprit de Lysis* (Bussy) *disant le dernier adieu à sa Flore* (Marguerite), sous le titre : *Dialogue sur la mort de Bussy d'Amboise.*

J'entends près de mon lit une dolente voix
Elle était à la voix de mon Lysis pareille
Je sens un bras plus froid que marbre mille fois
Dont l'un en me poussant, l'autre en criant m'éveille.

Un jeune homme tout couvert de plaies et de sang
Se prosterne à mes pieds, ma poitrine se glace
Mon cœur, saisi d'effroi, pantelle dans mon flanc
Et à ce triste objet je tombe sur la face.

Madame, me dit-il, assurez votre peur
Je suis votre Lysis, qui premier que descende
Dans le val ténébreux plein d'éternelle horreur
Le funèbre devoir je vous suis venu rendre.

Je reconnus sa voix, et ouvrant mes deux yeux
Je remarquai maints traits de sa beauté première
Lysis, dis-je en pleurant, quelle fureur des dieux
T'a fait si tôt quitter le soleil de lumière?

Chapitre XI

La cour d'amour de Nérac

« Je suis fort contente et heureuse, je le dis sans dissimuler. »

MARGOT.

Complimentée à son retour à Nérac par le poète Guillaume du Bartas, toujours en verve, Marguerite parvient à oublier Bussy. Elle apprécie cette cour fort douce où l'on ne parle que « d'amour, de plaisirs et passe-temps qui en dépendent »...

Le sévère château féodal où avait naguère brillé la sœur de François Ier — l'autre Marguerite — n'est plus qu'un souvenir. Il est habillé maintenant par toutes les grâces de la Renaissance. Des tapisseries venues de Pau couvrent les murs et les chambres ont été ornées de glaces de Venise dont les cadres sont « de nacre, de perles, d'or et d'argent ».

Dès les premiers jours du retour de la jeune reine Margot, la bibliothèque s'enrichit de livres rares, puisque « l'on dérouille les esprits et que les armes se rouillent ».

Tandis que le roi de Navarre se rend au prêche, Marguerite et sa suite prient dans une ravissante chapelle élevée dans le parc même — dit le *jardin du Roi*. Puis on dîne, car il est alors onze heures du matin. Le repas terminé, la reine et ses dames vont se promener dans un très beau jardin orné de fontaines, et flânent dans des allées de lauriers, d'orangers et de cyprès. Lorsque le temps le permet, la petite cour traverse la rivière de la Baïse et musarde dans le parc rustique dessiné par Marguerite elle-même.

C'est la Garenne.

La reine y a fait aménager une allée de trois mille pas qui longe la rivière et conduit vers un théâtre de verdure. On y retrouve encore aujourd'hui les bornes qui jalonnaient la promenade autrefois, un itinéraire semé de pavillons destinés à se reposer ou à prendre quelque collation. Le reste de la journée se passe « en toutes sortes d'honnêtes plaisirs » — du moins Margot l'affirme-t-elle. Quand il fait chaud, la Cour se dirige vers le pavillon des Bains, et l'on se trempe dans les eaux claires de la Baïse. Parfois, pour se distraire, tous vont contempler le *tortuaire* destiné à l'élevage des tortues.

« Notre cour était si belle et si plaisante, raconte encore Marguerite, que nous n'enviions point celle de France. » La reine trouve les seigneurs et les gentilshommes, qui accompagnent son mari, « aussi honnêtes gens que les plus galants que je vis à Paris; et il n'y avait rien à regretter en eux, sinon qu'ils étaient huguenots ». Mais on évite de soulever cette divergence...

« Nous devînmes aussi courtisans, rapporte le futur Sully, et faisant l'amoureux comme les autres; ne nous amusant tous qu'à rire, danser et courir la bague. »

Le soir, à six heures, la Cour s'attable devant des mets plus raffinés qu'autrefois, où Henri se contentait de « viandes de bon soldat », de tripes de bœuf et de ventres de mouton flanqué de raves. Sans oublier l'inévitable omelette abondamment fourrée de gousses d'ail, plat favori qui lui donne son haleine musquée. Quant aux paons, cygnes et cigognes, c'étaient là des mets de fêtes, mais les gourmets commencent à en être las. Aujourd'hui les convives préfèrent les corneilles aux choux, les dindes et les pintades, baptisées « curiosités exotiques ». Certes, les poissons seront appréciés, mais nous sommes quelque peu déconcertés en voyant que l'on se régalera tout autant de couleuvres et de hérissons...

Sur la table, la fourchette, apportée de Venise par Henri III, passe encore pour une extravagance, mais on use de cuillers, une pour chaque soupeur et de couteaux au manche d'ébène ou d'ivoire, qui servent à plusieurs invités. Disons-le franchement : on utilise plutôt ses doigts... Pas de verres non plus. Ils se trouvent comme autrefois placés sur dessertes et buffets. Les maîtres d'hôtel sont chargés de les remplir et de les porter aux convives. En revanche, la table est garnie par les nombreux plats du souper, qui sont encore couverts d'une cloche d'argent. Assurément, la crainte du poison s'est atténuée mais la coutume est tenace et, de plus, c'est là une heureuse façon de tenir les viandes au chaud, puisque les valets ne les apportent pas au fur et à mesure, mais qu'elles quittent seulement les cuisines lorsqu'on passe à table.

Il règne, durant le souper, une extravagante atmosphère. Le roi — son humeur est de plus en plus gaillarde — donne le ton à cette cour où, nous rapporte un chroniqueur, « les hommes prennent l'habitude de mettre plus fréquemment la main aux fesses des dames qu'aux plats savoureux qui leur sont servis »...

Le soir, la petite cour joue la comédie ou bien se livre aux plaisirs de la danse. La reine a amené un orchestre composé de joueurs de luth, de musette et de viole. On conte fleurette.

— Un cavalier est sans âme, soupire-t-elle, lorsqu'il est sans amour.

Bref, elle l'écrit à son amie la duchesse d'Uzès, qu'elle appelle sa « Sibylle » : « Je suis fort contente et heureuse. Je le dis sans dissimuler. »

La beauté, le charme, l'intelligence exceptionnelle de la reine de Navarre font tourner bien des têtes et des cœurs, alors que son mari multiplie les aventures avec les dames d'honneur de sa femme... et l'on fredonne :

Il y a bien de la besogne
A regarder ce petit roi,
Car il a mis en désarroi
Toutes les filles de sa femme.

Mais hélas! que la bonne dame
S'en venge bien de son côté!

En effet, nous dit Henri, «il fallait que je souffre sa complaisance qu'elle avait pour Clermont d'Amboise... Je ne suis point tellement aveuglé même en un fait si sensible et si apparent que je n'aperçusse, comme les autres, que Clermont d'Amboise maintes fois la baisait, tout en jupes sur la porte de sa chambre, tandis que le soir, pour lui donner le loisir de se mettre au lit, je jouais ou je me promenais dans ma salle avec mes officiers».

Henri de Navarre comprend que sa femme ne tienne guère à venir le retrouver. Il le confiera un jour à Agrippa d'Aubigné :

— Ne vous étonnez plus si, poudreux et suant au retour de la guerre, de la chasse ou de mes autres violents exercices, elle avait mal au cœur de me caresser, jusqu'à changer les draps où nous avions seulement demeuré qu'un quart d'heure ensemble...

En revanche, Margot est si raffinée qu'elle fait transporter pour ses bains des barriques contenant de l'eau de la Gabre, qu'elle affirme être infiniment plus douce pour la peau que celle de la Baïse. Elle aime ensuite s'étendre entre des draps de taffetas noirs qui font ressortir le nacré de sa peau. Cent bougies illuminent sa chambre. Une vraie mise en scène pour ne pas dire en condition... Clermont d'Amboise n'est pas le seul privilégié qui puisse pénétrer dans l'alcôve de Margot et contempler ce spectacle. D'autres ont cette faveur, tel Henri de La Tour d'Auvergne, autrement dit le beau Turenne. Assez rapidement, d'ailleurs, celui-ci s'éloignera des «passions qui tirent nos âmes et nos corps»... Margot ne regrettera pas trop son départ, estimant que, à la pratique, le vaillant soldat était un piètre amant :

— Il fait penser, disait-elle, à ces nuages vides qui n'ont que l'apparence dehors.

Mais il la fait rire et ils roucoulent ensemble des romances. Tout aussi beau, Jacques de Harlay de Champvallon, le grand écuyer de Monsieur, et bel esprit, lui succède. C'est en 1577, à La Fère, que Marguerite l'a rencontré, et c'est au mois de décembre 1580, à Coutras, au château de Foix-Cantala que, après le duc de Guise et Bussy, naît le troisième grand amour de Marguerite, son « beau miracle de la nature ». Pour elle, Champvallon est un être divin, à qui rien n'est inconnu. Elle ne vit que pour lui et elle versifie :

J'ai de la passion et de la patience;
Je vis jusqu'à l'amour, j'aime jusqu'à la mort.

Comme les amoureux de tous les temps, elle trace sur les murs ou sur l'écorce des arbres les onze lettres du nom de son amant.

« Je vous dirai, lui explique-t-elle, que les plus durs rochers où en mille lieux j'ai gravé votre nom, vos beautés et mes passions, vous pourront témoigner si mon âme est de ces âmes de cire que le temps et l'absence changent et rechangent tous les jours en cent diverses formes... Adieu, ma vie, je baise un million de fois ces beaux yeux et ces beaux cheveux, mes chers et doux liens... »

Anjou séjournant au château de Cadillac, Marguerite part le retrouver durant deux mois et, du même coup, revoit Champvallon. Lorsque « le seul soleil de son âme, son beau cœur, son tout, son Narcisse », ainsi que la reine décrit son amant, devra quitter la Guyenne avec Monsieur, puisqu'il est son grand écuyer, Marguerite se sentira « réduite en un affreux désert », et s'habillera de noir. Son cœur est en deuil ! « Essayez donc, poursuit-elle, de dissiper, mon beau soleil, les nuages de cet importun obstacle qui sépare nos corps, mais qui ne pourront jamais séparer nos âmes unies d'un éternel destin et liées d'un éternel lien... »

Connaissant ses propres charmes et son adresse à les mettre en valeur, elle lui laisse complaisamment toute faculté de la tromper et l'y invite pour un peu : « Toutefois, si le plaisir du changement a tant soit peu aiguillonné votre âme, suivez, je vous supplie, votre désir ; je ne crains qu'un mieux vous retienne, vivant tout assurée que, quand nous aurions changé tout le monde, nous reviendrions encore à nous... »

Elle devait en faire elle-même l'expérience... et elle termine sa lettre par ces lignes :

« Adieu, mon beau soleil, à Dieu, mon bel ange, beau miracle de la nature ; je baise un million de fois ce million de perfections que les dieux se sont plu à faire et les hommes à admirer. »

Elle lui exprime encore la fureur de son adoration par ces vers frénétiques :

Je vis par et pour toi ainsi que pour moi-même;
Tu vis par et pour moi, ainsi que pour toi-même;
Nous n'aurons qu'une vie et n'aurons qu'un trépas.
Je ne veux pas ta mort, je désire la mienne.
Mais ma mort est ta mort, et ma vie est la tienne;
Ainsi je veux mourir et je ne le veux pas!

***

La reine de Navarre, férue d'humanisme et de platonisme — *Le Banquet* de Platon n'est-il pas son livre de chevet? — dévore Plutarque et aime discuter longuement de problèmes philosophiques avec Michel de Montaigne, nommé par Henri gentilhomme de sa Chambre.

Marguerite a une heureuse influence sur son mari qui, le soir, abandonne son accoutrement usé et troué de coureur des bois pour revêtir des pourpoints soyeux noir et blanc, des chausses de vives couleurs et des collants de toile de Hollande — mais ne s'en lave pas pour autant...

Les comptes de Nérac témoignent de la générosité du roi de Navarre envers Margot. Il lui offre de nombreux bijoux et lui fait don de tissus pour ses robes, de gants parfumés, raffinement à l'époque... surtout lorsqu'ils étaient empoisonnés. Ce qui, en l'occurrence, ne fut heureusement pas le cas.

Henri ayant eu de nouveau « une fort grande faiblesse qui lui venait d'excès qu'il avait faits avec les femmes », Marguerite, compréhensive sur ce chapitre, le soigne avec dévouement. Elle espère toujours avoir un fils de son mari et entreprend tout pour cela! « Je me rends aux eaux de Bagnères, annonce-t-elle à sa mère, et je suis venue pour voir s'il me serait si heureux, que de pouvoir faire pour augmenter le nombre de vos serviteurs. Plusieurs se sont bien trouvées. Il me faudrait, étant de retour à Nérac, de vous avertir du profit que j'en aurais reçu. »

Pendant ce temps, le roi, rétabli, est aussitôt tombé fort amoureux d'une fille d'honneur de sa femme, qui n'avait pas suivi sa maîtresse à Bagnères. Il s'agit de la toute jeune Françoise de Montmorency-Fosseux, dite la Fosseuse. Elle est gourmande, aussi Henri a-t-il entrepris sa cour en gavant la jeune fille de confiture de Gênes et de poires parfumées au « safran de Tours ». Puis il se livre avec elle à des « cajoleries bizarres ». Bien sûr, elle se plie au désir de son roi, encouragée en cela par la reine elle-même qui la trouve « toute enfant et toute bonne ».

Marguerite le rapportera elle-même : « Fosseuse, qui aimait extrêmement mon mari, s'activa tellement à le contenter qu'elle devint grosse. » Pour remédier à ce soudain embarras, et dans un but diamétralement opposé à celui des eaux de Bagnères, Fosseuse se précipite aux Eaux-Chaudes, dans la vallée d'Ausson, qui avaient la réputation de « défaire les grossesses ». Henri, pour sa propre commodité, eût aimé que Margot accompagnât sa fille d'honneur, mais elle refusa sous le prétexte qu'elle avait fait serment de ne jamais entrer en Béarn « tant que la religion catholique n'y serait admise ».

C'est donc le roi qui accompagne la Fosseuse qu'il appelle « sa fille » — tandis que Marguerite entreprend une nouvelle cure à Bagnères. Séparée de Champvallon, elle verse autant de larmes, racontera-t-elle, que son mari et sa maîtresse « boivent des gouttes d'eau ».

Hélas ! pas plus les sources d'Eaux-Chaudes que celles plus tempérées de Bagnères ne sont parvenues aux résultats escomptés, et, la grossesse de la Fosseuse arrivant à son terme, Marguerite, complaisante à souhait, propose à la jeune maîtresse de son mari de partir avec elle au Mas d'Agenais qui, lui assure-t-elle, est une maison du roi « fort écartée » :

— Je ne mènerai avec moi que le train que vous voudrez. Pendant que le roi ira à la chasse, vous ne bougerez de là que vous ne soyez délivrée. Par ce moyen nous ferons cesser ce bruit qui ne m'importe pas moins qu'à vous.

« Mais Fosseuse, avec une arrogance extrême, au lieu de m'en savoir gré, poursuit Marguerite, me dit qu'elle ferait mentir tous ceux qui avaient mal parlé d'elle. »

Bref, elle espérait que, la mode des vertugadins aidant, elle pourrait dissimuler assez longtemps encore sa fâcheuse situation. En outre, elle affirmait, continue Marguerite, que « je ne l'aimais plus et que je cherchais prétexte pour ruiner sa réputation. Et, parlant aussi haut que je lui avais parlé bas, elle sort tout en colère de mon cabinet et va mettre le roi mon mari au courant ».

Lui non plus ne sait aucun gré à sa femme de sa solution du problème. Qui plus est, il semblerait même lui en vouloir jusqu'au moment où vint l'heure prévue pour l'accouchement de la Fosseuse. Le médecin prévient le roi, qui se lève pour réveiller Marguerite — les souverains couchent dans la même chambre, mais font lit à part. Henri entrouvre le rideau de la couche de sa femme et lui avoue piteusement :

— Ma mie, je vous ai caché une chose qu'il faut que je vous confesse, je vous prie de m'en excuser, et de ne point vous souvenir de tout ce que je vous ai dit à ce sujet, mais obligez-moi de vous lever à cette heure, et d'aller secourir Fosseuse, qui est fort malade... Vous savez combien je l'aime... je vous prie, obligez-moi en cela!

— Je vous honore trop pour m'offenser d'une chose qui vient de vous, répond Marguerite avec une gentillesse extrême — mais non sans quelque ironie... J'y cours, et j'agirai tout comme si elle était ma fille. Cependant, partez lors pour la chasse et emmenez avec vous tout le monde.

Marguerite fait lever promptement Fosseuse de la chambre des filles d'honneur où elle reposait et la fait placer dans une pièce écartée.

— Dieu voulut qu'elle ne fit qu'une fille qui encore était morte, expliquera Marguerite en retrouvant le roi à son retour de la chasse...

Henri se rend immédiatement au chevet de la Fosseuse qui « le prie de faire que j'allasse la voir, raconte Marguerite, comme j'avais accoutumée d'aller voir toutes mes filles quand elles étaient malades, pensant par ce moyen ôter le bruit qui courait. Le roi, mon mari, venant dans notre chambre, me trouve que je m'étais remise au lit... ».

— Je vous prie de vous lever et d'aller la voir, insiste le roi.

— Je l'ai fait lorsque la Fosseuse avait besoin de mon secours, répond fièrement Margot, mais, à cette heure, elle n'en a plus que faire. Si j'y allais, je découvrirais plutôt que de couvrir ce qui était; et tout le monde me montrerait du doigt.

On « la montrait » pourtant en dépit de tous ses efforts. Mais aussi ne s'était-elle pas muée en une manière d'entremetteuse en demandant à ses dames « d'envelopper tous les braves d'auprès de son mari dans leurs filets » ?

Les intrigues amoureuses de Nérac sont parvenues aux oreilles d'Henri III, qui ne se prive pas de les propager — et mignons comme archimignons de faire chorus!... Les dames de la cour de Nérac exhortent leurs maris et leurs amants, catholiques et protestants, à reprendre les armes. De leur côté, les favoris du roi, nous confie d'Aubigné, «y sont pareillement incités par leurs maîtresses qui veulent tirer vanité de la bravoure que leurs amants y feront paraître». On nommera ces nouveaux combats la «guerre des amoureux».

La reine veut empêcher le conflit entre son mari et le maréchal de Biron de s'envenimer. Elle tente de démontrer à quel point la guerre qui se prépare serait néfaste: «Mon mari me fit cet honneur d'avoir beaucoup de créance et de confiance en moi, et que les principaux de ceux de la religion m'estimassent avoir quelque jugement.» Mais le résutat obtenu n'est guère à la hauteur de ses espoirs: «Je ne pus pourtant leur persuader ce que bientôt après ils reconnurent pour être vrai.»

Marguerite joue son rôle de reine de Navarre. «Dès le début de cette guerre, écrit-elle, voyant l'honneur que le roi mon mari me faisait de m'aimer me commandait de ne l'abandonner, je me résolus de courir sa fortune...» Cependant, elle demande à Henri III et à Madame Catherine «qu'il leur plût de commander à M. le maréchal de Biron que la ville où je faisais mon séjour, qui était Nérac, fût tenue en neutralité et les quatre lieues près de là il ne s'y fît point la guerre. J'en obtiendrai autant du roi mon mari pour le parti de ceux de la religion... Cela me fut accordé, pourvu que le roi, mon mari, ne fût point dans Nérac. Cette condition fut observée de l'un et l'autre parti avec autant de respect que j'eusse pu désirer...».

Heureusement, la guerre des amoureux fut, comme nous le dit Pierre de L'Estoile, «un petit feu de paille allumé et éteint aussi soudain...». Mais Margot en a souffert: «Je ne vous dirai donc point combien de douleurs et d'afflictions je supporte», écrit-elle à sa chère Sibylle.

Le samedi 20 novembre 1580 est signée en Périgord la paix de Fleix, où s'est rendu Anjou en qualité de médiateur. Au grand contentement d'Henri de Navarre, Armand de Biron est remplacé par le maréchal de

Matignon. Les clauses de l'édit de Nérac sont confirmées. Grand avantage pour les protestants : les villes de sûreté accordées pour six mois aux huguenots le seront désormais pour six années. Mais Cahors doit être rendu au roi de France « avec la douceur et l'obéissance possibles ».

Henri III et Catherine demandent à Margot de rejoindre Paris et souhaitent que le roi de Navarre parte avec elle. Mais les finances sont au plus bas. Marguerite avait pourtant vendu au chancelier Pibrac, pour trente mille livres, sa demeure parisienne, l'hôtel d'Anjou, située non loin du Louvre et « placée en grande vue ». Elle avait d'ailleurs eu recours à plusieurs reprises à la bourse de Pibrac. Mais les sommes s'étaient envolées... Fort à propos, Henri III fait porter à sa sœur quinze mille écus par son maître d'hôtel Moniquet.

Sa cassette regarnie, Marguerite est ravie de regagner le Louvre, puisque sa fille d'honneur — Françoise de Montmorency-Fosseux — sera obligée de partir avec la petite cour. Margot espère bien que l'inflammable Henri de Navarre, voyant ses amours éloignées, trouvera une remplaçante qui ne serait pas une ennemie pour elle. Catherine approuve, mais elle a le secret espoir que son gendre viendrait rechercher sa femme à Paris et, du même coup, la petite Fosseuse plus obéissante que jamais aux injonctions de la reine mère. Que d'arrière-pensées entretenues de part et d'autre!

Le 29 janvier 1582, le roi et la reine de Navarre prennent la route, mais il demeure bien entendu entre eux qu'Henri ne dépassera pas Montreuil-Bonnain, situé dans le département actuel de la Vienne. C'est là que Catherine doit se porter à la rencontre de sa fille. Des discussions s'amorcent au château de La Mothe-Saint-Héray. La reine mère insiste encore pour que son gendre gagne Paris. Mais Navarre est par trop rusé pour se laisser prendre au piège que lui tend sa belle-mère. Il se plaint de ne pas être suffisamment obéi dans son gouvernement de Guyenne. Ce n'est donc pas le moment d'abandonner son poste et de retourner au Louvre, comme le souhaite Henri III.

En foi de quoi, le 31 mars 1582, Henri laisse son épouse prendre sans lui le chemin de Paris. Il doit se trouver satisfait d'être débarrassé d'une femme dont les soupirs amoureux ne s'adressent pas à lui. Car, en effet, Marguerite n'a toujours que son blond Champvallon en tête. Tout le reste glisse sur elle! «L'absence de divers objets, explique-t-elle, l'incommodité, la contrainte, donnent à mon amour autant d'accroissement qu'à une âme faible et à un cœur embrasé d'une flamme vulgaire, elles y apporteraient des diminutions. Je m'endormis hier avec le ballet, ma chambre pleine de tous les galants de la Cour; des divertissements, qui ébranlent l'oreille de toute autre passion, font dans la mienne autant d'effet que les flots de la mer contre le rocher immuable.»

Margot est bien loin de suivre le conseil qu'elle s'était pourtant donné à elle-même : «Voulez-vous cesser d'aimer? Possédez la chose aimée...» Pour elle, Champvallon est toujours «son beau tout... la seule et parfaite beauté qui pourra pour jamais régner dans mon cœur».

Dès l'arrivée de Marguerite à Fontainebleau, Henri III, sans dévoiler ses intentions, exige que sa sœur mette tout en œuvre afin de faire venir son époux à Paris. Navarre, après en avoir longtemps discuté avec Duplessis-Mornay et Maximilien de Béthune, ses meilleurs et fidèles conseillers, refuse de quitter la Guyenne, prétextant que son départ rallumerait les troubles. En réalité, il se méfie toujours d'Henri III. Pourtant, Catherine le lui a écrit : «Je vous assure que mon fils vous aime autant que l'on saurait dire.»

Le Béarnais n'en est pas tellement persuadé...

***

Alors que le roi et la reine de Navarre venaient de quitter Nérac, au début du mois de février 1582, le duc d'Anjou partait pour Londres afin de rencontrer sa presque fiancée, la reine Elisabeth d'Angleterre, qui a vingt ans de plus que lui. La reine lui accorde une première entrevue à laquelle il se présente vêtu à la dernière mode de Paris : petite barbiche en pointe, perles aux oreilles, toque emplumée et mantelet coquet sur les épaules. La reine le trouve pimpant et, assez séduite, lui donne aussitôt le surnom de « grenouille ».

Durant treize jours, François d'Anjou se montre on ne peut plus galant. Il ne cesse de comparer Elisabeth à toutes les divinités de l'Olympe. De son côté, la reine reçoit royalement son « fiancé » et organise pour le divertir de somptueuses fêtes mythologiques. Elle lui offre même un anneau et n'hésite pas à lui donner publiquement des marques de tendresse. Le duc a tout lieu de croire que son mariage est vraiment à la veille de se réaliser.

Elisabeth, un moment prise à son propre jeu, est tentée d'épouser son « promis ». Cependant, elle y renonce pour des raisons assez mal définies, sans doute parce que l'opinion anglaise se montre défavorable au catholicisme du fiancé. Et puis peut-être aussi pour la même raison qui fera échouer tous les autres projets de mariage : la « reine vierge » semble avoir peur de franchir le dernier pas.

Pour faire cesser l'union sérieusement amorcée, Elisabeth décide de mettre au mariage des conditions insurmontables, telle la restitution par la France à l'Angleterre de la ville de Calais ! Le projet est donc annulé, mais, un peu pour se faire pardonner, Elisabeth accorde d'importants subsides à Anjou en vue de la guerre qu'il prépare pour la libération des Flandres. Elle le quitte avec, dirait-on, un véritable regret. Au moment de lui dire adieu, elle lui offre un petit poème dans lequel elle exprime toute sa tristesse et son désespoir à la pensée que sa « grenouille » ne nagerait plus jamais dans la Tamise, mais elle promet à François de l'aider à plonger dans les eaux de l'Escaut. Et voici le duc chevauchant de nouveau sa chimère flamande en prenant le chemin d'Anvers.

*
* *

A Paris, Marguerite apprend avec peine que les affaires flamandes tournent mal pour son frère. François a eu beau se parer d'une multitude de titres prestigieux — entre autres ceux de duc de Brabant, de Luxembourg, de comte de Zélande et de Hollande, ou encore Défenseur de la Liberté Belgique. En réalité, il n'a pratiquement aucun pouvoir, car ceux-ci continuent à appartenir aux états flamands. Bien qu'il ait reçu de France des renforts constitués de mercenaires ou de troupes levées dans son apanage et ayant à leur tête le duc de Montpensier et le maréchal de Biron, François ne réussit pas à s'emparer d'Anvers. Quatre mille hommes sont bien parvenus à pénétrer dans la ville en criant « Ville gagnée! Vive la messe! » mais deux mille soldats et officiers périrent et les assaillants furent obligés de se retirer. Le frère de Marguerite, durant toute la bataille, est demeuré dans les faubourgs. Il s'y était d'ailleurs rendu dès le début de la canonnade... Les rues voisines de la porte sont bientôt couvertes de morts, racontera d'Aubigné, et « l'entre-deux des portes plein à hauteur de la bascule »... A Malines, les Flamands font déborder les eaux en ouvrant les écluses. De nombreux assaillants sont noyés et le duc de Montpensier avec ses troupes n'en réchappent eux-mêmes que grâce à un paysan qui leur indique un gué.

Anjou n'a plus qu'à regagner la France. C'est la fin d'un beau rêve! En guise de bienvenue, Catherine l'accueillera en s'écriant :

— Plût à Dieu que tu fusses mort! Tu n'aurais pas été la cause de la perte de tant de braves gentilshommes!

La faute initiale de l'affaire des Flandres ne fut-elle pas un peu imputable à la reine de Navarre qui avait poussé son frère dans cette mésaventure?

Chapitre XII

Le drame

> *« Cette beauté plus divine qu'humaine est plus faite pour perdre et damner les hommes que pour les sauver. »*
>
> DON JUAN D'AUTRICHE.

Le roi réserve à sa sœur un visage souriant, espérant toujours qu'elle parviendrait à convaincre son mari à venir la rejoindre. Selon Henri III, la seule présence du Béarnais à Paris mettrait un frein aux ambitions des partisans des Guises — et voici Marguerite chargée en somme de nuire aux intérêts de celui qui fut son premier amour. Aussi, à la demande d'Henri III, la reine de Navarre supplie-t-elle une nouvelle fois son mari de venir la retrouver : « Vous regagnerez les serviteurs que vous aviez, par la longueur de ces troubles, perdus, lui écrit-elle, et en acquerrez plus en huit jours, étant ici, que vous ne feriez en toute votre vie demeurant en Gascogne. Vous y pourrez voir les dons du roi pour accommoder vos affaires... Je vous supplie très humblement prendre ceci comme la personne du monde qui vous aime le plus et désire le plus votre bien... »

Devant l'entêtement de son gendre, qui s'obstine à ne pas quitter le Languedoc, la reine Catherine monte sur ses grands chevaux et, en représailles, déclare que l'honneur de la reine de Navarre devrait lui interdire de garder auprès d'elle la Fosseuse, que tous savent être la maîtresse de son mari. Sans tarder davantage, Catherine renvoie la jeune fille à sa mère. Henri l'apprend au mois de mai 1582 et, furieux, expédie à Paris son écuyer, Antoine de Frontenac, avec l'ordre de présenter au roi une vigoureuse protestation. Celui-ci s'exécute avec une telle vigueur qu'Henri III et les deux reines en demeurent abasourdis.

La scène achevée, Marguerite se ressaisit et, prenant sa plus belle plume, écrit à son mari d'une encre insolite : « Si vous me commandiez de tenir avec moi une fille à qui vous eussiez fait un enfant, au jugement de tout le monde, vous trouveriez que ce serait une honte double, pour l'indignité que vous me feriez et pour la réputation que je m'acquerrais. Vous m'écrivez que, pour fermer la bouche au roi, aux reines — Catherine et Louise — et à ceux qui me parleront, je leur dise que vous l'aimez et que je l'aime pour cela. Cette réponse serait bonne partant de l'un de vos serviteurs ou servantes... » mais non pour la reine de Navarre.

On la devine relevant la tête avec orgueil. Elle veut cesser d'être une épouse par trop complaisante. « Si j'étais née de condition indigne de l'honneur d'être votre femme, poursuit-elle, cette réponse ne serait pas mauvaise; mais, étant telle que je suis, elle me serait très malséante; aussi m'empêcherai-je bien de le faire... J'ai souffert ce que, je ne dirai pas princesse, mais simple demoiselle ne souffrît. » Certes, elle a dissimulé l'accouchement de Fosseuse, auquel elle avait même assisté! Bien plus, elle « a caché sa faute et s'est toujours depuis tenue auprès d'elle : Si vous n'appelez pas cela vouloir [vous] contenter, conclut-elle, certes, je ne sais pas comment vous le pouvez entendre ».

Et, à son tour, Catherine trempe la plume dans l'encre corrosive de son écritoire, afin d'expliquer pourquoi elle a chassé « cette belle bête ». Puis la reine accable son gendre de reproches véhéments : « Vous n'êtes pas le premier mari jeune et non pas bien sage en telle chose; mais je vous trouve bien le premier seul qui fasse après un tel fait advenu, tenir tel langage à sa femme : j'ai eu l'honneur d'avoir épousé le roi, mon seigneur et mon souverain, mais la chose dont il était le plus marri, c'était quand il savait que je susse de ces nouvelles-là... » Et Catherine de rappeler son attitude devant les maîtresses d'Henri II, lorsque celles-ci attendaient un bâtard : « Ce n'est pas la façon de traiter les femmes de bien, et de telle maison de les injurier à l'appétit d'une putain publique. » La reine mère feint de ne pas croire qu'un tel comportement vienne d'Henri de Navarre :

« Vous êtes trop bien né, poursuit-elle, pour ne pas savoir comment vous devez vivre avec la fille de votre roi, celle qui, outre cela, vous honore et vous aime comme doit faire une femme de bien. »

Henri pourrait très aisément répondre que Marguerite « l'honorait » de bien étrange façon dans les bras de Champvallon et de combien d'autres... Un nouvel incident vient encore envenimer la situation : Henri III exige que sa sœur renvoie Mme de Duras et Mlle de Béthune : ce sont, déclare-t-il, « des vermines très pernicieuses ».

Plus tard, Navarre prendra leur défense et écrira avec ironie à Catherine qu'il n'ignorait pas la vie scandaleuse menée par Mme de Duras et par Mlle de Béthune, « cependant, précisera-t-il, Marguerite ayant cet honneur de vous être ce qu'elle est, et même d'être près de Vos Majestés, je ferai quelque tort à votre bon naturel si j'entreprenais d'en être plus soigneux de loin que Vos Majestés de près ».

Henri III n'a pas encore reçu cette lettre railleuse, mais insiste plus que jamais pour que le roi de Navarre se rende à Paris — et Henri, avec toujours la même constance, lui répond que ce déplacement est pour l'instant hors de question.

De son côté, Margot essaye de séduire son mari en lui parlant des bals et des « belles rondes » — le jeu de la Cour — « qui se tiennent deux fois la semaine... Si vous étiez honnête homme, vous quitteriez l'agriculture pour venir vivre parmi les hommes ».

C'est ce qu'elle a d'ailleurs le soin de faire en roucoulant de plus belle avec son Champvallon... Celui-ci vient la retrouver dans son hôtel de la Culture-Sainte-Catherine et, afin de ne pas être remarqué, se fait transporter dans un coffre en bois jusque dans la chambre même de sa maîtresse. Elle l'attend, dévêtue, entre deux draps de taffetas noir dans un lit éclairé par des flambeaux. Le tout « accompagné de tant d'autres petites voluptés », précise Marguerite en souriant, ravie...

Bien sûr, le contenu du coffre de bois, les flambeaux et les draps de taffetas noirs deviennent la fable de toute la Cour. L'ambassadeur de Toscane emploie même, dans ses rapports adressés à Florence, les mots de *gros bordel*.

« Pour la commodité de nous voir plus souvent », Marguerite propose étrangement au « seul soleil de son âme » de le marier. En somme, la future Mme de Champvallon servirait de paravent... et la Cour cesserait d'avoir les yeux fixés sur ce « beau cœur » de célibataire. Les deux amants pourraient plus aisément reprendre leur doux commerce intime. Du moins le pensent-ils... La petite reine lui propose d'abord une veuve « belle et honnête femme », puis, sur son refus, suggère une candidate « plus belle que l'autre et plus douce ». Mais Champvallon préfère choisir lui-même sa compagne officielle et, le 20 août 1582, épouse Catherine de La Mark, fille du duc de Bouillon qui règne à Sedan, principauté alors indépendante. A l'évidence, un si beau mariage ne peut servir de déguisement et Marguerite s'indigne : « Il n'est donc plus de justice au Ciel, ni de fidélité sur la terre, écrit-elle. Triomphez de ma trop ardente amour ! Vantez-vous de m'avoir trompée. »

Mais sa peine n'en est pas moins immense : « Qu'en est-il de ma liberté et de ma vie, soupire-t-elle, quand je serai privée du jour de votre divine présence, de pouvoir contenter mon âme en l'insatiable plaisir d'une si belle contemplation ? » Cependant, elle se ressaisit : « Je suis donc seule la cause de mon mal, imprudente et infortunée ! » Quelque peu masochiste, Margot s'enorgueillit de son titre de « martyre d'amour » : « Mon beau tout, je me réjouis et tire une extrême consolation de mon infortune... »

Elle lui écrit chaque jour des pages et des pages décrivant son brûlant amour, ses amers regrets — ce qui ne l'empêche pas de terminer fiévreusement ses lettres par une formule passionnée : « Je baise un million de fois cette amoureuse et belle bouche... »

Puis Marguerite retombe dans sa « langueur » et désire la mort, « seul désir de mon cœur, avoue-t-elle. Je la tiens si assurée que je me console en cette espérance, et ne ressens aucun déplaisir de penser que vous aurez comme moi du contentement. Toutefois, de quelque manière qu'elle arrive, qu'elle hâte ses pas : je la désire, je la souhaite et supplie les dieux m'avancer son trop lent secours... ».

Mais voici que Champvallon tombe en nette disgrâce auprès du duc d'Anjou. Aussi se réfugie-t-il chez Marguerite. Elle l'accueille avec la joie que l'on devine... et leurs amours reprennent à l'aide du coffre de bois, pratique peut-être, mais inconfortable assurément !

Henri III revient de voyage et les commérages refont surface. Le roi est alors en proie à une crise ostentatoire de mysticisme : il chante avec les moines « à l'émerveillement de tout le monde, cela jusqu'à près de cinq heures »... La vertu règne et l'amour fait antichambre. On rapporte alors à Henri III les bruits concernant l'inconduite de sa sœur. Tout animé de moralité et d'austérité, il se lance dans une véritable enquête, soudoie les chambrières, prend de nombreuses notes sur les noms, les dates et les circonstances des amours de Marguerite. Un vrai réquisitoire ! C'est ainsi qu'il apprend tous les détails concernant Margot et son « beau Tout... », le coffre de bois y compris.

Au mois de mai 1583, le roi adresse au duc de Joyeuse, alors en mission auprès du pape, une lettre dans laquelle il dépeint son indignation devant la conduite de sa sœur. Certains passages contiennent des « choses odieuses ». Or, sur sa route, l'homme est attaqué par quatre spadassins masqués qui, après avoir massacré le courrier, s'emparent de la lettre du roi. On le murmure d'abord, puis on l'affirme hautement : Marguerite a eu connaissance de la lettre royale et est sans doute l'instigatrice du meurtre ! Il s'agit d'une pure calomnie, mais Henri III est d'autant plus persuadé de la véracité des faits que les Guises en répandent la nouvelle.

Et le drame — un effarant esclandre — éclate.

Le 7 août 1583 se déroule un grand bal à la Cour dans la salle des Cariatides. La reine Louise prenant les eaux à Bourbon-Lancy, Henri III demande à sa sœur de la remplacer. Il a en effet conçu un plan machiavélique. Marguerite, parée comme une châsse, a pris place sur l'estrade royale surmontée d'un dais. Soudain, alors que le bal commence, le roi, suivi d'Épernon, pénètre dans la salle et se dirige d'un pas vif vers sa sœur. D'un geste vers la tribune il arrête les musiciens et interpelle sa sœur en lançant un impérieux :

— Madame !

Les danseurs, cloués au sol, assistent à une scène atroce. Le roi adresse d'emblée « mille injures » à Marguerite, puis il énumère les noms des nombreux amants qu'elle a reçus dans son lit depuis son mariage « et ceux qui sont actuellement en faveur ». Il aurait même précisé, en se retournant vers les assistants médusés :

— La reine de Navarre ne s'est pas contentée de se prostituer aux cadets de Gascogne, elle allait trouver les muletiers et les chaudronniers d'Auvergne !

Marguerite, figée de stupeur, blême sous son fard, n'a pas même la force de se défendre. Enfin Henri III cite le nom que tous attendent :

— Et Champvallon !

Il affirme qu'elle a eu un enfant de lui — il en est même persuadé ! Henri III clôt la liste des débauches de sa sœur en lui jetant cet ordre en pleine face :

— Vous n'avez que faire ici ! Allez rejoindre votre mari. Et partez demain !

Une scène si stupéfiante que certains historiens ont tenté d'en contester l'authenticité. Pourtant, le maréchal de Bassompierre et le duc de Lauzun en ont certifié plus tard l'exactitude.

Bouleversée — on le serait à moins —, Marguerite, les yeux pleins de larmes, s'est levée. A pas lents, elle traverse la foule des courtisans qui s'écartent sans la saluer. Parvenue dans sa chambre, elle donne les ordres nécessaires pour son départ qui doit avoir lieu, en effet, dès le lendemain. Cette même nuit, elle apprend que Champvallon serait, lui aussi, menacé. Elle ne pense plus à sa propre détresse et se jette sur son écritoire, traçant à son intention ces lignes angoissées : « Plût à Dieu que sur moi seule cette rage (*sic*) se pût décharger *. Mais vous mettre en danger, ah! non, ma vie; il n'y a de gêne si cruelle à laquelle je me souhaite plutôt. Vous jugerez combien le mal me sera plus supportable que de le mettre en vous à mon occasion... Jugez donc, mon Tout, quelle est la crainte que j'ai de votre mal... » Quant à sa propre douleur, elle la supporte, « ne laissnt pour cela de vous baiser les mains avec la même affection qui sera la dernière qui périra en moi... ». Enfin, elle s'excuse d'avoir écrit une lettre aussi « brouillée », mais, lui dit-elle, « je suis si affligée d'ennui et de fâcheux! ».

Marguerite a eu quelque raison d'être inquiète pour son amant. Cette même nuit, sur l'ordre du roi, les gardes ont cerné la maison de Champvallon, pénétré dans la demeure et fouillé sa chambre... Mais le bel infidèle avait pris sagement la fuite et regagné la principauté libre de Sedan.

Dès le lendemain, 8 août 1583, Marguerite, de son côté, quitte Paris, comparant son malheur à celui de Marie Stuart. Elle est en train de dîner à Bourg-la-Reine, précisément, lorsqu'on lui annonce l'approche du cortège royal. Henri III se rend en effet à Bourbon-Lancy. En

* Les termes de cette lettre ne viennent-ils pas confirmer la violence de la scène ayant eu pour cadre la salle des Cariatides?

passant devant Marguerite, qui a quitté sa table et se tient sur la chaussée, le roi, « d'humeur de plus en plus chagrine », referme ostensiblement le rideau de cuir de son carrosse, afin que l'on puisse bien remarquer qu'il ne veut pas saluer sa sœur. C'était pourtant — mais comment pouvait-il le prévoir ? — la dernière et spectaculaire rencontre de ces deux êtres qui s'étaient tant aimés.

Le même soir, commandé par le capitaine Larchant, entre Palaiseau et Saint-Clair, soixante arquebusiers arrêtent, au nom du roi, la dame de Duras et la demoiselle de Béthune, qui font partie de la suite de la reine de Navarre, et dont les mœurs, rappelons-le, sont toujours loin d'être irréprochables... à l'instar de celles de leur maîtresse! Un officier allemand, M. de Solerne, ose les démasquer d'un geste brutal, tandis que ses hommes fouillent les voitures et la literie contenue dans les chariots, à la recherche de Champvallon... A son défaut, on arrête le seigneur de Lodon, ainsi que l'écuyer de Marguerite, son secrétaire et son médecin. Quelques-uns des prisonniers ont même été giflés. Tous sont amenés à Montargis, où Henri III tient à les interroger personnellement à six ou sept reprises, « chacun en particulier sur la vie, les mœurs et les débordements de leur maîtresse ». Entre autres questions, on leur demande si la reine a véritablement mis au monde un enfant qui, « manifestement, ne pouvait être du roi de Navarre ».

« N'ayant rien pu découvrir par la bouche desdits prisonniers, raconte Pierre de L'Estoile, le roi les remit en liberté et il laissa la reine de Navarre, sa sœur, continuer son chemin pour la Gascogne... »

Avant de repartir, Marguerite, profondément bouleversée, écrit à sa mère : « Madame, puisque l'infortune de mon sort m'a inclinée de telles misères que je ne sais s'il se peut que vous désiriez la conservation de ma vie, au moins puis-je espérer que vous voudrez la conservation de mon honneur; pour être tellement uni au vôtre et celui de tous ceux ou celles à qui j'ai l'honneur d'appartenir, que je ne puis recevoir de honte qu'ils n'y soient participants... »

Non, elle n'a pas eu d'enfant de Champvallon! Pour prouver son innocence, elle demande même que l'on veuille bien, après sa mort, ouvrir son corps et prouver à tous, par une autopsie, « cette dernière calomnie ».

Marguerite peut reprendre sa route. Cependant, son écuyer, nommé Butti, ami de Champvallon, un valet de chambre et un musicien joueur de luth seront incarcérés durant près de trois mois à la Bastille! Pendant ce temps, Marguerite séjournera le 13 août à Chartres, le 21 à Châteaudun et atteindra Blois le 23. Après deux nuits passées à Amboise où elle retrouve ses souvenirs d'enfance, elle arrivera à Chinon le 31 août 1583.

Lorsque le roi de Navarre apprend les événements et le scandale qui s'est produit au Louvre, il envoie à Henri III l'un des membres de son conseil, Duplessis-Mornay, avec mission de protester énergiquement. Le magistrat rejoint Henri III à Lyon. Au nom du roi de Navarre, il lui demande pourquoi il s'est livré à une telle indignité envers sa sœur, « vu qu'à la moindre femme du monde on n'ôte point l'honneur qu'elle ne l'ait premièrement perdu » *.

Le roi, fort ennuyé — on le serait à moins... —, essaye plutôt de stigmatiser la dame de Duras et Mlle de Béthune. Duplessis-Mornay a bien des difficultés à ramener la conversation sur les faits dont la reine de Navarre a été la victime. Mais Henri III se dérobe une fois de plus en assurant qu'il demandera l'avis de sa mère et de son frère.

— Ce sera bien long, fait remarquer Duplessis-Mornay. Il est à craindre que le temps ne rendît l'affaire plus difficile encore... Le trait est dans la blessure, vous ne l'en arracherez pas. La reine votre sœur est en chemin de rejoindre son mari. Que dira la Chrétienté, sire, si le roi

* N'est-il pas là une nouvelle preuve de l'authenticité de la scène du Louvre?

de Navarre la reçoit, l'embrasse sans scrupule, en la revoyant ainsi barbouillée ?

Marguerite a poursuivi sa randonnée. Après une halte à Plessis-lez-Tours et à Poitiers, elle atteint enfin Jarnac, où lui parvient l'ordre de son mari de ne pas aller plus loin. Il désire d'abord obtenir une réparation de la cour de France avant de recevoir Margot.

Henri III a fini par adresser une lettre à son beau-frère par laquelle il reconnaît que la reine de Navarre a peut-être été victime de calomnies. Aucune princesse n'est à l'abri de cela !... La pieuse reine Jeanne d'Albret elle-même, la mère d'Henri, n'en avait-elle pas souffert jadis ?

— Hier le roi m'appelle cocu, aujourd'hui fils de putain ! s'exclame Henri. Je l'en remercie !

« Je trouvai mon maître dans une furieuse colère pour les affronts que la reine sa femme avait reçus à la cour de France, raconte Agrippa d'Aubigné. Il me dépêcha auprès du roi Henri III pour demander réparation desdits affronts... Sa Majesté Très-Chrétienne me répondit qu'Elle écrirait pour cela au roi son frère ; à quoi je repartis hardiment que de telles indignités ne se réparaient pas par des écritures ; et tant qu'il resterait un pied d'épée au roi mon maître, il ne les souffrirait pas... »

— Et que fera-t-il ? demande le roi.

— Il viendra à la tête de trente mille hommes, reprit d'Aubigné, demander une satisfaction proportionnée à l'offense qu'il a reçue.

***

En attendant que l'affaire soit résolue et que son époux puisse alors la recevoir, Marguerite s'est réfugiée à Agen. Elle y demeurera plus de sept mois, tandis que le roi de Navarre commence sa liaison avec la belle comtesse de Gramont, la fameuse Corisande dont l'influence sera bénéfique sur le futur Vert Galant. A son contact, Navarre devient chevaleresque. Il fait semblant de croire Henri III lorsque celui-ci fait maintenant amende honorable et regrette l'affreuse scène qui s'est déroulée le 7 août 1583 au Louvre, et les si cruelles paroles qu'il a prononcées devant la Cour. Ce qui n'empêche pas le roi de Navarre, en manière de représailles, de s'emparer de Mont-de-Marsan, puis de faire savoir au roi Henri, par l'intermédiaire de M. de Bellièvre, qu'il ne reprendra Marguerite — « barbouillée » lors de la scène du Louvre — qu'à la condition de voir s'éloigner les garnisons catholiques des villes entourant et menaçant Nérac — telle la cité de Bazas.

En somme, les injures proférées par Henri III à l'encontre de sa sœur vont servir de monnaie d'échange au Béarnais, qui adresse à Margot « force et honnêtes paroles ».

« Quand nous nous rassemblerons, lui écrit-il, que ce soit de plein gré. » Et il l'assure, en l'appelant « ma mie », qu'il ne croit en rien les calomnies dont elle a été l'objet : « Sans elles, affirme-t-il, nous aurions le plaisir d'être ensemble à cette heure. »

De son côté, Marguerite tente d'émouvoir son frère par l'intermédiaire de leur mère : « Puisqu'il ne m'a plus aimée par le mérite de mon service, et de ma très humble affection, j'espère qu'alors que je suis accablée de tant de maux et d'ennuis, il m'aimera par pitié... »

De la « pitié » ? Henri III n'en ressent aucune, mais le marchandage ne s'en éternise pas moins entre les deux rois : le Béarnais ne recevra sa femme que si les garnisons catholiques de Comdon et de Mont-de-Marsan sont retirées, et il conclut :

— Je ne suis pas un homme à me laisser mener à coups de bâton !

Chapitre XIII
La rebelle

« Mon fléau en ce monde. »
CATHERINE DE MÉDICIS.

« L'ignominie que cette misérable nous a faite. »
HENRI III.

Les retrouvailles entre les époux terribles se feront seulement le 13 avril 1584. Marguerite arrive la première à Port-Sainte-Marie, entre Agen et Tonneins, et attend son mari dans une chambre située au premier étage d'une maison de la petite ville. Foin de galanterie! Henri se présente en retard et sans se presser, monte embrasser sa femme. Après une heure d'entretien, le roi et la reine traversent la Garonne et, par Lavardac, prennent le chemin de Nérac. Marguerite est étendue dans sa litière et le roi l'escorte à cheval. Un témoin, Michel de La Huguerye, le rapporte : « Le roi et la reine, sa femme, arrivèrent à Nérac et furent tous deux seuls, se promenant en la galerie du château jusqu'au soir, où je vis cette princesse fondre en larmes incessamment. De telle sorte que, quand ils furent à table, où je les voulus voir — c'était fort tard à la chandelle — je ne vis jamais visage plus lavé de larmes, les yeux plus rougis de pleurs. Et elle me fit cette princesse grande pitié. La voyant assise près du roi son mari, qui se faisait entretenir de je ne sais quels discours vains par des gentilshommes qui étaient à lentour de lui, sans que ni lui, ni nul autre quelconque parlât à cette princesse, qui me fit bien juger ce que M. du Pin m'avait dit, que c'était par force qu'il l'avait reçue. Et soudain, ils furent levés de table, je me retirai sans que le roi m'eût vu, prévoyant que cette réconciliation là ne durerait guère... »

Puis, la petite cour aux aguets voit encore le roi et la reine se promener, lentement cette fois, le long de la rivière. Les reproches font de nouveau pleurer Margot. Elle regagne le château, le visage défait et les yeux toujours « noyés de pleurs ». Le pardon obtenu, Marguerite écrit à son frère en lui peignant la satisfaction qu'elle a éprouvée en retrouvant son mari. Selon Pierre de L'Estoile, les relations conjugales reprennent, fort rarement, mais suffisantes, puisque Marguerite part faire une cure aux eaux fécondantes d'Encausse... Mais Henri de Navarre semble ne pas vouloir insister pour obtenir un résultat, car Corisande a mis en garde son « Petiot » — c'est ainsi qu'elle appelait le roi — s'il devait remplir ses devoirs d'époux, de ne pas légitimer un enfant issu de quelque nouvelle toquade de Margot...

Marguerite a beau écrire à sa mère en lui parlant de « l'honneur et la bonne chère » qu'elle a reçus du roi son « mari et ami », Catherine n'est pas dupe. En réalité — et la reine mère le sait bien —, les heures claires sont bien terminées pour sa fille. Champvallon est au loin, elle se trouve brouillée avec le roi de France et à peine tolérée par son mari qui, de plus en plus fréquemment, se refuse, le soir, à venir la « visiter ».

***

Moins de deux mois après son arrivée, une mauvaise nouvelle atteint Nérac : le 11 juin 1584, à Château-Thierry, le duc d'Anjou meurt « d'un gros flux de sang accompagné d'une fièvre lente qui l'avait rendu presque étique ». Margot, la seule peut-être, a beaucoup de chagrin. Son entourage porte le deuil et elle-même fait draper sa chambre de noir.

A Paris, la reine Catherine soupire :

— Vous pensez comme je suis malheureuse de tant vivre et de voir tout mourir devant moi...

La question la plus grave qui se pose maintenant est celle de la succession à la Couronne. Marié depuis neuf années à la douce Louise de Vaudémont, Henri III, malgré les pèlerinages de sa femme et les cures annuelles à Bourbon-Lancy, n'a pas eu d'enfant — et n'en aura sans doute jamais. Anjou disparu, Henri de Navarre est donc sans conteste le futur souverain — du moins s'il survit à son beau-frère. Mais, de religion protestante, peut-il régner sur une France catholique? Pour Henri III, il n'y a pas de problème. En effet, un mois avant la mort du duc d'Anjou, alors qu'il se chauffait le dos à la cheminée, le roi déclarait aux compagnons qui l'entouraient :

— Aujourd'hui, je reconnais le roi de Navarre pour mon seul et unique héritier. C'est un prince bien né. Mon naturel a toujours été de l'aimer, et je sais qu'il m'aime. Il est un peu colère et piquant, mais le fond est bon. Je vous assure que mes humeurs lui plairont et que nous nous accommoderons bien ensemble.

Par sa grand-mère maternelle, Marguerite d'Angoulême, sœur de François Ier, le roi de Navarre se rattache aux Valois. Mais cette filiation par les femmes n'est pas valable. Il ne peut non plus espérer prétendre au trône de France en arguant du fait qu'il a épousé la sœur des trois derniers rois de France. Pour écarter les femmes, non seulement de la Couronne, mais aussi de sa transmission, les légistes du XIVe siècle ont en effet utilisé, en le détournant, l'un des articles de la très ancienne loi salique, un ensemble de coutumes qui remontaient aux Francs Saliens et qui ne visaient en fait que la transmission des biens*. Seule demeure, pour la légitimité du

* Parmi les seize quartiers d'Henri IV, on trouve encore Madeleine de France, fille de Charles VII et sœur de Louis XI.

futur Henri IV, sa filiation en ligne directe, de père en fils, avec le comte de Clermont, sixième fils de Saint Louis, qui mourut en 1317, plus de deux siècles et demi auparavant... Quelle lointaine souche!

Henri III envoie à Nérac son favori, le duc d'Épernon, afin de faire comprendre au roi de Navarre que, s'il veut un jour devenir celui de France, il faut qu'il répudie la religion protestante. Devant le Conseil du roi de Navarre, Épernon est secondé par Roquelaure qui, au nom des catholiques, pose cette question judicieuse :

— Ne vaudrait-il pas mieux ouïr cinq cents messes tous les jours que d'allumer une guerre civile? Si le roi n'est pas catholique de cœur, qu'il le soit au moins de la bouche et à l'extérieur!

C'est là jouer une comédie qui gêne la conscience du protestant Mermet :

— Qu'on punisse d'abord les criminels de la Saint-Barthélemy! réplique-t-il froidement.

— Je souhaite, fait alors remarquer avec logique le chancelier du Ferrier, que le roi de Navarre demeure tel qu'il est. Devenu catholique, il serait abandonné des uns, mal servi des autres, qui ne croiraient pas à sa sincérité.

Une démonstration qui reflète bien les sentiments d'Henri de Navarre, trop intelligent pour ne pas savoir qu'en abjurant il perdrait ses partisans, sans être assuré de rallier à lui les catholiques. Aussi se contente-t-il d'offrir au roi de France l'alliance et l'appui de son parti et charge-t-il Duplessis-Mornay de dire à Henri III que, tout en réservant ses droits, il ne changerait pas « de religion pour toutes les monarchies du monde ».

La situation devient dramatique car la mort du duc d'Anjou a violemment réveillé la Sainte Ligue catholique, alors qu'Henri III essayait vainement d'être le roi de ces deux France qui s'entre-déchiraient depuis le tumulte d'Amboise. Qui succédera à Henri III? C'est alors que Catherine préconise, à contrecœur il est vrai, la candidature d'Henri de Guise, descendant de Charlemagne — comme tout le monde d'ailleurs... — non par les femmes, mais par Charles de Lorraine, le dernier Carolingien.

La reine Marguerite se prend à rêver. Son premier grand amour deviendrait roi de France! Et pourquoi ne coifferait-elle pas elle-même la couronne? Certains envisagent, en effet, la suppression de la loi salique qui permettrait à la dernière des Valois de s'asseoir sur le trône de France. L'Angleterre n'a-t-elle pas à sa tête une souveraine? Et cela ne vaudrait-il pas mieux qu'un huguenot ou un roi que bien des Français considèrent comme un pantin ridicule? Car nombreux sont ceux qui, bien à tort, se moquent d'Henri III et de ses mignons. A la foire Saint-Germain, on contrefaisait les favoris royaux et leurs fraises gigantesques qui donnaient à penser que leur tête eût été posée sur un plat! Et l'on s'exclamait: «A la fraise on connaît le veau!»

Cette question de la succession royale ne s'arrange guère lorsque le cardinal de Bourbon, oncle du Béarnais, publie un manifeste, le 1er avril 1585, affirmant que ce royaume «très chrétien» ne souffrira jamais d'avoir un hérétique à sa tête. Comment les Français pourraient-ils «reconnaître et soutenir la domination d'un prince dérogé de la foi catholique et relapse»?... Alors — problème lancinant — qui régnerait sur la France? Plus tard, le cardinal se proposera bien lui-même pour remplir ce rôle, mais à sa mort le problème se poserait à nouveau!

Secrètement, Marguerite reçoit des émissaires: son désir est de rallier la Sainte Ligue et, par conséquent, le duc de Guise, et de combattre à la fois les deux Henri. N'est-ce pas à son mari et à son frère qu'elle doit tous ses malheurs? Elle est au surplus exaspérée par la présence de Corisande, dont la forte personnalité influence trop, selon elle, les décisions prises par son mari. Elle commence à haïr le Béarnais. La réconciliation du mois d'avril 1584 entre les époux terribles n'est plus qu'un souvenir! Elle est insultée en public par son frère et trompée ostensiblement par celui qui lui a été imposé pour conjoint. Certes, elle l'avait trompé tout aussi publiquement, mais comme pour bien des amants, selon l'intérêt du moment, l'inconscience et l'oubli mènent la danse!...

La prise d'armes de la Sainte Ligue est ordonnée contre les calvinistes par le duc de Guise. Au mois de mars 1585, Marguerite affirme qu'elle n'est pas en sûreté à Nérac. Au surplus, son mari vient d'être excommunié par Rome. Aussi, brusquement, décide-t-elle de quitter Nérac et son époux afin de gagner Agen, qui fait partie de son apanage.

La voici devenue une rebelle! Et elle n'a encore que trente-deux ans!

***

La comtesse d'Agen — tel est maintenant son titre — fait dans sa bonne ville une entrée bien modeste. Elle n'a à ses côtés que deux ou trois dames dans son carrosse et guère plus de cavaliers entourent seulement son équipage. Elle retrouve son logement de la rue de l'Ave-Maria * dans la maison de Pierre de Combefort, un hôtel coiffé par un pignon aigu et flanqué de tourelles.

Sa cour quitte à son tour Nérac et s'en vient la rejoindre. De même s'installent à Agen de nombreux gentilshommes catholiques de la région. La reine demeurera dans sa petite capitale un peu plus de quatre mois, fort bien vue d'abord par les habitants, qui sont tous de bons catholiques et par conséquent ennemis de l'hérétique Henri de Navarre. Marguerite se fait aimer d'eux, assiste chaque jour à la messe. A la sortie de l'église, elle ouvre généreusement sa bourse. Sa cour dépense sans compter et les boutiquiers connaissent une prospérité inattendue. Par bravade vis-à-vis de son frère, elle prend Mme de Duras comme dame d'honneur.

Margot exige les clés de la ville et de sa citadelle, abolit

* Aujourd'hui rue des Colonels-Lacue. L'hôtel a été détruit en 1857.

les franchises municipales et transforme sa capitale en place forte. Elle se déclare ouvertement membre de la Sainte Ligue catholique, ne considère plus son mari comme un roi et l'appelle dédaigneusement « le prince de Béarn ». Elle-même rejette son titre de reine de Navarre et signe ses ordres *Marguerite de France*. Elle multiplie les entretiens secrets avec le duc de Guise, la Ligue et Philippe II d'Espagne. La « comtesse d'Agen » lève douze cents hommes et Robert de Lignerac, bailli des montagnards d'Auvergne, lui amène un petit corps de cavalerie originaire du Quercy.

Marguerite apprend que le maréchal de Matignon, lieutenant général du roi de France en Guyenne, se dispose à l'attaquer. M. de Lignerac reçoit le commandement des hommes d'armes d'Agen et prend comme adjoint le comte de Duras, le mari de la « vermine très pernicieuse ». Ils opèrent tous deux des opérations contre les cités voisines tenues par les troupes du roi de Navarre... car les époux se font maintenant la guerre!

Tonneins a d'abord été occupé et Marguerite y laisse une garnison qu'Henri de Navarre, après avoir investi la ville, « taille en pièces ». Il en est de même à Villeneuve. Certains affirment que Marguerite se trouvait présente à Tonneins... mais d'autres assurent que la reine « guerroya fort peu par elle-même ». Quoi qu'il en soit, la reine mère Catherine est épouvantée par la conduite séditieuse de sa fille : « Je vois que Dieu m'a laissé cette créature pour la punition de mes péchés, aux afflictions que tous les jours elle me donne. C'est mon fléau en ce monde... »

Mais faire la guerre coûte fort cher. Le duc de Guise avait bien demandé au roi d'Espagne, pour son ancienne maîtresse — devenue son alliée — une aide de cinquante mille écus, mais rien n'est encore venu d'outre-Pyrénées. Alors la « comtesse de l'Agenais » réquisitionne, exproprie et pille les maisons des huguenots. Cela ne suffit évidemment pas à ses besoins. Marguerite remédie à la pénurie du comté en créant de nouveaux impôts. Les mercenaires de la garnison sont fort mal payés. Ils se rassemblent en de véritables hordes qui ravagent la province et font toutes les « insolences » possibles. Trois soldats violent une femme sous les yeux de son mari. Cette fois, la « comtesse » ordonne de faire un exemple : on décapite les trois soudards et leurs têtes sont exposées à la Porte du Pin. Mais le mécontentement est général. La révolte gronde. Pour tout arranger, la disette règne — et l'on se met à couper les blés encore verts. Pour achever le tableau, la peste fait son apparition. A Agen, l'on déplore la mort de quinze à dix-huit cents victimes... Le fléau se propage, en dépit des nombreuses prières, pèlerinages et la célébration de messes solennelles.

Coup de théâtre!

Henri III se trouve dans l'obligation de conclure la paix avec la Ligue qui avait déjà occupé plusieurs villes royales. C'est la paix de Nemours annoncée à son de trompe dans les rues d'Agen, le 23 juillet 1585. Marguerite ne peut faire moins que d'assister, bien à contrecœur, à un *Te Deum*.

La paix de Nemours ne résout nullement la guerre entre le roi et la reine de Navarre. Celle-ci n'est pas le moins du monde abattue par l'adversité. Elle a deux rois contre elle — son frère et son mari — mais elle ne se décourage pas pour autant!

Le conflit se poursuit.

Le mécontentement des Agenais est prêt à se muer en véritable haine envers leur comtesse! D'autant plus que Margot se dispose à fortifier Agen encore davantage. Elle décide d'élever des défenses et d'isoler par des fossés la citadelle. Pour obtenir la création d'un champ de tir, on abattra tout un quartier de la ville! Une cinquantaine de maisons sont détruites et la reine est incapable d'indemniser les propriétaires qui ont reçu l'ordre de transformer eux-mêmes leur habitation en un monceau de pierres... matériaux dont les autres Agenais s'emparent sans vergogne!

Et ce n'est pas tout!

Point payés, de nombreux soldats désertent. Les habitants commencent à se soulever contre leur comtesse, mais se rebeller contre une fille de France, sœur et femme de rois, est là une attitude qui mérite réflexion. Aussi, auparavant, les Agenais prennent-ils la précaution d'envoyer — en cachette, bien sûr, de Margot — des émissaires au maréchal de Matignon. Celui-ci les reçoit d'autant plus volontiers qu'il est en train de s'entendre avec Henri de Navarre afin d'amener l'épouse de ce dernier à la raison... C'est-à-dire en s'emparant de sa personne.

On peut encore lire aux Archives municipales le pouvoir donné aux Agenais afin de délivrer leur ville, et de ne plus obéir à leur comtesse. Les termes en sont précis : « Suivant commandement à nous fait par Sa Majesté [Henri III], nous donnons pouvoir et puissance de remettre la ville en sa première liberté et obéissance dudit seigneur ; prendre et saisir les forts d'icelle, chasser et expédier par force, et avec les armes si besoin est, les capitaines, soldats et autres gens de guerre qui y sont, et nous est donné entrée pour la tenir en obéissance de Sa Majesté. »

Non sans ironie, le maréchal fort « dextrément » ajoute ces lignes au pouvoir : « Le tout portant tout honneur, respect et avec le très humble service qui y est dû à la reine de Navarre, ses dames et filles... »

Puisque les Agenais sont bien soutenus par le roi, l'insurrection est fixée au 2 octobre 1585. Les notables, parmi lesquels siègent les anciens consuls, essayent de s'emparer de la Porte du Pin, que le roi de Navarre avait déjà transformée en une vraie forteresse. Les troupes de la reine exécutent une contre-attaque. Ils sont sur le point de reprendre l'ouvrage fortifié, mais, suivant l'exemple des notables, le peuple se soulève à son tour. Tous courent vers le couvent des Jacobins où sont entreposées des armes, ainsi qu'une copieuse réserve de poudre. Un soldat du roi de Navarre, mêlé aux Agenais, parvient à pénétrer dans la poudrière et y met le feu. Il s'ensuit une formidable explosion qui fait sauter la majeure partie du couvent. Le noviciat est touché, tuant quelques novices, deux pères, une soixantaine de bourgeois... et, justice immanente, l'incendiaire lui-même.

Maintenant la bataille fait rage et les défenseurs de la reine de Navarre sont vite débordés. La tuerie commence. Les Agenais se battent avec d'autant plus d'ardeur qu'on leur annonce la proche arrivée des troupes du maréchal de Matignon. Marguerite multiplie les ordres, s'affole et une irrésolution inhabituelle s'empare d'elle. Les assaillants encerclent presque sa demeure et l'on parle de jeter la comtesse « par-dessus les murailles ».

Il faut fuir !

Margot appelle auprès d'elle le capitaine d'Aubiac, frère d'une de ses filles d'honneur. Il est beau et audacieux, nous affirme l'ambassadeur toscan Cavrilac. D'autres — des jaloux peut-être — affirment qu'Aubiac, toujours entre deux vins, était un rouquin au nez rouge et au visage couvert de taches de rousseur. En un mot, dit-on, « tavelé comme une truite ». Marguerite n'ignore sans doute pas que l'écuyer Aubiac est amoureux d'elle et qu'il a déclaré un jour :

— Je voudrais passer une nuit avec elle, à peine d'être pendu quelque temps après.

Marguerite lui demande de trouver un cheval et de la prendre en croupe — on disait *en trousse*. Ivre de joie, Aubiac obéit et, quelques minutes plus tard, ils galopent vers Carlat situé à une quarantaine de lieues.

Les filles d'honneur de la reine ont été obligées de partir en hâte sans masque, à moitié vêtues. « On les eût prises plutôt pour des Égyptiennes, nous dit un témoin, que pour les filles d'honneur d'une grande reine. » Quelle cavalcade! Mme de Duras, également en croupe d'un écuyer, plus quatre-vingts gentilshommes et cinq cents cavaliers fidèles à Margot se sont engouffrés à leur tour par la Porte Neuve et suivent les fugitifs. Après une longue et dure chevauchée, « la cuisse tout écorchée », Marguerite couche ce soir-là au château de Brassac. Le lendemain, partant pour Saint-Projet en Rouergue, elle emprunte sans doute une monture et abandonne la croupe du cheval d'Aubiac.

Le samedi 28 octobre 1585, on retrouve la reine à Bournasel, qu'elle quitte pour aller coucher à Entraygues sur les rives du Lot. Le lendemain dimanche, à la frontière de l'Auvergne *, le frère de Lignerac — Mazé — la salue à la tête de quatre cents hommes de guerre. Après avoir écouté la messe à l'abbaye de Montsaluy, elle repart pour faire son entrée, le lendemain, à Carlat, ancienne capitale du Carladès. La place forte, située à l'est d'Aurillac, est bâtie sur un haut rocher de basalte noir. C'est un bourg ceinturé de murailles crénelées et le château, bien remparé, est flanqué de grosses tours **. Fort heureusement, une source jaillit au pied du donjon. Au moins on ne mourra pas de soif... Trois cents mètres plus bas, deux rivières, l'Embenes et la Rastheime coulent dans la vallée et l'hiver deviennent torrents.

De même que Murat, Carlat fait partie de l'apanage de la comtesse d'Agen. Marguerite est meurtrie par cette dure et interminable chevauchée de six jours menée à travers les sauvages monts d'Auvergne. Sa blessure à la cuisse la fait cruellement souffrir. La fièvre monte... et elle est si mal saignée qu'elle fait donner les étrivières à son chirurgien barbier, qui s'est montré par trop maladroit au cours de l'opération. En revanche, elle récompense Aubiac qui l'a menée à bon port en exauçant le souhait qu'il avait formulé — mais le rouquin ne sera pas pendu pour autant !

Ce sera pour plus tard !

C'est en souveraine que Margot a été reçue par les habitants du gros bourg de Carlat. Elle s'installe au palais de Bridoré, une vaste forteresse féodale, qui n'est dorée que de nom et qui avait servi de résidence aux comtes d'Armagnac. Les meubles et même les vitrages ont

* Aujourd'hui aux confins du Cantal et de l'Aveyron, non loin des gorges du Lot.

** Henri IV fera raser la forteresse en 1605.

disparu, une demeure qui « sent plus la tanière du larron que celle d'une reine ». Son lit de parade, auquel elle tient tant, son linge, ses robes, ses coffres sont restés à Agen. Matignon, qui occupe la ville, organise avec galanterie le transfert et, durant dix jours, vingt-six chevaux de bât feront la navette pour transporter jusqu'à Carlat les affaires de la reine. Il faut payer le transport et l'argent — mal endémique — lui fait défaut plus que jamais. Lignerac, en vrai ruffian paillard, s'est remboursé de ses frais de route en grappillant ce qu'il y avait en caisse. Marguerite envoie alors ses bijoux, or et perles, chez un banquier florentin. Celui-ci, dans ses transactions, se montre encore plus filou que Lignerac.

Les vivres manquent désespérément. Marguerite en discute avec son cuisinier qui se lamente — c'est ainsi que celui-ci, selon le *Divorce satyrique*, serait devenu son amant « pour ne chômer point ». Mais, décidément, Margot préfère Aubiac « comme le mieux peigné de ses domestiques ». Elle l'élève du service des Écuries à celui de la Chambre et « s'en fit tellement piquer, dit-on, que son ventre heureux d'une telle rencontre en devint rond et enflé comme un ballon »... L'enfant aurait été abandonné et mis en nourrice dans un village voisin, mais il régnait un froid intense pendant le voyage, et le nouveau-né ayant été « mal emmailloté, perdit l'ouïe et la parole ».

Mais la cave du Bridoré, elle aussi, est vide... Aussi la reine demande-t-elle à son mari de lui faire parvenir cinq cents tonneaux de vin, sans que ceux-ci soient frappés de la taxe habituelle. Le Béarnais, stupéfait par l'inconscience de celle qui le combat encore les armes à la main, refuse. Il annonce la nouvelle à Corisande, lui rapportant qu'il a reçu la visite « d'un homme de la part de la dame au chameau ». Marguerite avait grossi particulièrement de la poitrine qui demeurait peut-être encore d'une fermeté de bon aloi, mais évoquait un peu les bosses d'un chameau. Tout crûment, il précise : « Ce serait déclarer ivrognesse en parchemin. Je lui ai refusé. C'est être gargouille à outrance. »

L'hiver enserre le sombre Bridoré. La froidure est cruelle, malgré les vitres que la reine a fait poser aux fenêtres. De noirs nuages chargés de neige, poussés par les rafales de vent, passent au-dessus de ce paysage désolé. Marguerite a beau vivre auprès d'une cheminée où brûlent des troncs d'arbres, elle parvient si mal à se réchauffer qu'au mois de février 1586 elle tombe malade. Des médecins venus d'Aurillac, de Murat et de Villefranche-en-Rouergue la soignent.

Après deux mois de lit, pour sa convalescence, elle décide de visiter les environs de Carlat. Vic lui offre même une fête campagnarde. Elle se plonge surtout dans un bain de jouvence en prenant un amant de seize ans. C'est le jeune et tendre Silvio, fils de son apothicaire, qui remplaçait son père... Le capitaine d'Aubiac se résigne, semble-t-il, mais il n'en est pas de même du jaloux Lignerac qui, un matin, apprenant que la reine roucoule avec Silvio, entre dans la chambre royale et découvre en effet les amoureux tendrement enlacés dans leur nid. Il dégaine son poignard et, sans la moindre hésitation, le plonge dans la poitrine du jeune amant de Marguerite. Voici la reine couverte du sang de son partenaire.

Margot, après avoir pleuré son beau Silvio, se console de sa perte dans les bras d'Aubiac, qui s'exclame : « Ah! l'admirable créature! »

Lignerac, toujours aussi jaloux, menace de jeter Aubiac par-dessus les hauts remparts de Carlat. En compagnie de son frère, le commandant de la place Marzé, le soudard poursuit ses menaces. Il ose pénétrer chez la reine, ne se découvre même pas et, presque menaçant, garde sa main sur le pommeau de son épée :

— Il faut que d'Aubiac saute le rocher, annonce-t-il implacable.

Margot intervient courageusement et son amant a — provisoirement — la vie sauve.

***

Le 11 octobre 1586, près d'une année après l'arrivée de Marguerite à Bridoré, le duc de Joyeuse occupe les frontières de l'Auvergne. Il a reçu des ordres précis d'Henri III de s'emparer de la rebelle; aussi Margot décide-t-elle de quitter Carlat en cachette de Marzé et demande au seigneur de Châteauneuf, Amblard d'Escorailles, de se porter à sa rencontre. Comment la reine s'enfuira-t-elle? D'abord de nuit et en croupe, derrière Aubiac — elle en a l'habitude. Ensuite, en charrette à bœufs.

C'est en cet équipage qu'elle fait son entrée au village de Colombe, suivie de ses dames et filles d'honneur — et d'Aubiac, bien sûr. Lignerac n'a pas osé la poursuivre et s'est contenté de réclamer encore les sommes qui lui sont dues.

Après avoir suivi la vallée du Céré et côtoyé le Plomb du Cantal, Marguerite, par d'affreux chemins montagneux de la Haute-Auvergne, arrive à Murat dont elle est également vicomtesse. De là, par le château du comte de Randan, et par le village de Besse, elle évite les faubourgs d'Issoire, occupés par les troupes royales, et atteint le bac de Pertus où devait l'attendre Châteauneuf. Il n'est point là. On traverse l'Allier à gué, en pleine nuit, à la lueur des torches et la reine manque de se noyer dans la rivière.

Enfin, le 16 octobre 1586, Marguerite, trempée et morte de fatigue, arrive au château d'Ibois, qui appartient à Catherine de Médicis. Marguerite avait écrit à sa mère : « dans le malheur où elle se trouvait réduite », la suppliant d'« avoir pitié de sa très longue misère », en l'autorisant à demeurer à Ibois, « tenant ce bien de vous, Madame... ». Sans attendre la réponse, Margot s'installe dans le château qui ne contient d'ailleurs pas la moindre provision. En cette triste soirée du 16 octobre, Margot soupe de lard, de fèves et de noix.

Ce n'est pas le seigneur de Châteauneuf qui se porte à sa rencontre le lendemain à Ibois, mais Jean de Beaufort, marquis de Canillac, ancien gouverneur de la Haute-Auvergne et au service maintenant du duc de Joyeuse, favori d'Henri III. Battant le pays, il a reçu l'ordre du roi, apprenant le départ de sa sœur de Carlat, d'arrêter la reine de Navarre.

Margot se réveille en sursaut en apprenant que de nombreux cavaliers entourent sa demeure. Impossible de fuir, et la voici prisonnière !

La reine veut d'abord résister, puis se résigne et écrit à M. de Sarlan en lui demandant de prévenir la reine Catherine de son état, « et de la cruauté de ses malheurs ». Elle poursuit en ces termes : « Je désire au moins, avant ma mort, avoir ce contentement que la reine ma mère sache que j'ai eu assez de courage pour ne pas tomber vive entre les mains de mes ennemis, vous protestant que je n'en manquerai jamais. Assurez-lui que la première nouvelle qu'elle aura de moi sera ma mort. Sous son commandement, je m'étais sauvée chez elle, et, au lieu de bon traitement que je m'y promettais, je n'y ai trouvé que honteuses ruines... »

Elle reçoit Canillac et lui lance fièrement :

— Marquis, tu penses avoir fait un grand coup de m'avoir prise. C'est une chose de peu de conséquence pour toi et encore moins pour moi. Le duc de Joyeuse, plus habile, a bien su reconnaître le peu d'honneur et de mérite qu'il y avait à cette commission. Voilà pourquoi il t'en a chargé !

Canillac se défend comme il peut : il a obéi à un ordre exprès du roi, et un commandement concernant également la prise du capitaine d'Aubiac, réfugié à Saint-Cirq. La reine devine le danger que court son cher écuyer. Elle le fait raser de près, le déguise en femme et le dissimule dans un placard, une manière de réduit placé entre deux murailles... où Canillac le découvre et l'arrête. Il expédie ensuite M. de Montmorin à Catherine et au roi Henri III, leur annonçant sa double capture et leur demandant leurs instructions. Catherine qui n'a nullement les entrailles d'une mère, supplie son fils de sévir. Elle tombe bien : le roi vient de recevoir copie des instructions que sa sœur envoyait au duc de Guise. Que contenaient-elles ? On ne sait, mais, à coup sûr, des directives données par la reine de Navarre à son ancien amant concernant la Ligue et l'éventuelle prise de pouvoir par les Lorrains, ainsi que la mise à l'écart du roi de Navarre. Il faut, ajoute Catherine, que Henri III sévisse « sans perdre une seule heure, autrement elle (Margot) nous fera encore autre honte ».

Il est inutile de pousser le roi vers la violence. Sa colère contre sa sœur est terrible et, sans la moindre pitié, il ordonne: « Qu'on la mette au château d'Usson. Que de cette heure on arrête ses terres ou ses pensions, tant pour rembourser le marquis pour sa garde. Quant à ses femmes, que le marquis les chasse incontinent et qu'il lui donne quelque honnête demoiselle et femme de chambre, en attendant que la reine, ma bonne mère, lui en ordonne de telles qu'elle avisera. Que surtout il prenne bien garde à elle. La reine ma mère m'enjoint de faire pendre cet Aubiac et que ce soit en la présence de cette misérable en la cour du château d'Usson. »

Une seconde lettre du roi n'apporte aucun adoucissement à la sévérité de l'ordre. Bien au contraire : « Quant à Aubiac, quoiqu'il ait mérité la mort, il serait bon que quelques juges fissent son procès afin que nous eussions toujours par-devant nous ce qui peut servir à réprimer son audace, car elle [Marguerite] ne sera toujours que trop superbe et maligne. » Sa fureur concernant sa sœur n'a plus de borne : « Plus je vais en avant, et plus je ressens et reconnais l'ignominie que cette misérable nous a faite... »

On conduit le malheureux amant de Marguerite à Aigueperse, au sud de Gannat. Que lui reproche-t-on ? D'avoir enlevé la reine en croupe ? Et d'avoir organisé en quelque sorte sa fuite ? Mais Marguerite ne le lui avait-elle pas demandé ? D'avoir méconnu l'autorité du commandant Marzé, le frère de Lignerac ? Plutôt d'avoir trempé dans l'un des complots noués avec le duc de Guise et avec la Ligue? Toujours à la demande de Marguerite, d'ailleurs...

Le procès est un simulacre et le malheureux seigneur d'Aubiac est condamné à mort par pendaison comme un manant, lui qui était fort bon gentilhomme!

Sur l'échafaud, dressé place Saint-Louis, il embrasse avec passion un manchon de velours bleu, qui avait appartenu à Margot. On le pend par les pieds, et le bourreau le jette dans une tombe hâtivement creusée au pied même de la potence, alors qu'il respirait encore...

Marguerite, le 21 octobre 1586, a d'abord été conduite à Saint-Amand-Tallende, puis au château de Saint-Saturnin, enfin, le 13 novembre, sur l'ordre d'Henri III, on l'enferme entre Brioude et Saint-Étienne, dans l'inaccessible château d'Usson, au cœur du sauvage Forez.

Chapitre XIV

« Qu'on la mette au château d'Usson ! »

« C'est une dangereuse bête. »

HENRI IV.

Marguerite est anéantie.

A ses yeux se présente l'image terrifiante de la porte de l'Auvergne : Usson-la-formidable, ceinte d'une couronne de montagnes. Après avoir traversé un bourg gardé lui aussi par de lourdes portes et des murailles épaisses, se dresse devant elle un roc autour duquel « s'enroulent » véritablement trois villes l'une sur l'autre « en forme de bonnet de pape ». Un château « comme posé en l'air », au-dessus de ses trois enceintes ceinturées de barbacanes, de vingt tours crénelées et coiffé d'un donjon majestueux. Çà et là, des portes en ogive ne laissant qu'une étroite ouverture resserrée entre deux bastions. Les murs sont percés de meurtrières « taillées en trèfle » et entourés de mâchicoulis, de parapets saillants, de tourelles surmontées de « toits aigus comme des lames de cimeterre » et comme il se doit, les girouettes grincent...

Ce puissant château appartenant au comte d'Auvergne a été édifié tout au début du XIIe siècle sur le sommet escarpé d'une colline volcanique, à l'altitude de 639 mètres, un vrai rocher dominant l'Eau-Mère. Les

Anglais s'étaient emparés de la place par surprise en 1371, mais Du Guesclin, après un premier essai malheureux, était parvenu à la reconquérir.

C'est là, dans ce nid d'aigle où, disait-on, seul le soleil pouvait entrer de force, c'est dans cette citadelle fortifiée par Louis XI que Marguerite devait vivre durant près de dix-neuf années, prisonnière à la fois de son frère et de sa mère, puis de son mari. De plus, elle est honnie par ce dernier qui déclare solennellement :

— Je n'attends que l'heure d'ouïr dire que l'on aura envoyé étrangler la feue reine de Navarre... C'est une dangereuse bête qu'une mauvaise femme!

Mais la «dangereuse bête» se ressaisit. Elle n'a que trente-quatre ans et tout d'abord transformera en amoureux soupirant son geôlier, le gouverneur du nid d'aigle, autrement dit le marquis de Canillac, un homme de petite taille, rabougri, disait-on, et vieilli avant l'âge.

«Le pauvre homme! s'exclame Brantôme, que pensait-il faire? Vouloir tenir prisonnière, sujette et captive en sa prison celle qui, de ses yeux et de son beau visage, peut assujettir en ses liens et chaînes tout le reste du monde comme un forçat! Le voilà donc, ce marquis, ravi, épris de cette beauté...»

En effet, Canillac admire l'ivoire des bras de Margot et apprécie ses charmes qui, au goût de certains, commencent à être un peu trop généreux, mais il aime les femmes grassouillettes, et puis elle est reine, et sœur de rois! Le vaniteux pense aussi à ses intérêts et se fait donner par sa prisonnière une maison à Paris — l'hôtel de Navarre — ainsi qu'une terre fournissant une rente copieuse et située dans son duché de Valois. Cadeaux, précise Marguerite, «de la perpétuelle souvenance que voulons avoir des bons offices qu'avons reçus de lui...». A sa demande, Margot signe les donations qu'elle adresse au président du Parlement Hennequin, en lui faisant savoir en sous-main qu'il se garde bien, en dépit des «bons offices», d'enregistrer la dotation, afin de tirer l'affaire en longueur...

Le marquis de Canillac, nous explique Agrippa d'Aubigné, «se laisse piper aux artifices de sa prisonnière, oubliant son devoir et faisant tout ce qu'il pouvait prétendre pour se rendre amoureux de cette amoureuse». Ayant appris que la reine de Navarre avait souffert des effluves par trop alliacés de son mari, et de son manque de soins, Canillac fait preuve de coquetterie, «devenant en peu de temps, d'aussi mal propre que ce pouvait être, oint et poli comme un beau petit amoureux de village». Margot surnomme son amant le chevalier de la Belle-Fleur... — et la garnison cesse bientôt d'être une garde pour passer désormais à ses ordres. D'ailleurs la citadelle d'Usson ne fait-elle pas partie de son apanage?

Le marquis venu à sa merci, Marguerite fait ensuite la conquête de Mme de Canillac. Il faut qu'elle s'en fasse une alliée!

— Vous êtes faite pour la Cour, lui affirme-t-elle le plus sérieusement du monde, votre place y est marquée.

La marquise se rengorge et la croit, bien sûr... Marguerite lui offre des robes, des bijoux et la nomme sa dame d'honneur. Le couple devient prisonnier de sa prisonnière, d'autant plus que le marquis sent que l'autorité d'Henri III est de plus en plus chancelante. Pourquoi ne pas «vendre» plutôt la reine à la Ligue? Et Canillac entre en contact avec le duc de Guise pour lui offrir ses services et affirmer qu'il ne désire pas «courir d'autre fortune que la sienne».

Les intrigues redoublent autour de Marguerite, qui devient une nouvelle fois un pion sur l'échiquier royal. Pour des raisons politiques, Catherine de Médicis et son fils forment maintenant le projet de faire prononcer le divorce du roi et de la reine de Navarre, afin de remarier le Béarnais avec la fille du duc de Lorraine. Ainsi que l'affirme un diplomate toscan, le roi Henri et sa mère «ne veulent avoir nul égard aux intérêts de la reine Marguerite dont la conduite scandaleuse ne méritait pas qu'ils la regardassent, l'une comme sa fille, l'autre comme sa sœur».

La pauvre reine de Navarre craint d'ailleurs le poison et, en se mettant à table, fait « essayer » ses mets par une de ses filles d'honneur. Si la malheureuse ne s'écroule pas foudroyée, la reine mange de bon appétit... La menace se précisant, Margot, du moins s'il faut en croire le tendancieux *Divorce satyrique*, écrit sans doute par Agrippa d'Aubigné, alerte le duc de Guise qui paraît tout heureux de tourner casaque, de lâcher son complice Canillac et de se porter au secours de celle qu'il avait failli épouser autrefois. Profitant d'une absence de Canillac, il envoie un groupe d'hommes à Usson. Toujours d'après le *Divorce satyrique*, Marguerite fait volte-face, en un clin d'œil dépouille la marquise de ses beaux joyaux et la « renvoie comme une péteuse avec tous ses gardes et se rend dame et maîtresse de la place. Le marquis se trouve bête et sert de risée au roi de Navarre ».

Il me semble qu'il s'agit là d'un roman trop bien troussé pour être exact, et il paraît plus vraisemblable que le duc de Guise se soit arrangé directement avec le gouverneur d'Usson : « Le traité que j'avais commencé avec le marquis de Canillac m'a heureusement réussi, avouait-il, le 14 février 1588, n'ayant du tout fait entrer en notre partie et par ce moyen assurer la reine de Navarre qui est maintenant en sécurité. » Guise se réjouissait car l'opération devait lui rapporter « une très grande quantité de places et châteaux qui, assurait-il, rendront le pays d'Auvergne très assuré [en mon pouvoir]... ».

Quant au marquis, il sera bien pourvu. Marguerite, « pour témoigner de la perpétuelle souvenance, voulons avoir des bons offices qu'avoir reçus de lui, écrivait la reine, lui abandonnons tous les droits que nous puissions avoir sur le pays d'Auvergne »... Sans parler d'une pension de quarante mille écus, « payable au plus tôt qu'il nous sera possible »... c'est-à-dire jamais.

Henri de Navarre suit les intrigues de Marguerite que, dans une lettre adressée à Corisande, il appelle le diable, et précise qu'elle est « déchaînée ».

***

Le duc de Guise comme le roi Henri avaient tous deux bien d'autres soucis que le sort de Margot. Henri III, toujours pour lutter contre cette maudite Ligue, a refusé au duc l'entrée dans la capitale, mais celui que l'on appelle le «roi de Paris» relève le défi et, le 9 mai 1588, pénètre dans la ville et arrive au Louvre. A peine le Lorrain a-t-il poussé la porte de sa chambre qu'Henri III, les yeux hagards, le visage livide, lui lance :

— Pourquoi êtes-vous venu ?

Toute conversation devient inutile et ne peut aboutir. La réconciliation est vouée à l'échec. Le roi pense d'abord à faire tuer «le rebelle» par les Corses de M. d'Ornano, mais il y renonce, estimant que ce serait alors la ruée populaire sur le Louvre, et préfère lancer l'appel aux armes.

Le jeudi 12 mai 1588, les Parisiens sont réveillés dès l'aube par les fifres et les tambours des suisses. Ceux-ci ont quitté leur cantonnement du faubourg Saint-Denis et défilent dans la ville d'un pas martial de vainqueurs. Les gardes-françaises marchent derrière leurs camarades, les mèches de leurs arquebuses allumées. A la porte Saint-Honoré, le roi accueille lui-même ses troupes et les dirige vers les points stratégiques : les ponts, le cimetière des Innocents, la place de Grève et l'île de la Cité.

On le clame à travers la ville : puisque les troupes royales occupent Paris, le «frère Henri» a décidé de massacrer les chefs de la Ligue ! C'est la Saint-Barthélemy des catholiques qui se prépare ! Le tocsin sonne à tous les clochers et, pour la première fois dans l'histoire de Paris, tous les cinquante pas, les rues étroites sont fermées par des chaînes, des futailles remplies de terre et de fumier, des solives, des pavés et jusqu'à des meubles. Les Parisiens — en cette *Journée des barricades* — découvrent un moyen commode de défense contre l'autorité... et le reprendront fréquemment au cours des siècles suivants.

Toujours ce 12 mai 1588, pressées de tous côtés, les

troupes royales ne peuvent ni avancer, ni reculer, ni se réunir pour agir en masse. En pourpoint blanc, une badine à la main, on voit le Balafré se promener de barricade en barricade. C'est du délire! Aujourd'hui le guisard pourrait tout, mais il n'ose! A la demande de Catherine, il accepte de faire cesser l'émeute. Non sans peine, le duc apaise les Parisiens, « vrais taureaux échauffés », et éprouve le grand plaisir d'humilier le roi en daignant lui accorder la vie de ses suisses et de ses gardes. Les barricades s'entrouvrent sur son ordre et les troupes royales regagnent piteusement le Louvre. Le soir, les bons « barricadeaux » refusent de se coucher.

— Demain, nous irons pendre le frère Henri dans son Louvre!

Mais, vers cinq heures du soir, le roi décide de s'enfuir. Il sort du Louvre par le rez-de-chaussée de la galerie du Bord-de-l'Eau. Puis il feint de se promener dans le jardin des Tuileries. Toujours très calme, il se dirige vers les écuries et donne le signal du départ. Suivi des ministres, des suisses, des gardes-françaises et de sa fidèle garde privée, il galope vers le village de Chaillot. Arrivé au haut de la colline — aujourd'hui la place du Trocadéro —, Henri III se retourne vers la ville et jette l'anathème sur Paris, lui reprochant « sa perfidie et ingratitude contre tant de biens qu'elle a reçus de sa main et jure qu'il ne rentrera que par la brèche ». C'est Henri IV qui y « rentrera »!... Mais Margot n'y fera sa rentrée que bien plus tard encore... dans dix-sept années!

***

A Usson, Marguerite apprend cette nouvelle qui n'arrange guère ses affaires. L'espoir renaît lors de l'annonce de la réunion à Blois des états généraux. Les ligueurs seront assurément en majorité et elle compte bien que le duc de Guise obtiendra sa grâce. Déjà Henri III, au mois de juillet 1588, avait signé avec le Balafré le Pacte d'union pour lequel le roi réitérait sa promesse de bannir du royaume tous les protestants et « de ne faire ni pas ni trêve » avec l'« hérétique » Henri de Navarre.

Le 16 octobre 1588, à Blois, Henri III joue la comédie de la dignité royale... Fragile paravent d'un trône plus fragile encore :

— Je suis votre roi, déclare-t-il aux députés des états, un roi donné par Dieu, et suis seul qui le suis véritablement et légitimement! C'est pourquoi je ne veux être en cette monarchie que ce que je suis.

Assis dans sa chaire aux bras non endossés, le duc de Guise est resté impassible. Mais soudain, il tressaille et change de couleur; Henri III, tout de noir vêtu, et qui a pris place sur son trône, le menace :

— Des grands de mon royaume ont fait des ligues et associations, lance-t-il d'une voix calme et posée. Mais, témoignant de ma bonté accoutumée, je mets sous le pied tout le passé, aussi je déclare dès à présent, pour l'avenir, atteints et convaincus de crime de lèse-majesté ceux de mes sujets qui ne s'en départiront ou y tremperont sans mon aveu.

C'est la comédie de la puissance et du pardon... Comme si le roi pouvait encore menacer ou absoudre!

La séance terminée, les chefs des ligueurs — le cardinal de Lorraine et le duc de Guise à leur tête — parlent haut et ferme, exigent du roi la suppression de la phrase fustigeant « les grands du royaume » ayant « fait des ligues et associations ».

Le roi s'exécute, la mort dans l'âme.

Le 18 octobre, les députés demandent qu'Henri III veuille bien renouveler son serment du Pacte d'union donnant à Guise force et puissance. Et le Valois doit de nouveau s'incliner.

Dès lors se succèdent une série d'abdications. Le roi, qui a besoin d'argent, demande aux députés de voter des subsides, mais ceux-ci se montrent intraitables.

— Je réduirai ma maison au petit pied, supplie

Henri III, des larmes dans la voix. Là où il y avait deux chapons, il n'y en aura plus qu'un. Mais comment voulez-vous que je vive? Me refuser l'argent, c'est me perdre...

Et il reprend, angoissé :

— Nous perdre et l'État avec nous.

— Eh bien, ne soyez plus roi, rétorque un député guisard.

Insulté, Henri III affecte de ne pas entendre. Il feint même de ne prêter aucune attention à la présence de l'escorte toujours plus importante que le Balafré traîne dans son sillage. Mais, dans le tréfonds de lui-même, il a juré de se venger... ou plutôt de sauver son royaume.

Le soir du 17 décembre 1588, au cours d'un souper donné chez les Lorrains, Mme de Montpensier répète à son frère Guise :

— Vous le tiendrez et moi, avec mes ciseaux, je lui taillerai une couronne!

Détrôner «frère Henri» leur paraît tout simple. Le cardinal de Lorraine lève son verre en regardant droit dans les yeux le duc de Guise :

— Je bois à la santé du roi de France.

Au bout de la table, perdu parmi les gentilshommes guisards, se tient l'Italien Venetianelli. Il a affecté de crier plus fort que les autres :

— Vive Henri le Balafré! Vive l'héritier de Charlemagne!

Mais, dès le lendemain matin, il est allé tout raconter à son maître, Henri III. Le roi a blêmi et prend sa décision : s'il ne tue pas le Balafré, la France est perdue!

Les Guise s'inquiètent. Assurément, le fils de la Médicis ne se laissera pas tonsurer aussi facilement que l'imagine Mme de Montpensier! Le Balafré tient à en avoir le cœur net : il demande audience au roi. La scène se déroule dans le jardin du château de Blois. Une bise froide fait tournoyer de rares flocons de neige. Après quelques paroles banales, le Balafré offre au roi sa démission de lieutenant général. Henri III a bien du mal à garder son sang-froid. En une seconde, il voit le gouffre de la guerre civile s'ouvrir de nouveau sous ses pas. Si le Balafré s'en va, il y aura désormais trois France : France huguenote avec Henri de Navarre, France ligueuse avec Henri de Guise, et, entre ces deux partis tout-puissants — parce que fanatisés —, la France royale avec Henri de Valois, le plus désargenté, le plus faible des trois Henri.

Mais le duc de Guise poursuit :

— Sire, pourquoi tairais-je qu'on m'a beaucoup averti ces temps-ci que vous me vouliez du mal?

Il faut ruser. Tout en prenant amicalement le bras du Balafré, le roi arbore un sourire paterne.

— Croyez-vous que j'ai l'âme aussi méchante pour conspirer contre vous? Au contraire, je vous déclare qu'il n'y a personne en mon royaume que j'aime mieux que vous...

Guise le regarde, sceptique. Le Valois sent qu'il faut aller plus loin encore. Avec des larmes dans la voix, il s'écrie :

— Tout ce que je vous dis là, je le dis par grand serment. Je le jure par le corps de Notre-Seigneur, que je vais recevoir tout à l'heure pendant la messe.

Le roi en sera quitte pour aller se confesser! Mais lorsqu'il se retrouve seul dans son cabinet, de rage, il jette à terre son toquet. La colère passée, il se ressaisit :

— Allons, dit-il, le désespoir ne sert à rien quand la prudence peut encore prévenir le danger.

Laugnac, le chef des *Quarante-Cinq* — la fameuse garde privée du roi contre laquelle peste tant le Balafré —, attend caché derrière une tapisserie. Il apparaît et regarde interrogativement son maître.

— C'est pour après-demain, dit Henri d'une voix étouffée. Oui... le piège est prêt, mais le ressort est si fort qu'il faudra nous mettre à plusieurs pour le tendre.

Et le surlendemain, 23 décembre 1588, alors qu'un jour gris et brumeux commence à se lever, les Quarante-Cinq se jettent sur le duc de Guise que le roi a appelé dans son cabinet, avant la réunion du Conseil.

C'est une véritable boucherie!

Tous frappent sans relâche, mais Guise ne tombe pas. Tel un animal blessé, traînant à sa suite une meute, le Balafré va et vient dans la chambre du roi au Cabinet Vieux, maculant de sang murs et tapisseries. Il est bientôt percé de dix blessures et ne cesse de crier :

— Ah! messieurs, quelle trahison! Messieurs, quelle trahison!

Les assassins s'écartent : le duc s'est arrêté, debout, au milieu de la chambre. Va-t-il s'écrouler? Non, il reste là, titubant, cherchant ses aplombs. Les bras tendus, les yeux éteints, la bouche ouverte, il s'avance vers Laugnac qui s'appuie à un coffre. Le capitaine des Quarante-Cinq ne se donne même pas la peine de dégainer. Du fourreau de son épée, il repousse violemment le moribond. Le duc recule, perd l'équilibre, cherche un point d'appui, une seconde s'accroche à un saillant de la muraille qu'il marque de son sang, enfin il tombe.

C'est fini!

Celui que Marguerite a tant aimé n'est plus qu'un cadavre dont le corps, après avoir été dépecé, est brûlé et ses cendres jetées dans la Loire avec celles du cardinal de Lorraine, qui avait été, lui aussi, exécuté dans les combles du château de Blois.

***

Le 4 janvier 1589 au soir, la tempête souffle sur Blois avec rage. Le vent s'engouffre dans les vastes cheminées et rabat la fumée des feux dans les chambres. La reine Catherine, la régente Catherine, la mère de la reine Margot, de la reine d'Espagne et de trois rois de France, se meurt. « Elle a une très grande fièvre, écrit ce même jour un ambassadeur et, quoique les médecins l'appellent une fièvre de rhume sans danger, toutefois l'âge avancé de la malade et sa rechute inspirent de grandes craintes. »

Le lendemain, elle rédige son testament, léguant Chenonceaux à la reine Louise. Chacun reçoit son legs. Seuls sa fille, la rebelle, et son gendre, Henri de Navarre, l'hérétique, sont exclus — provisoirement — de la succession. Catherine semble encore vaillante. D'ailleurs elle ne s'inquiète guère. Elle est même très calme. Nostradamus et Ruggieri lui ont tellement prédit qu'elle mourrait «près de Saint-Germain».

Blois en est loin!

Vers une heure — ce 5 janvier — Henri III demande cependant à sa mère de recevoir les derniers sacrements. Un aumônier du roi, qu'elle ne connaît pas, pénètre dans la chambre.

— Comment vous appelez-vous? lui demande Catherine.

— Julien de Saint-Germain, Madame.

— Je suis morte! lance la reine dans un cri.

Une demi-heure plus tard, elle rend l'âme. A son chevet, Henri III égrène son chapelet à têtes de mort... et l'on oublia que Catherine de Médicis avait sauvé la France, en écrivant cette épitaphe :

Elle enfanta trois rois et cinq guerres civiles
Fit bâtir des châteaux et ruiner des villes.

Voyant à Saint-Denis son tombeau, Henri IV dira plus tard en manière d'oraison funèbre : «Qu'elle est bien là!»

***

Marguerite peut encore espérer profiter des hostilités qui opposent le dernier Valois et le premier Bourbon. Ne serait-ce que pour ennuyer le Béarnais, Henri III pourrait faire sortir Margot de son nid d'aigle. Mais les deux Henri vont se réconcilier. «Je vous appelle comme Français, écrit le roi de Navarre au roi de France. Je vous somme que vous ayez pitié de cet État... Nous avons tous assez fait et souffert de mal. Nous avons été durant tant d'années ivres, insensés et furieux. N'est-ce pas assez?... J'appelle à cette heure tous les autres de cet État, qui sont restés spectateurs de nos folies. J'appelle notre noblesse, notre clergé, nos villes, notre peuple; c'est à eux que je parle. Qu'ils considèrent où nous allons entrer, ce que deviendra la France, quelle sera la face de notre État, si ce mal continue?... »

Henri III accepte la main qui lui est si noblement tendue par le mari de Marguerite. Et c'est la scène poignante qui se déroule au bord de la Loire, le dimanche 30 avril 1589, et que nous a contée Pierre de L'Estoile :

« Enfin, s'étant joints, ils s'entre-brassèrent très amoureusement, même avec larmes, principalement le roi de Navarre, des yeux duquel on les voyait tomber grosses comme des pois. »

Marguerite n'en devait pas moins rester dans sa prison... qui, à dire le vrai, n'en était plus guère. D'autant plus que deux jours avant la scène que nous venons de relater, le marquis de Canillac, en combattant pour la Ligue, était mort le 28 avril au siège de Saint-Ouin.

La reine est désormais maîtresse d'Usson et semble s'être résignée à sa solitude, goûtant, assure un témoin, « le contentement et le repos d'esprit », puisqu'elle ne dépend plus aujourd'hui de personne. La chapelle a été remise en état et elle assiste chaque matin à la messe. Elle reçoit à présent les châtelains des environs et une véritable cour l'entoure. On joue la comédie et l'on assiste à des concerts au cours desquels neuf jeunes filles chantent à ravir. Elle aime passer de longues heures à sa toilette et oindre son corps pulpeux d'huile de jasmin. Son amie, la duchesse d'Uzès, dans une lettre adressée à Henri III, décrit la reine comme « étant toujours dans l'eau. Blanche comme lis, elle sent comme baume, se frotte et se refrotte ». Pour finir, Margot soigne sa peau par cent recettes qui, nous dit-elle, lui donnent des *érésypèles* et des *enlevures.*

Elle continue à demeurer fidèle à la mode de ses vingt-cinq ans : long corset de toile ou de rude étoffe, qui moule sa taille et met en valeur sa poitrine. Pour bien placer le corset, la servante tire longuement sur les lacets. Sous la robe, on place un vertugadin, sorte de jupon de gros canevas empesé, élargi à la taille par un bourrelet. Les manches des robes sont toujours énormes, encadrant de longs corsages. En souvenir de sa jeunesse, Margot poudre souvent ses cheveux en bleu, violet ou rose.

Elle tente de rendre moins austère l'intérieur d'Usson en couvrant ses murs de tapisseries et de chatoyantes soieries. Ses revenus ne sont pas trop modestes, grâce à sa belle-sœur, la reine Élisabeth d'Autriche — la veuve de Charles IX — qui lui envoie la moitié de ses pensions. Ce qui permet à la «prisonnière» de bien armer et d'augmenter la garnison d'Usson. Au sommet du donjon, un guetteur surveille en permanence les alentours et, dans les caves, deux années de vivres sont accumulés. Ce sera suffisant, d'autant plus qu'elle ne va plus avoir désormais qu'un seul roi comme ennemi!

A la fin de la première semaine du mois d'août 1589, une terrible nouvelle lui parvient. Le lundi 1er août, à Saint-Cloud, alors que les deux rois font le siège de Paris, tenu par la Ligue, le moine Jacques Clément est introduit dans la chambre d'Henri III. Le roi, tout débraillé, vient de boire une tasse de bouillon et s'est assis sur sa chaise percée, richement ornée et surmontée d'un dais. Le moine se prosterne et prie le roi d'écarter les témoins présents : il annonce avoir une confidence à faire à Sa Majesté. Le grand écuyer Bellegarde s'éloigne de quelques pas. Le frère de Marguerite se penche vers le moine... A cet instant, celui-ci tire un couteau de sa manche et frappe violemment le Valois «d'un coup à plomb», au bas-ventre.

— Ah! le méchant moine, il m'a tué! s'exclame le roi dans un souffle — et en arranchant le couteau de la plaie.

A onze heures, Henri de Navarre accourt de Meudon, une cuirasse protectrice passée sur son pourpoint.

— Mon frère, lui dit le roi en l'embrassant, je meurs

content en vous voyant auprès de moi. La Couronne est vôtre, après que Dieu aura fait sa volonté de moi...

Le roi meurt à trois heures du matin, ce mardi 2 août 1589. La dynastie des Valois a vécu, et Marguerite, reine de Navarre, est légalement reine de France. Mais elle ne règne que sur l'angoissante citadelle d'Usson!

***

Un jeune Agenais — Joseph Scaliger — parle de Marguerite avec enthousiasme : « Elle est libre, sait ce qu'elle veut, a des hommes tant qu'elle en veut... »

Agée de plus de trente-six ans en 1589, elle se sent attirée par la jeunesse. Les petits chanteurs d'Usson doivent fréquemment passer par le lit carré de leur reine avant de prendre le chemin de la chapelle où répète la chorale. Margot préfère cependant vivre de longues heures avec leur professeur, le « mestre chorin », Claude François. Fils d'un chaudronnier du Puy, il possède une fort belle voix, mais a encore d'autres talents... — et Marguerite se prend à l'aimer. La jalousie même la tenaille, car elle craint que son beau chantre n'aille rendre visite dans leurs appartements à ses filles d'honneur. Aussi tient-elle à vérifier par elle-même si son galant ne se cache pas dans leur chambre. Elle fait hausser les lits de ses demoiselles afin de pouvoir se baisser sous la couche « sans s'écorcher les épaules et le fessier en s'y fourrant à quatre pieds toute nue », nous précise le chroniqueur. Quand on sait que Margot commençait à être pourvue de rondeurs qui auraient ravi Rubens, le spectacle ne devait pas manquer de pittoresque! On la verra aussi — toujours tenaillée par la jalousie — « tastonner » les tapisseries, pensant y découvrir son amant, qui s'y serait dissimulé à son approche.

Elle compose pour lui ces vers :

Ah! ces bois, ces prés, ces antres
Offrons les vœux, les pleurs, les sons,

La plume, les yeux, les chansons,
D'un poète, d'un amant, d'un chantre.

L'été, elle commence à trouver quelques charmes à Usson et à son Belvédère d'où l'on découvre la plaine de la Limagne et, au loin, les contreforts du Mont-Dore.

Elle écrit de nombreux poèmes en compagnie d'un poète qu'elle a découvert à Usson, le médiocre Antoine La Pujade. Les vers qu'ils composent ensemble relèvent parfois quelque peu du galimatias.

Il en est tout autrement de ses *Mémoires*, qu'elle qualifie modestement d'« œuvre après-dinée ». Certes, le style traîne de temps en temps en longueur et est quelquefois trop archaïque pour nous et quelque peu confus, mais le texte coloré nous prouve le vrai talent de Marguerite de Valois et nous livre le reflet même de son âme. « C'est une œuvre de distinction et de finesse », remarquait Sainte-Beuve. La reine a fort bien su observer et peindre ses contemporains. L'historien peut y glaner d'innombrables détails sur la vie menée en ce brûlant XVIe siècle, et particulièrement sur l'effarante et sanguinaire cour des Valois.

Mais il n'y a pas que ses *Mémoires*. Commentant les *Secrets moraux* d'un Révérend Père de l'Église, elle termine sa lecture en écrivant à l'auteur :

« Je ne puis supporter le mépris où vous mettez [mon sexe] voulant qu'il soit honoré de l'homme pour son infirmité et sa faiblesse... Infirmité et faiblesse n'engendrent point l'honneur mais le mépris et la pitié. » Elle essaye ensuite de démontrer au révérend père que « la femme ayant été faite après l'homme » doit lui être supérieure puisque, toujours selon Margot, « Dieu procède par tel ordre en ses œuvres qu'il fait les premières les moindres et les dernières les plus excellentes et les plus parfaites... Aussi les plus grandes perfections sont en elle, étant formée comme l'homme des mains de Dieu, mais d'une manière d'autant plus élaborée que la côte de l'homme surpasse la fange en degré d'excellence... ».

Elle poursuit sa démonstration en vantant «l'extérieur» plus délicat de la femme, si on le compare à celui de son compagnon : «Par conséquent, l'âme de la femme sera plus propre à faire de plus belles actions que celle de l'homme faite de fange, matière rude, sale et grossière, qui doit le rendre plus grossier et lourd en toutes ses actions, tant d'esprit que de corps.» Elle semblait donc avoir oublié la stature d'une rare perfection de son cher Champvallon, «le clair soleil de ses yeux»... D'après Marguerite, «le corps de la femme est trop beau, plus délicat et mieux élaboré que celui de l'homme». Bref — et c'est sa conclusion : «L'homme doit honneur et soumission à la femme comme à la mère de son Dieu.»

***

A Usson, l'amour persiste à être le but des pensées de la reine bientôt quadragénaire — et elle compose *Un dialogue d'amour entre Marguerite de Valois et une bête de somme.* Et cette «bête de somme» est assurément l'un de ses jeunes amants d'Usson — sans doute le mestre chorin. S'il faut en croire le début du dialogue, Marguerite reproche à son partenaire ses trop fréquentes absences :

— Vos désirs, vos souhaits, et toutes vos actions ne tendent-elles pas à me plaire? Et ne savez-vous point qu'absente de vous je suis en ténèbres continuelles et en attente perpétuelle que vous me rameniez le jour?

— Je viens quand vous me mandez venir, répond poliment le partenaire.

— Si je n'envoyais un appel vers vous, vous ne viendriez donc point, lui fait observer la reine, et me laisseriez assommer parmi les ennuis. Je vous apprends qu'un vrai amant doit être toujours en impatience, brûlant de désir de voir la chose aimée, et n'attendre point de message, de semonce, ni d'heure comme vous.

— Je suis captif et dépend de vos volontés, lui fait sagement remarquer la «bête de somme».

— Vous appelez donc captive ma prison, au lieu d'un doux paradis de délices?

Assurément, Margot a bien davantage de goût pour la «bête» que celle-ci ne désire sa maîtresse.

— N'ai-je pas de quoi donner de la passion à un honnête homme?

— Vous me semblez la belle Vénus, répond le galant.

— Et vous me semblez mon petit Adonis...

Puis elle évoque leurs plaisirs amoureux :

— Je suis de l'humeur des belettes et des colombes, je prends plaisir, comme elles, à faire l'amour du bec.

— Non, pas toujours! déclare-t-il.

Car la Bête préfère aller droit au but.

— C'est donc pour satisfaire à vos brutaux désirs, lui demande-t-elle, et pour complaire au corps de je ne sais quoi dont il a besoin? Car mon inclination ne tend qu'à ces petites voluptés qui proviennent des yeux et de la parole, qui sont, sans comparaison, d'un goût plus savoureux et de plus de douceur que cet autre plaisir que nous avons de commun avec les bêtes.

— Je prends grand plaisir à faire la bête, avoue-t-il franchement.

Puis à son tour de passer aux reproches : il se sent souvent fatigué :

— Vous ne me donnez pas le loisir de dormir, remarque-t-il.

— Vous le savez bien prendre, constate-t-elle, pour entretenir vos maîtresses à vos heures.

Assurément, la «Bête» aime se battre. A cette époque, les duels ne sont-ils pas monnaie courante?

— Je blâme seulement l'effusion de sang de ceux qui, comme vous, sont gladiateurs à outrance, lui fait remarquer Margot.

C'est elle qui a éduqué la «Bête», et elle le lui rappelle avec brutalité :

— Vous que j'ai élevé de la poussière et limon de la terre; vous que j'ai fait naître en une nuit parmi les grands, ours mal léché, niais, fat, fâcheux, mélancolique, et, bref, pour le dire en un mot, le plus grossier Gascon qui jamais soit sorti de son pays! Apprenez, si vous ne le savez, que je ne saurais, ni ne veux, ni ne puis aimer un sot et un ignorant.

Place maintenant aux disputes d'amoureux. Et Margot multiplie les questions :

— Est-ce que le trop d'amour lie votre langue et occupe vos sens, en façon que ce qu'un autre moins amoureux emploierait à dire, vous l'employez à désirer!

— Voilà la pure vérité, avoue-t-il.

— Je ne croirai rien que sur bons gages, toutefois cette petite rosée qui distille le long de vos joues veut que j'y ajoute quelque foi. Ça, que je ramasse dans ce linge et que j'en asperge l'autel de ma vanité; mais ajoutez aussi qu'il n'y a que ces belles mains qui soient dignes de cette offrande. Voyez-les bien et, quoique je ne les aie décrassées depuis huit jours, gageons qu'elles effacent les vôtres, et que, toutes mal soignées qu'elles sont, elles leur feraient perdre leur lustre.

On est ici quelque peu surpris, car Margot aimait se baigner et se parfumer. La querelle glisse bien joliment vers l'amour-passion qui terminera ce *dialogue* :

— Il faut confesser qu'il n'y a pas grand-peine à vous faire déclarer une bête, avouant que j'ai tort de vous faire parler, puisque vous avez plus de grâces à vous taire. Il faut occuper désormais votre bouche à un autre usage, et en retirer quelque sorte de plaisir... Approchez-vous donc, mon Peton, car vous êtes mieux près que loin. Et puisque vous êtes plus propre à satisfaire au goût qu'à l'ouïe, recherchons d'entre un nombre infini de baisers diversifiés lequel sera le plus savoureux pour le continuer... Oh! qu'ils sont doux et tout maintenant assaisonnés pour mon goût!... Cela me ravit, et n'y a sur moi petite partie qui n'y participe, et où ne furète et n'arrive quelque étincelle de volupté. Mais il en faut mourir; j'en suis tout émue et en rougis jusque dans les cheveux... Eh bien! vous voilà enfin dans votre élément où vous paraissez plus qu'en chaire. Ah! j'en suis hors d'haleine et ne m'en puis ravoir! Et me faut, n'en déplaise à la parole, à la fin avouer que, pour si beau que soit le discours, cet ébattement le surpasse. Et peut-on bien dire, sans se tromper, conclut-elle : rien de si doux, s'il n'était si court.

Rideau.

Claude François sait cependant se montrer fidèle. Ayant cessé de plaire à Margot, il reçoit en récompense la terre de Pomony. Marguerite ne se contente pas de l'anoblir, elle le marie à l'une de ses filles d'honneur, Michelette de Faugière.

Le jeune fils d'un charpentier d'Arles lui succède dans les faveurs de la dévorante Margot : «Ils demeurèrent souvent ensemble enfermés dans un cabinet de sept à huit jours avec les nuits entières, sans se laisser voir qu'à Mme de Chastillon qui, cependant, rongeait son frein à leur porte, et était seule à tenir secret ce que tout le monde savait déjà.»

Lorsque la châtelaine d'Usson se trouve lasse des performances amoureuses de son jeune Provençal, elle lui offre une belle dot et la liaison se termine par un mariage avec une fille du château.

Ensuite? Marguerite fera toujours entrer l'amour dans sa forteresse sous la forme de quelque valet ou laboureur de la région. Brantôme pensait sans doute à elle en écrivant : «Un bon homme de guerre est bon et le fait beau voir à la guerre, mais s'il ne sait rien faire au lit, un bon gros valet vaut bien autant qu'un beau et vaillant gentilhomme lassé.»

La reine Margot est-elle un tant soit peu atteinte de nymphomanie? On peut le penser. Vivre sans désirs et sans amours est pour elle impossible à concevoir. Mieux : cette véritable servitude ne suffit pas à meubler sa vie. Elle trouve un aussi puissant dérivatif à la politique et dans ses lectures. Elle dévore Horace, Ovide, Dante, Pétrarque et Boccace.

Sa correspondance est bien jolie. Glanons quelques

images tracées par sa plume. Lorsqu'elle ne peut plus écrire à Champvallon, leur amour se meurt, et elle soupire : « C'est trop, mon beau cœur, de se voir privée tout d'un coup de la présence de son bien et du moyen de soulager sa passion par l'écriture. C'est étouffer une âme et lui ôter non seulement le moyen de soupirer, mais de respirer, pressant son cœur de tant d'ennuyeuses contraintes... Nos beautés ont engendré nos amours qui en un cercle infini feront leur cour immortelle, comme immortelle est l'essence de leur cause. »

Le 27 décembre 1594, Henri IV échappe à un attentat. Un illuminé, Jean Chatel, lui a donné un coup de poignard à la lèvre et au cou. Marguerite écrit à celui qui est toujours son mari pour lui peindre sa joie « de témoigner à Votre Majesté les appréhensions que j'ai eues de votre mal et la joie que j'ai ressentie de vous savoir échappé d'un si grand danger. Comme il vous a plu, Monseigneur, me tant honorer, de me commander par vos lettres d'avoir soin de ma conservation, vous me permettrez de vous supplier très humblement de n'être, pour l'avenir, si peu soucieux de la vôtre ».

Pour Gabrielle d'Estrées, maîtresse du roi, elle trace ces lignes, le 24 février 1597, sans bien sûr en penser un seul mot : « J'ai pris [tant] de confiance en l'assurance que vous m'avez donnée de m'aimer, que je ne veux prendre autre protecteur en ce que j'aurai à requérir le roi auquel je n'ose user de si longues importunités qui sur du papier l'ennuiera. Mais partant de votre belle bouche, je sais qu'elles ne peuvent être que bien reçues... »

Parlant couramment le latin, elle traduit les poésies de Lucain, le neveu de Sénèque. Mais ce ne sont là que des palliatifs... Devra-t-elle finir ses jours dans ce sinistre nid d'aigle dont elle affirmait n'être plus aujourd'hui que le « concierge », ainsi que l'on appelait alors le « gouverneur » d'un château ?

Chapitre XV

Le divorce de la reine oubliée

Bien souvent Marguerite s'enferme chez elle avec ses livres lorsqu'elle sent que sa vie est menacée. Par sa seule existence n'est-elle pas l'obstacle majeur au remariage du roi de France ? Et elle craint d'être victime d'une tentative d'assassinat. N'a-t-on pas vu, un jour de décembre 1590, ou du mois de janvier 1591, un spadassin de la petite garnison d'Usson entrer chez elle, la viser calmement et lui tirer un coup de pistolet ? Mais la balle s'est heureusement perdue dans les larges plis du vertugadin volumineux affectionné par la reine.

A cette époque — on l'aura constaté — une vie humaine compte si peu, mais ce n'est certes pas le Béarnais qui a soudoyé l'assassin, en dépit du souhait, étant fort en colère, qu'il avait un jour formulé dans une lettre adressée à l'une de ses maîtresses.

La France de ce temps est exsangue, ravagée par les guerres fratricides et les pilleries des hommes d'armes. « Quasi dans toute la France, décrivait Pierre de L'Estoile, les pauvres gens des champs, mourant de faim, allaient par troupes sur la terre couper les épis de blé à demi mûrs et les manger à l'instant pour assouvir leur faim effrénée. Et ce, en dépit des laboureurs et autres auxquels les blés pouvaient appartenir... même les menaçaient, ces pauvres gens, de les manger eux-mêmes s'ils ne leur permettaient de manger les épis de leur blé. »

Pour remédier à cette misère, il faut que la France retrouve la paix... et un roi qui ne soit pas contesté par la moitié de la nation. Si le huguenot Henri de Navarre ne saurait prétendre régner sur une France catholique, il convient qu'il abjure et se remarie d'urgence afin de fonder une dynastie. Tel est l'axiome qui peut résumer la situation. La reine Christine de Suède le dira plus tard : « La couronne est une bien belle fille », aussi, le 23 juillet 1593, Henri IV fait-il « le saut périlleux », selon son expression. Il redevient catholique... pour la troisième fois *.

Il est enfin roi de France.

Un jour que Duplessis-Mornay faisait de la morale à son roi, lui parlant des « dangers qu'il courait dans ses attachements frivoles » :

— Pourquoi ne pense-t-on pas à me marier? lui demanda le roi.

— Certes, à vous marier! Mais il faut d'abord vous démarier.

Aussi Rosny, le futur Sully, commence-t-il par s'adresser à la recluse d'Usson pour lui demander son avis à ce sujet. « Ces suggestions, répond-elle en substance, méritent d'être considérées... » à la condition que l'opération lui soit bénéfique et vienne renflouer ses finances en perpétuel déséquilibre. Elle souhaite avant tout que les entreprises royales réussissent, et met « à un si haut prix les vertus héroïques du roi » qu'elle s'inclinera devant les moyens qui lui seront présentés pour, assure-t-elle, « me faire trouver quelque part en ses bonnes grâces... ». Bref, elle accepte le principe du divorce et compte sur Sully pour mener les choses à bon terme et faire tomber dans son escarcelle une pluie d'écus : « J'en laisse la conduite

* Au total, Henri de Navarre aura changé six fois de religion!

à votre prudence et à votre affection desquelles j'attendrai les effets avec impatience... »

Déjà, les deux conseillers du roi, Sully et Duplessis-Mornay, ont envoyé à Usson, au début de cette même année 1593, le maître de requête Érart — ou Érard. Celui-ci pense obtenir facilement l'accord de Marguerite. La correspondance échangée avec Sully ne le prouve-t-elle pas ? Les rapports entre le roi et la reine ont en effet bien évolué. Marguerite s'était empressée de féliciter son mari lors de son abjuration et de son sacre. Cependant, Érart, arrivé au nid d'aigle d'Usson au mois d'avril, n'en repartira avec une procuration qu'au mois de juillet, après trois mois de discussions, pour ne pas dire de marchandages...

Marguerite est très forte : elle sait pertinemment que Rome n'acceptera d'envisager la dissolution, c'est-à-dire de prononcer la nullité, du mariage royal que si, de son côté, elle la sollicite également : « M. Érart vous communiquera toutes choses », avait écrit la reine à Duplessis-Mornay, mais c'est le roi qui lui répondit : « Dès que j'ai entendu bien au long ce qu'Érart a traité avec vous, ce m'a été un extrême contentement de la résolution que vous avez prise d'apporter au bien de nos affaires tout ce qui dépend de vous... »

Pour Marguerite, la question financière est primordiale : « Quant à ce que m'a dit Érart, poursuivait le roi, au sujet de votre pension et au payement de vos dettes, je vous ferai bayer telle et si sûre expédition et assignation que vous le saurez désirer. »

Érart lui avait en effet proposé deux cent cinquante mille écus pour le remboursement de ses dettes — ce qui était une somme considérable. Le roi avait également prévu le versement d'une rente viagère de douze mille écus. Or Margot en demandait deux mille de plus :

— Ce n'est rien pour Sa Majesté, a-t-elle décidé, et beaucoup pour moi, qui reste avec si peu de moyens.

Ayant obtenu gain de cause, Marguerite souhaite encore autre chose : posséder la forteresse d'Usson en toute propriété. C'était là une exigence assez grave : les huguenots pouvaient s'emparer de cette porte de l'Auvergne, ou bien encore les membres de la terrible Ligue qui, en dépit du « saut périlleux », n'était pas encore détruite. Mais la religion avait laissé la place à la politique... Le roi espère, en faisant traîner les choses, que Marguerite se lassera et ne réclamera plus la possession d'Usson.

— Le roi devrait plutôt se fier à moi, s'exclame Marguerite, qu'à ceux qui veulent me l'ôter.

La pension promise, et dont le versement est effectué sans attendre l'annulation, est payée bien irrégulièrement. Ce sont les « malheurs du temps qui en sont la cause, et non ma mauvaise volonté », fait répondre Henri IV... Sa bonne volonté est surtout mise au service de sa maîtresse, Gabrielle d'Estrées, qui lui coûte fort cher.

Cette présence inquiète d'ailleurs terriblement Margot. Gabrielle d'Estrées était entrée en 1592 dans la vie du roi, et un premier bâtard — César — était né deux ans plus tard. Depuis, certains l'affirmaient, le roi envisageait sérieusement d'épouser sa maîtresse. Aussi la reine — elle le répète — ne s'oppose-t-elle pas au désir du roi sauf, précise-t-elle sans ambage, si c'est pour mettre à sa place « une femme de si basse extraction et qui a mené une vie si sale et si vilaine comme est celle dont on fait courir le bruit... ». Dans cette éventualité, devenue bien prude, Marguerite refuserait le divorce et n'abandonnerait pas son titre « pour le voir si mal *colloqué* ». Donner un duché au petit César de Vendôme, passe encore, mais laisser sa place à la « putain du roi », jamais!

Cependant, à Paris, Henri IV est de plus en plus épris de Gabrielle, maintenant titrée marquise de Montceaux. Il légitime son bâtard, le petit César, et donne à sa mère l'abbaye compiégnoise de Saint-Corneille... qui appartient d'ailleurs à Marguerite! Non sans ironie, la reine écrit au roi : « J'ai reçu trop de plaisir qu'une chose qui dépendait de moi ait pu être propre pour témoigner à cette honnête femme (*sic*) combien j'aurai toujours de volonté de servir à son contentement et combien je suis résolue d'aimer et honorer toute ma vie ce que vous aimez. »

« Aimer et honorer » la maîtresse du roi, Marguerite n'en pense ni le premier ni le second mot, mais n'est-ce pas son intérêt de jouer la comédie ?

Et les choses traînent en longueur.

Au début de 1595, Margot envoie à Paris sa dame d'honneur, Mme de Vermont, dont le fils, on le verra, sera plus tard de ses amants. La lettre de Marguerite, que Mme de Vermont doit remettre au roi, se termine par ces mots : « Je lui supplie très humblement me conserver l'honneur de sa bonne grâce et me permettre de lui baiser très humblement les mains, priant Dieu, Monseigneur, donner à Votre Majesté entière et parfaite félicité. » Et elle signe Marguerite : « Votre très humble et très obéissante servante, femme et sujette. »

On le voit, Margot ne laisse pas passer l'occasion de préciser que la prisonnière d'Usson est toujours sa « femme ».

Au retour de sa dame d'honneur, la reine écrit à celui qui est encore son mari : « J'ai reçu par Mme de Vermont les assurances qu'il vous a plu me donner de votre amitié pour le plus grand heur et honneur qui m'eusse eu arrivé... » Elle regrette fort « le malheur trop grand qui, non pas par tant d'années, mais par tant de siècles, m'a privée de rendre au roi mes services ».

Lors du carnaval de 1597, le roi s'amuse comme un fou avec sa chère Gabrielle, et les pamphlets inondent la France :

La femme d'autrui tu rendras
Que tu retiens injustement,
Et la tienne tu reprendras
Si tu veux vivre sainement.

Et ce faisant te garderas
Du couteau de frère Clément.

«La tienne tu reprendras»... Marguerite, elle, est en droit de craindre que le roi, excédé par la lenteur des transactions, ne prenne la décision de la faire prisonnière pour l'obliger à céder sans contrepartie financière excessive. Aussi la recluse explique-t-elle presque incidemment, comme s'il s'agissait des menaces de la Ligue : «Je n'ai rien à redouter d'un siège qui, par sa longueur, ferait faiblir les vivres, mais j'en tiens toujours pour plus d'une année.»

A bon entendeur...!

Margot essaye aussi de se faire une alliée de la «femme de basse extraction», afin d'obtenir le versement plus régulier de sa pension. «Madame la marquise, lui écrit-elle, je bénis toute occasion qui me fait recevoir des lettres du roi et de vous, de quoi la privation de si long espace de temps me faisait vivre en beaucoup d'ennui, craignant que par quelque artifice de mes ennemis, que l'on m'eût éloignée de l'heur de sa bonne grâce et de votre amitié, que je vous chercherai toujours de conserver... Toutes mes intentions et actions ne tendront jamais à autre chose... Je vous prierai de trouver bon que je vous parle librement et comme à celle que je veux tenir pour ma sœur et que, après le roi, j'honore et estime le plus. J'ai pris tant de confiance en l'assurance que m'avez donnée de m'aimer, que je ne veux prendre autre protecteur en ce que j'aurai à requérir du roi.»

Tallemant des Réaux avait raison d'admirer la souplesse de Marguerite, et il ajoutait : «Elle savait s'accommoder au temps.»

Mais Margot laisse passer le bout de l'oreille en faisant allusion à ce qui est pour elle le principal : «Maintenant, ma nécessité est si pressante qu'il n'y a plus moyen de la supporter d'ici. S'il plaît au roi de trouver bon que j'aille en quelqu'une de mes maisons en France, la plus éloignée que je pourrai choisir de la Cour, je vous aurais une grande obligation de m'en faire savoir sa volonté, qui me sera une perpétuelle loi, comme perpétuelle sera en moi l'affection très fidèle que je voue à votre mérite, pour en éternité me conserver votre très affectionnée et plus fidèle amie (*sic*). »

Le 25 février 1599 — c'était le jour du mardi gras —, Henri IV passe au doigt de sa maîtresse l'anneau qu'il a reçu lors de son sacre, symbole de ses noces avec la France.

— Il n'y a plus que Dieu et la mort du roi pour m'empêcher d'être reine de France ! s'exclame orgueilleusement Gabrielle d'Estrées.

Marguerite va plus loin encore. Elle donne au petit bâtard son duché d'Étampes, bien qu'elle soit horrifiée à la pensée qu'un enfant adultérin puisse un jour accéder à la couronne de France. Mais, fort opportunément, le 10 avril 1599, Gabrielle meurt à la suite d'une terrible fausse couche. Les médecins ont arraché du corps de la jeune femme un enfant mort-né « à pièce et à lopins ». La douleur d'Henri IV est spectaculaire. De lourdes larmes glissent sur son visage ridé et se perdent dans sa barbe devenue grise. Mais il se consolera bientôt entre les bras d'Henriette de Verneuil...

Désormais, Marguerite n'a plus à jouer la comédie. Il n'existe aucun motif de faire traîner les choses : « Je commence à prendre bonne espérance de mes affaires, écrit-elle à Sully, j'en désire l'avancement avec bon succès pour le contentement du roi et celui de tous les bons Français, que vous m'écrivez désirer si ardemment de lui voir des enfants légitimes qui lui pussent sans disputer succéder à cette couronne qu'il a retirée des ruines... ne voulant voir à ma place une tant décriée *bagasse* — c'est de Gabrielle dont il s'agit... — que j'estime sujet indigne de la posséder, mais maintenant que les choses sont changées par un bénéfice du ciel, et que je ne doute nullement de la prudence du roi et du sage conseil de ses bons serviteurs... je veux achever le reste de mes jours en repos de corps et tranquillité d'esprit... Je m'accommoderai à tout ce qui sera convenable et que vous-même me conseillerez. »

Tout à présent paraît en ordre et, au mois de juillet 1599, Henri envoie à Rome Brûlart de Sillery. L'ambassadeur du roi a pour mission d'informer Clément VIII que la reine Marguerite, à la veille de la Saint-Barthélemy, avait accepté de s'unir au roi de Navarre sous la forte pression de Madame Catherine et de Charles IX. Ils employèrent la contrainte pour imposer ce mariage! Sillery est chargé de faire connaître également à Sa Sainteté que le mariage avait été célébré *avant* que la dispense de consanguinité ne soit parvenue à Paris. Nouveau cas de cassation!

Une pièce maîtresse est versée au dossier : Margot demande elle-même l'annulation de son union avec Henri de Navarre. Le tribunal, présidé par le nonce Alexandre de Médicis, cardinal de Florence, auquel se joignent l'évêque de Modène et le cardinal-archevêque de Toulouse, siège à Paris, au palais abbatial de Saint-Germain-des-Prés. Le 12 novembre 1599, les prélats posent au roi Henri la délicate question à laquelle il était évidemment préparé :

— Le mariage a-t-il été consommé?

En souriant, Henri répond — nous l'avons déjà rapporté :

— Jeunes tous deux et de tempérament gaillard que nous étions, la reine et moi, pouvait-il en être autrement?

Le 28 novembre, en sa sinistre forteresse d'Usson, la reine oubliée reçoit l'archidiacre Bertier, accompagné d'un grave protonotaire joliment nommé Rossignol. Ils viennent l'interroger au nom du tribunal ecclésiastique. Margot confirme que son frère et Madame Catherine l'ont obligée à épouser Henri de Navarre, dont elle ne voulait absolument pas.

— Jamais, leur dit-elle, je n'ai eu au cœur la volonté de ce mariage. J'y ai été forcée par le roi Charles IX et la reine ma mère. Je les ai suppliés à chaudes larmes. Mais le roi me menaça, si je n'y consentais, que je serais la plus malheureuse de son royaume.

Elle rappelle encore qu'elle ne portait alors aucune affection au roi de Navarre et fait allusion au duc de Guise :

— J'ai dit et répété que mon désir était d'épouser un autre prince; mais j'ai dû obéir.

Enfin, elle avance un argument irréfutable, puisque des témoins ont confirmé la véracité du fait : devant Notre-Dame, le roi Charles IX, d'une main ferme, n'avait-il pas forcé sa sœur à courber la tête en signe d'acquiescement ? En somme, elle a donné son consentement « par la parole et non par le cœur ».

Quand on soulève l'épineuse mais primordiale question de savoir s'il y avait eu « consommation du mariage », Marguerite, à l'instar du roi, déclare aux envoyés venus de Paris — répétons-le ici :

— Nous étions tous deux jeunes au jour de nos noces, et l'un et l'autre si paillards qu'il était plus qu'impossible de nous en empêcher.

Le vendredi 17 décembre 1599, les cardinaux-juges prononcent enfin l'annulation, permettant « au Roi Très-Chrétien et à la Sérénissime Reine de convoler en d'autres noces ». Ils ont été jusqu'à interroger la femme de chambre de Marguerite et même Charlotte de Sauve à qui le roi de Navarre aurait pu faire quelque confidence !

Henri fait part de la bonne nouvelle à Margot, en l'appelant « ma sœur » : « Je ne veux pas moins vous chérir et vous aimer pour ce qui est advenu que je le faisais avant. » En dédommagement de la couronne qu'elle perd, il lui affirme qu'il sera désormais pour elle « un frère seulement de nom, mais d'effet ».

Margot remercie avec élégance et un soupçon d'ironie. Elle accepte cette « office de frère » que lui offre son ex-époux. « Il est vrai, ajoute-t-elle, qu'en ce gain je perds beaucoup et le contrepoids que je trouve en la conquête de vos bonnes grâces affaiblirait ma consolation et me ferait méconnaître le changement de ma fortune, si je ne considérais que ce sont vos volontés et que vous croyez que mon dommage réussit au bien du public. Je me range donc à cette loi, non pour vous contenter, mais pour vous obéir... »

— Elle se plaint que je suis la cause de son malheur, s'exclame le roi, qui se souvient que Margot a porté les armes contre lui, mais il n'y en a point d'autres qu'elle-même. Dieu m'en est témoin! Elle sait bien que je l'ai toujours aimée et honorée, et que ses mauvais déportements nous ont fait séparer il y a longtemps l'un de l'autre.

Ce même 17 décembre 1599, « la dissolution du mariage du roi est publiée solennellement et publiquement à huis ouvert dans l'église de Saint-Germain-l'Auxerrois, paroisse du Louvre ». Une semaine plus tard, l'avant-dernier jour du siècle, Henri accorde sur sa demande à Marguerite le titre de duchesse de Valois et lui confirme la jouissance de ses domaines de l'Agenais, Condomois et du Rouergue. Afin de payer une partie de ses dettes, elle est remise en possession de l'héritage de Catherine et le roi lui assure le versement de quatre annuités de vingt mille écus — qui ne suffiront malgré tout à éponger le lourd passif.

Margot, on s'en doute, n'a nullement l'intention de profiter de sa liberté pour convoler, mais Henri ne peut plus se soustraire à son devoir : il doit se remarier, le royaume de France l'exige! Il demande donc la main de Marie de Médicis.

D'ailleurs, à Florence, depuis la mort de Gabrielle d'Estrées, les pourparlers et les transactions ont marché bon train entre les deux chancelleries. C'est-à-dire avec une lenteur et une onction tout ecclésiastiques... Enfin, le 5 octobre 1600, le mariage d'Henri IV et de Marie de Médicis, nièce du grand-duc de Toscane, est célébré à Florence... et consommé à Lyon, le 9 décembre.

Et les années passent. Margot, devenue duchesse de Valois, est toujours à Usson — mais sa pension lui est versée au compte-gouttes...

***

« Votre Majesté, à l'imitation des dieux, ne se contente pas de consoler ses créatures des biens et faveurs, mais daigne encore les regarder et consoler en leur affliction... »

A qui ces lignes, écrites par Marguerite, sont-elles adressées? Au roi Henri! Quel chemin parcouru depuis l'époque où le Béarnais attendait avec espoir le moment « d'étrangler la reine de Navarre »!

La conspiration menée par Biron contre Henri IV semble reléguée au passé, puisque le maréchal a été décapité, mais le bâtard Charles de Valois, fils de Charles IX et de Marie Touchet, titré d'abord comte d'Auvergne — il en avait été nommé gouverneur — puis, plus tard, d'Angoulême, poursuit les mêmes projets en compagnie de la marquise de Verneuil et du comte d'Entragues, père de celle qui est devenue la maîtresse du roi. Jusqu'à présent, l'ex-reine Margot avait entretenu de bons rapports avec Charles de Valois, mais elle prévient le roi qu'elle ne tenait plus à avoir des relations avec son neveu, du moment qu'« il s'est porté ennemi de Votre Majesté ». La lettre est datée du 21 novembre 1604. Déjà trois ans et demi auparavant, le 17 mars 1600, elle avait prévenu que ce « mal conseillé garçon » s'était emparé de plusieurs places fortes que Marguerite tenait de sa mère : « Des maisons qui sont presque aussi fortes qu'Usson ». Et elle poursuivait : « Châteaux, rochers, enceintes, qui, pour le bien de votre service, seront mieux par terre que debout. » Ainsi préconisait-elle la démolition d'Usson, dont Charles de Valois aurait voulu devenir propriétaire.

A ce moment, Marguerite a déjà assigné Entragues devant le Parlement, car le personnage avait pris le comté de Lauraguais, appartenant, par voie de succession, à l'ex-reine de Navarre. Margot en veut mortellement au bâtard qui, d'accord avec Henri III, l'avait frustrée d'une partie de l'héritage de sa mère Catherine. Il est vrai que la vieille reine avait déshérité sa fille... Cependant, Henri approuve que son ex-femme fasse un procès au fils de Charles IX devant le Parlement. Pour remercier son mari, Marguerite lègue tous ses biens au jeune dauphin, fils d'Henri IV et de Marie de Médicis, né en 1601.

A-t-elle donné de précieuses indications sur les agissements du comte d'Auvergne, réfugié non loin du château d'Usson? A-t-elle prêté la main pour tendre un piège qui devait arrêter le bâtard et le faire prendre? Ce n'est pas impossible, du moins Marguerite le laissait entendre. Le comte d'Auvergne a été conduit à la Bastille où il devait demeurer durant onze années*. Quant à Entragues, arrêté dans le Gâtinais, il a été obligé de rendre la promesse signée par Henri IV à Henriette de Verneuil par laquelle il s'était engagé à épouser sa maîtresse si elle lui donnait un fils.

Mais la conjuration, toujours selon Marguerite, n'est pas enrayée par l'arrestation des comtes d'Auvergne et d'Entragues. Marguerite, au cœur de l'Auvergne, affirme connaître les noms et les menées des conspirateurs, et elle désire mettre Henri IV au courant de ce qu'elle a appris touchant la sûreté de l'État. En outre, elle souhaite déposer elle-même devant le Parlement.

Cette fois, Henri IV ne peut s'opposer au retour de son ancienne épouse à Paris, qu'elle avait quitté il y a vingt-trois années.

Le 7 mai 1605, devant son notaire, maître Portail, Marguerite signe un acte «par lequel de bon gré et

* Chevauchons les siècles : quelques années après sa sortie de prison, il épousait en 1610 une très jeune fille. Centenaire, cette belle-fille de Charles IX (mort en 1574) sera la marraine, en 1710, de Jean de Belloy, futur archevêque de Paris... sous l'Empire. En cette qualité, presque centenaire lui aussi, il baptisera, en 1808, le futur Napoléon III qui mourut en 1873...

franche volonté, munie de dévotion », elle fonde une *donnerie perpétuelle* destinée aux vieux pauvres d'Usson, qui recevront chacun journellement « la moitié d'un pain ». On donnera également chaque année, le jour de Noël, à dix petites filles un costume de drap bleu garni de ses manches et « avec les boucles et *lassets* » d'une valeur de « dix francs tournois ».

Ces bonnes œuvres conclues, il ne reste plus à Margot qu'à quitter son nid d'aigle... qui sera entièrement rasé par le cardinal de Richelieu.

Chapitre XVI

La duchesse de Valois

Son nouvel amant Date de Saint-Julien caracolant à la portière de son carrosse, Marguerite abandonne enfin Usson au début du mois de juillet 1605. Elle est accompagnée jusqu'aux limites de la province par de nombreux gentilshommes auvergnats. En chemin, à Cercottes, près d'Orléans, Mme la duchesse de Valois est saluée par Sully, chargé d'obtenir quelques précisions sur la conspiration dont Marguerite affirmait connaître les dessous, et dont elle devait dévoiler les détails au roi d'abord, au Parlement ensuite. Après l'avoir écoutée, l'ami du roi se montre sceptique :

— Je crois, dira-t-il à Henri IV, qu'il peut y avoir autant de faux que de vrai.

Le roi souhaite que la reine s'installe non loin des rives de Loire. Puisque la reine Louise de Lorraine, veuve d'Henri III, venait de partir pour l'autre monde, pourquoi la duchesse de Valois n'irait-elle pas demeurer à Chenonceaux, qui avait été légué à la duchesse de Mercœur par Catherine de Médicis ? Celle-ci se déclarait prête à laisser le château à la duchesse de Valois, mais Marguerite trouve les bords du Cher trop éloignés des rives de la Seine.

« Je vais, avec la permission de Votre Majesté, en ma maison de *Boullongne*, décide Marguerite, pour y faire ma demeure en l'obéissance de Ses commandements.» Il ne s'agissait pas de Boulogne-sur-Mer, mais du château de Madrid, situé à Boulogne-sur-Seine, près de Paris.

«J'ai laissé votre château d'Usson, poursuit-elle, en sûre garde entre les mains d'un vieux gentilhomme, mon maître d'hôtel, de tous mes suisses et soldats qui m'y ont servie, et j'ai laissé aussi Mme de Vermont pour les tenir en leur devoir...»

Le 15 juillet, elle entre à Étampes d'où, le 18, elle écrit au roi «mon seigneur et frère» : «Je repartirai demain, et je m'avancerai le plus avant que je pourrai afin de donner moins de peine à M. de Vendôme, que Votre Majesté envoie au-devant de moi.»

En effet, Henri IV avait ordonné à son bâtard, le petit César, âgé de onze ans, d'accueillir Mme la duchesse de Valois. Marguerite compare le fils de la «maîtresse royale» à un «petit ange», et trace ce joli portrait de son fils au roi : «Monseigneur, toutes paroles sont au-dessous de ce que je ressens de l'honneur dont il a plu à Votre Majesté de m'honorer par M. de Vendôme, digne effet d'une royale naissance, tant en corps parfait en beauté qu'en l'esprit qui surpasse son âge. Je crois, Monseigneur, que Dieu l'a donné à Votre Majesté pour en recevoir quelque grand service et contentement. Je n'eus jamais plus agréable ravissement que l'admiration de la merveille de cette enfance toute prudente et pleine de sérieux discours. C'est à la vérité une royale production *(sic)* digne de Votre Majesté...»

En arrivant à Longjumeau, toujours escortée de Saint-Julien, Marguerite est accueillie par sa demi-sœur Diane de France, bâtarde d'Henri II et veuve du maréchal de Montmorency. Enfin, voici le château de Madrid à Boulogne qu'elle atteint par une allée portant encore aujourd'hui son nom. Un gentilhomme lui tend la main pour l'aider à descendre de son carrosse : elle reconnaît le beau Champvallon, qui s'incline devant elle au nom du roi! C'est assurément par malice qu'Henri a désigné pour le représenter celui qui avait été le grand amour de la reine Margot...

Ainsi, après vingt-trois années d'absence, après un quart de siècle d'intrigues et d'amours, et de sa triste retraite forcée — pour ne pas dire son emprisonnement —, la reine Margot revenait dans la capitale où avaient régné successivement son père, ses trois frères et où régnait maintenant son ancien mari... On l'y avait presque oubliée ! Elle le constatera elle-même :

— A la Cour, l'adversité est toujours seule, tandis que la prospérité est accompagnée.

Lorsque, le 26 juillet 1605, le roi revoit son ancienne épouse, il doit être stupéfait. Henri IV a pourtant été prévenu. Qu'il ne se réfère plus au tableau enchanteur peint par Brantôme ! La déesse de la Renaissance « aux beaux seins découverts » dont la renommée s'était étendue à travers toute l'Europe, cette « beauté plus divine qu'humaine » n'est plus aujourd'hui que « la grosse Margot ». Elle exagère même, par une armature de métal, la largeur du bourrelet de ses vertugadins afin de paraître plus large de hanches, et de diminuer — effet d'optique — sa poitrine volumineuse. Du moins l'espère-t-elle... Sa corpulence est telle qu'elle ne pourra bientôt plus franchir certaines portes.

Voici le résultat de sa réclusion à la forteresse d'Usson, la vie végétative dont les seuls plaisirs, hors l'amour, étaient de boire, d'abuser des sucreries et de demeurer couchée. Son teint, autrefois tant vanté, est devenu si couperosé qu'elle lance en France l'usage de la poudre... Sa chevelure noire s'est raréfiée. A force d'avoir été « tortillés et frisonnés », ses cheveux sont tombés. Aussi porte-t-elle une volumineuse perruque d'un blond filasse « blanchie sur l'herbe » — et pour laquelle elle a fait exécuter un « moule » haut d'un demi-pied, affirme Tallemant des Réaux. Ce sont les cheveux d'une cohorte de vigoureux et jeunes « grands valets de pied blonds qu'elle faisait tondre de temps en temps ». Ces valets de pied, qu'elle accueille volontiers dans son lit... car, sur ce chapitre, la pauvre femme est toujours loin d'avoir pris sa retraite et entend ne renoncer à rien. Il est vrai qu'Usson n'offrait guère d'autres distractions ! Ne voulant pas admettre les flétrissures du temps, la reine Margot fait s'esclaffer les Parisiens en exhibant une peau triste et parcheminée dans des décolletés vertigineux et plongeants de sa défunte jeunesse.

Durant trois longues heures, les anciens époux échangent leurs souvenirs et s'attendrissent.

— Pourvoyez-vous mieux à votre santé, lui recommande le roi. Ne faites plus la nuit du jour et du jour la nuit, comme vous en aviez coutume.

— Je promets d'apporter ce que je pourrai pour contenter Votre Majesté, répond-elle, encore que ce sera fort malaisé, étant donné les longues habitudes et nourritures que j'ai prises.

L'estimant trop dépensière, Henri IV la supplie aussi de « restreindre ses libéralités ».

— C'est du tout impossible, réplique Margot, je ne puis vivre autrement ; cela tient de ma race.

En effet, les Valois ont toujours jeté l'argent par portes et fenêtres : ils ont mangé leur blé en herbe, selon l'expression du temps.

— Pourrai-je voir monsieur le dauphin ? s'enquiert-elle.

— Vous le verrez.

Le surlendemain, l'ex-reine rend au roi sa visite. Henri la salue au milieu de la cour du Louvre.

— Mon cœur, lui dit-il, mon affection n'a jamais été séparée de vous. Vous êtes maintenant ici, dans cette maison où vous avez toute puissance...

Marie de Médicis, entourée de ses dames, l'attend au haut de l'escalier d'honneur — le Grand Degré — qui existe toujours. Elle a refusé de s'avancer au-delà et le roi l'en a « gourmandée ». Aussi la reine se montre-t-elle d'une amabilité toute relative, mais Marguerite a « tant et trop souffert, affirme-t-elle, pour garder beaucoup de fierté », et semble heureuse de s'incliner devant celle qui est aujourd'hui « environnée de tout l'éclat » qu'elle a perdu...

La reine Marie se montre touchée par le respect que lui témoigne la souveraine qui l'a précédée au Louvre et un courant d'amitié passe entre les deux femmes, d'autant que Margot, nous l'avons dit, a désigné le dauphin pour unique héritier. C'est au château de Saint-Germain, là même où Marguerite naquit, que la duchesse de Valois devait faire la connaissance du futur Louis XIII. Mais le petit prince de cinq ans se porte au-devant d'elle jusqu'à Rueil et l'accueille en l'appelant « Maman, ma fille ». Expression due, paraît-il, à Henri IV, et qui surprend un peu... Elle le trouve exquis et, un jour, achètera pour lui, à la foire Saint-Germain, une barrette de trois mille écus.

Étrange vie de famille! Dans son fameux *Journal*, Héroard nous dépeint Marguerite « à genoux devant le lit de Marie de Médicis, et Henri IV assis sur le lit avec le dauphin qui joue avec un petit chien ».

Margot multiplie les hommages qu'elle estime devoir témoigner au roi de France et de Navarre. Alors qu'Henri est parti pour mettre de l'ordre en Limousin, elle lui écrit : « Nous attendons le retour de Votre Majesté, comme ces peuples, qui ont six mois de nuit, attendent le retour du jour... »

Il fallait lui trouver une résidence, car la Cour séjournait souvent au château de Madrid. Henri IV demande à Renaud de Baune, archevêque de Sens, de lui céder son magnifique hôtel. Il avait été l'un des premiers à soutenir les droits d'Henri IV et, après avoir reçu l'abjuration du Béarnais, avait obtenu l'archevêché de Sens, fort important à l'époque, puisque Paris n'était qu'un évêché. Renaud de Baune était doué d'un appétit si exigeant qu'il devait jour et nuit se mettre à table toutes les quatre heures, au risque de dépérir... L'hôtel, mi-gothique, mi-Renaissance, avait été construit alors que Tristan de Salazar occupait l'archevêché de Sens. La demeure a été embellie sous François Ier par le cardinal du Prat. C'est un vrai et vaste château, qui se dresse encore de nos jours rue du Figuier, non loin de la Seine. Un figuier que Margot fit enlever, car il gênait les évolutions de son carrosse *.

Un matin, ces méchants vers, cloués sur la porte, sont livrés à la curiosité des badauds :

Comme reine, tu devrais être
En ta royale maison;
Comme pute, c'est bien raison
Que tu loges au logis d'un prêtre!

Elle y mène un train toujours royal, entourée de savants, de poètes et de musiciens — et de beaux hommes... Le 5 avril 1606, en apprenant la prise de Sedan par les troupes royales, elle annonce à Henri IV qu'elle rend grâces à Dieu : « Nous lui en devons, ce me semble, doublement; et pour vous avoir donné la place et l'obéissance qui est due à Votre Majesté, et pour les lui avoir données promptement, car Votre Majesté peut dire comme César : "Je suis venu, j'ai vu, j'ai vaincu"... »

Ce même 5 avril, elle revient en carrosse de la messe des Célestins. A ses côtés, se tient son bel amant, le jeune page arlésien, Date de Saint-Julien, pour lequel Margot éprouve une folle passion. Il a vingt ans, et elle a largement dépassé le cap de la cinquantaine — ce qui, en ce début du XVIIe siècle, est absolument la vieillesse.

Soudain claque un coup de pistolet. Saint-Julien s'effondre, frappé à la tête, le sang jaillit et se répand sur la robe de Marguerite.

Qui a tiré?

Un jeune garçon de dix-huit ans, le fils de Mme de Vermont et prédécesseur de Date de Saint-Julien dans le lit de Marguerite. Amoureux — du moins il le clame — et fort jaloux, Vermont s'est armé d'un pistolet pour tuer son rival. Pendant qu'il s'enfuit, on entend Margot hurler :

— Qu'on tue ce méchant!

---

* Un autre figuier a pris sa place, planté en face de l'entrée de l'Hôtel devenu la bibliothèque municipale Forney.

Elle retrousse ses jupons :

— Tenez! Tenez! Voilà mes jarretières! Qu'on l'étrangle!

Vermont, vivement rattrapé, est garrotté bien serré et enfermé dans une chambre d'une hôtellerie voisine. A ses côtés, on dépose le cadavre du pauvre Saint-Julien.

— Tournez-le, demande-t-il, que je voie s'il est bien mort.

On obéit.

— Il est bien mort, vous pouvez me tuer! s'exclame Vermont. Je ne regrette rien.

Margot annonce « qu'elle ne boira ni ne mangera tant que justice ne sera faite ». Devant cette menace d'une grève de la faim, on presse l'affaire, d'autant plus que Marguerite écrit au roi : « Je supplie très humblement Votre Majesté de vouloir commander qu'il en soit fait justice et n'en vouloir point donner de grâce. Si cette méchanceté n'est punie, il n'y a nul qui puisse vivre en sûreté. Aussi je supplie très humblement encore Votre Majesté de vouloir faire punir cet assassin... »

Le lendemain, à la supplique de Marguerite, l'exécution se déroule devant la porte même de l'hôtel de Sens. « Le criminel marcha gaiement au supplice, relate Pierre de L'Estoile, disant bien qu'il ne se souciait de mourir puisque son ennemi était mort, et qu'il était venu à bout de son dessein... Il refusa de demander pardon à la reine. » A une fenêtre, les yeux « fixes », le regard dur, Marguerite regarde tomber la tête de son ancien amant... puis s'évanouit. La nuit venue, ne voulant désormais plus franchir l'emplacement où avait été élevé l'échafaud, elle abandonne l'hôtel de Sens pour se réfugier à Issy, dans une maison appartenant à La Haye, orfèvre du roi.

Paris aime railler, et l'on rime aussitôt :

A la reine Marguerite
sur la mort de Saint-Julien, son mignon.

Reine de qui l'amour surpasse la vertu,

Cadette de Vénus, déesse demi-morte,
Ne regrette point tant un laquais revêtu;
L'on vous en trouvera, au Palais, de la sorte!

— Qu'elle se console, s'écrie de son côté le roi Henri, nous lui trouverons une douzaine d'écuyers qui vaudront mieux que lui!

Le drame influe à un tel point pourtant sur les pensées de Marguerite qu'elle réclame farouchement qu'un décret de bannissement soit prononcé contre la famille de Vermont. La mère, son ancienne dame d'honneur à qui Usson avait été confié, et ses trois fils devront demeurer à l'abbaye de Salvanes, en Rouergue, et Marguerite prescrit «qu'ils n'en doivent bouger sous peine corporelle». Manque de cœur? Peut-être, mais aussi mœurs féroces de cette terrible époque.

La mort de Saint-Julien l'a affreusement meurtrie. Elle demande au poète Maynard de lui écrire des *Stances* qu'elle relira tous les soirs et chaque matin :

Qu'on ne s'attende point de voir jamais finir
La douleur que je porte!
Le temps et la raison la feront revenir,
D'heure en heure plus forte.

De moi, je jure, ici ton œil, jadis si beau,
Déjà clos de ténèbres,
Que les feux de mon cœur seront de ton tombeau
Les lumières funèbres.

Lorsque Henriette d'Entragues, mère d'autres «productions royales», lui fait savoir qu'elle désire la connaître — sans doute par curiosité —, Margot s'en remet à l'avis du roi et lui écrit: «Je supplie Votre Majesté de me commander ce qui lui plaît que je fasse. Je ne suis née que pour La servir. Commandez donc à votre très humble servante votre volonté que j'observerai toute ma vie, en cela et en tout.»

Qu'il est loin le temps d'Agen où elle faisait attaquer par sa petite armée les troupes du roi de Navarre! Bientôt, le drame de l'hôtel de Sens oublié, Margot s'amourache d'un certain Bajaumont, d'une parfaite sottise peut-être, mais d'une telle perfection physique que la reine en avait été fascinée. Et cet éblouissement est tel que Bajaumont est commandé de service jour et nuit — et en tombe malade d'épuisement. Marguerite en est fort inquiète, et Henri IV se rend à Issy pour la réconforter. En quittant la chambre, il confie à une des filles d'honneur de Margot :

— Priez pour la convalescence de Bajaumont, car s'il venait à mourir, ventre-saint-gris! il m'en coûterait pour que la reine Marguerite prendrait cette maison en horreur, et il me faudrait lui en acheter une autre!

Mais elle aime sa « petite Olympe d'Issy », dont, disait-on, « le dieu Priapus est gouverneur et Bajaumont son lieutenant ». Celui-ci s'est, en effet, rétabli et les amants terribles reprennent leurs joutes amoureuses. C'est ainsi que, le 10 mai 1607, le roi écrit à Marie de Médicis : « Je n'ai rien appris de nouveau, sinon que la reine Marguerite a battu hier Bajaumont et qu'il veut s'en aller... »

A-t-il quitté la place, ou est-il mort d'épuisement? On ne sait. Sans perdre de précieux instants, le jeune Villars lui succède. On le baptisera le « roi Margot ». Pour retrouver sa jeunesse, elle oblige son séducteur à s'habiller à la mode en vigueur sous Henri III, avec fraise, épée et plumet à la toque. Une fois accoutré à son goût, elle l'accueille dans sa chambre tendue de tapis de Turquie, et s'enferme avec lui dans le magnifique palais qu'elle a fait construire sur la rive gauche de la Seine, face au Louvre, ce qui permet aux pamphlétaires de versifier encore et fort méchamment :

La reine Vénus, demi-morte
De voir mourir devant sa porte
Son Adonis, son cher amour,
Pour vengeance a, devant sa face,

Fait défaire en la même place
L'assassin, presque au même jour.

Là, de ce sang jugeant coupable
Son œil, et ce lieu misérable,
Elle quitte l'hôtel de Sens,
Comme un hôtel de sang infâme,
Où a laissé, la bonne femme,
Les reliques de son bon sens.

La rage, en cet état, l'incite
D'aller loger à l'opposite,
S'exposant aux yeux de la Cour,
Afin qu'en sa laide vieillesse
Le Louvre, comme en sa jeunesse,
Lui voie encor faire l'amour.

N'étant plus Vénus qu'en luxure,
Ni reine non plus qu'en peinture,
Et ne pouvant, à son avis,
Loger au Louvre comme reine,
Comme putain, au bord de Seine,
Elle se loge vis-à-vis.

Cette vieille sainte plâtrée,
Pour être encor idolâtrée,
Bâtit son temple au bord de l'eau
Afin qu'à toute heure, du Louvre,
Qui de l'autre bord la découvre,
Le roi puisse voir le bordeau.

L'hôtel est meublé somptueusement. Dans la chambre tendue de tapis de Turquie, un seul portrait orne le mur : celui d'Henri IV. Puisque Villars a une belle voix, elle fait rechercher des choristes qui, comme à Usson, du temps du « mestre chorin », se groupent autour de son lit et chantent à l'unisson romances ou cantiques.

— Un si bel oiseau, a expliqué Henri, ne saurait avoir une trop belle cage.

Et Marguerite estime que le terrain sur lequel s'élève son hôtel — il avait appartenu à l'Université de Paris et aux Frères de la Charité — n'est pas assez vaste. Elle achète la plus grande partie de l'ancien Pré-aux-Clercs. Elle supprime le chemin de La Noue, aujourd'hui la rue Bonaparte, et étend son parc jusqu'à la rue des Saints-Pères. Sur la première pierre des fondations on pouvait lire l'inscription suivante :

« Le 21 mars 1608, la reine Marguerite, duchesse de Valois, petite-fille du grand roi François, sœur de trois rois et seule restée de la race des Valois, ayant été visitée et secourue de Dieu... et Dieu l'ayant exaucée, elle a bâti et fondé ce monastère, pour tenir lieu de l'Hôtel de Jacob *, où elle veut que perpétuellement soient rendues actions de grâces en reconnaissances de celles qu'elle a reçues de sa divine bonté... »

Elle est servie par des gentilshommes à la tête desquels marche un maître d'hôtel armé de son bâton, emblème de sa charge. Le juré-consulte Étienne Pasquier nous rapporte que Margot est « servie comme reine à ses repas, à plats couverts... ». Dîners et soupers sont également « de la nourriture d'esprit ». Elle propose à quatre invités de se mettre à table à ses côtés afin de discourir sur des sujets choisis par elle. « Comme Margot est pleine d'entendement, elle leur fait souvent perdre le pied... »

Un petit orchestre interprète des mélodies composées par la maîtresse de maison. Un futur académicien, François Maynard, retouche ses œuvres : « Il le faisait d'une manière si aisée et si galante qu'elle avait coutume de dire que Maynard était un orfèvre excellent, qui savait admirablement mettre des pierreries en œuvre. » Certains de ses poèmes nostalgiques évoquent d'heureux temps d'autrefois :

L'âge affaiblit mon discours
Et cette fougue me quitte
Dont je chantais les amours
De la reine Marguerite.

* La rue Jacob en perpétue le souvenir.

On parle *phébus*, c'est-à-dire d'une manière ampoulée et aussi peu claire que possible. Et Margot s'amuse à se plier à cette mode étrange.

Cependant, en dépit de ses plaisirs profanes, Marguerite est profondément pieuse. Elle assiste à trois messes chaque jour — une haute et deux basses — et communie trois fois la semaine. Elle fait construire une chapelle circulaire — la chapelle des Louanges — servie par quatorze pères augustins déchaussés, se relayant jour et nuit toutes les deux heures, par paire. Ils devaient chanter les louanges du patriarche hébreu Jacob sur des airs que l'ex-reine avait elle-même composés. Mais les pères augustins modulaient si faux que Marguerite, excédée, finira par les prier d'aller détonner ailleurs... Elle eut un certain temps à son service M. Vincent, aumônier général des galères, futur saint Vincent de Paul. Il sera son confesseur... Marguerite visite les hôpitaux, distribue des couvertures aux malheureux, dote des filles peu fortunées, donne «cent sous d'or aux malheureux à l'occasion de son anniversaire». Sur un revenu de près de trois cent soixante-dix mille livres, elle en dépense le tiers pour des fondations pieuses — et n'oublie pas le collège des jésuites d'Agen.

Souvent le roi lui rend visite, et c'est en se promenant avec Margot dans les allées ombragées du parc longeant la Seine qu'Henri IV eut l'idée de faire planter d'arbres la rive droite du fleuve en direction du village de Chaillot.

Ainsi naquit le Cours-la-Reine.

Faut-il croire Tallemant des Réaux lorsqu'il affirme que la duchesse de Valois «portait alors un grand vertugadin, qui avait des poches tout autour, en chacune desquelles elle mettait une boîte où était le cœur d'un de ses amants trépassés, car elle était soigneuse, à mesure qu'ils mouraient, d'en faire embaumer le cœur. Ce vertugadin se pendait tous les soirs à un crochet que fermait un cadenas derrière le dessus de son lit... Hors la folie de l'amour, elle était fort raisonnable».

Le roi s'avisa de donner un ballet baptisé *La Vieille Cour* où, entre autres personnes, on représenta la reine Margot avec la ridicule figure dont elle s'était alors affublée sur ses vieux jours.

Faisant contre mauvaise fortune bon cœur, Marguerite estime à juste titre qu'avec l'esprit on se sauve de tout. Elle tient tête aux railleries. « M. de Fresnes-Forget, secrétaire d'État, étant un jour chez elle, écrit un contemporain, lui dit qu'il s'étonnait comment les hommes et les femmes de son temps, avec de si grandes fraises, pouvaient manger du potage sans se gâter, et surtout comment les dames pouvaient être galantes avec leur vertugadin. Elle ne répondit rien sur le moment, mais, quelques jours plus tard, ayant une très grande fraise et de la bouillie à manger, elle se fit apporter une cuillère qui avait un fort long manche, de façon qu'elle mangea sa bouillie sans gâter sa fraise. Sur quoi, s'adressant à M. de Fresnes :

« — Eh bien ! lui dit-elle en riant, vous voyez qu'avec un peu d'intelligence il y a remède à tout !

« — Oui-da, Madame, répond le bonhomme, quant à ce qui touche le haut, me voilà tranquille * ! »

***

Au mois d'octobre 1606, elle tombe malade : « Je suis allée, il y a dimanche huit jours, écrit-elle au roi, ouïr la messe aux Augustins, où je sentis un si grand froid que dès lors je fus saisie d'une très grande fièvre et d'une pleurésie avec les accidents ordinaires, une grande douleur de côté, courte haleine, et une extrême douleur de tête, qui me durèrent jusqu'au septième [jour] auquel

* On avait le droit, pour se protéger, de nouer autour du cou une grande serviette, mais la fraise qu'elle recouvrait était si large qu'il était *difficile d'en joindre les deux bouts*... De là viendrait l'expression encore en vigueur de nos jours.

je perdis la douleur de côté, mais non encore la courte haleine, le mal de tête et la fièvre... »

Le vingt-deuxième jour de sa maladie, la duchesse de Valois précise toujours à Henri IV : « On m'a tiré du sang que je crois que quand j'aurai l'honneur de baiser les mains de Votre Majesté, vous me prendrez pour une anatomie *(sic)*, ayant de cette heure le nez aussi long que le roi mon grand-père *. Je ferai néanmoins tout ce que je pourrai pour me remettre le plus tôt qu'il me sera possible pour continuer le très humble service que je dois à Votre Majesté. »

Elle a été si gravement souffrante que Villars, sanglotant, a fait vœu, si sa maîtresse guérissait, de gagner à pied Notre-Dame-des-Victoires, près de Senlis. Une fois Marguerite rétablie, le « roi Margot », pour accomplir son engagement, prendra la grand-route de Picardie. Margot le suivra en carrosse accompagnée d'une partie de sa cour.

***

Au début du mois de mai 1610, on a prétendu, sans grande preuve, qu'un homme roux, venu d'Angoulême, se serait rendu à l'hôtel de Marguerite pour solliciter son appui afin de pouvoir être présenté au roi. L'homme aurait été éconduit par Terrol, écuyer de la duchesse de Valois...

Il s'appelait Ravaillac.

Le 13 mai 1610, Henri IV exige que la duchesse de Valois assiste au sacre de Marie de Médicis à Saint-Denis. La seule présence de la fille d'Henri II, de la sœur des trois derniers Valois, consacrait en quelque sorte la nouvelle dynastie : celle des Bourbons. Marguerite, portant le diadème royal et le manteau brodé de lis d'or, fait une profonde révérence à celle qui a pris sa place. Sa traîne est portée par les comtes de La Rochefoucauld et de

* François Ier.

Curson. La cérémonie se déroule au son des haut-bois « et d'autres joueurs d'instruments ». Les musiciens portent la livrée de Marie de Médicis : pourpoint de satin blanc et chausses de velours bleu.

Puis Marguerite part pour sa maison de campagne d'Issy. Le lendemain — 14 mai — sera fêté son cinquante-septième anniversaire. Ce matin-là, un courtisan fait remarquer que le 14 est toujours une date heureuse pour la France: 14 mai 1509, Louis XII gagne la bataille d'Agnadel, 14 septembre 1515, François Ier est vainqueur à Marignan, enfin, 14 mars 1590, victoire d'Henri IV à Ivry, devenu Ivry-la-Bataille. Or quelques instants plus tard, un courrier arrive de Paris, apportant une terrible nouvelle : Henri IV vient d'être assassiné par Ravaillac, rue de la Ferronnerie, et son corps a été ramené au Louvre.

Dans la salle des Cariatides, Marguerite, les larmes aux yeux, vient longuement s'agenouiller devant la remembrance du roi, dans cette même salle où Henri III, en présence de la Cour, l'avait traînée autrefois dans la boue. Le samedi 22 mai, l'ex-reine fait chanter un service pour le repos du roi défunt dont elle avait été l'épouse à éclipses durant vingt-deux années.

Marguerite n'a maintenant plus qu'à disparaître à son tour. On annoncera même sa mort, le 30 avril 1613, ce dont — on veut bien l'admettre — elle fut « malcontente ».

Marguerite survivra à la tragédie du 14 mai 1610 durant encore quatre années et dix mois. On la verra assister en qualité de marraine au baptême de Gaston d'Orléans, second fils du roi défunt, et c'est elle qui présentera Louis XIII lors de sa confirmation, la veille de son sacre. On la voit, revêtue d'une robe de toile d'argent, couverte de diamants, lors du bal donné en l'honneur des fiançailles d'Élisabeth de France, la future reine d'Espagne.

Tous ces assassinats et ces meurtres qui ont jalonné

son existence « la troublaient si fort, nous dit Dupleix, qu'elle entra dans un extrême défi de tout le monde, de sorte que ses fâcheries et terreurs continuelles la rendirent hypocondriaque... ».

En 1614, la duchesse assiste à la séance des états généraux et est témoin, le 23 août, d'une ultime érection : celle, sur le Pont-Neuf, de la statue d'Henri IV, qui sera mise à bas sous la Révolution *.

*
* *

Marguerite prend froid au cours de l'hiver 1614-1615 et ne fait plus que languir. Le 26 mars 1615, son grand aumônier, l'évêque de Grasse — Ménigre de Boucicaut —, l'avertit que sa fin est proche. Elle le remercie en lui offrant toute son argenterie... Le lendemain, 27 mars 1615, à onze heures du soir, après avoir reçu les sacrements, la petite-fille de François Ier rend l'âme, alors que le père du futur Louis XIV règne sur la France.

C'est tout un monde qui disparaît avec elle...

« Morte, Marguerite de France ! s'exclame l'évêque lors du service funèbre, en amorçant une litanie. Adieu les délices de la France, le paradis des plaisirs de la Cour, le brillant de nos jours, le jour des beautés, la beauté des vertus, la mignardise des lys, le lys des princesses, la reine des grandeurs, la reine des esprits, l'esprit de sagesse, la prudence des nobles, la prudence des fleurs, la fleur des Marguerites, la fleur de France... »

Elle avait soixante-deux ans.

On déposa son corps dans la chapelle Saint-Augustin, dont le vaisseau est aujourd'hui masqué par un fragment de la façade du château d'Anet, qui a été érigé dans la cour de l'École des beaux-arts, rue Bonaparte. Puis, un an plus tard, les restes de la reine Marguerite sont portés à

---

* La statue actuelle, œuvre de Lémot, sera érigée sous la Restauration avec le bronze fondu de deux statues de Napoléon... faites elles-mêmes avec des canons autrichiens, russes et prussiens !

Saint-Denis dans la chapelle que la reine Catherine avait fait élever.

Marguerite de France connaissait enfin le repos.

Que de sang, de meurtres et de tragédies autour d'elle depuis, lorsqu'elle était encore petite fille, son père blessé mortellement dans un tournoi, la tête transpercée par la lance du comte de Montgomery!

Que de souvenirs affreux, à côté d'heures exaltantes dans les Flandres, à Agen, ou au Louvre : ces pendus dont les corps se balançaient au balcon d'Amboise au-dessus d'un bourbier sanglant. Lors du massacre de la Saint-Barthélemy, il lui avait suffi d'ouvrir la porte de sa chambre du Louvre, ou l'une de ses fenêtres donnant sur les rives de la Seine, pour assister à la plus tragique journée de l'histoire de France. Se souvient-elle de ce pauvre Léran qui, cette même nuit, avait été lardé de coups de hallebardes, et de l'homme, poursuivi par les tueurs, qui était venu, tout sanglant, se réfugier dans ses bras? Enfin, quelques instants plus tard, cet huguenot tué devant elle à coups de piques?

Que de noires images encore : son frère, François II, mourant de la mastoïdite en hurlant de douleur, Charles IX rendant le dernier soupir dans ses draps rougis par son propre sang... Que de drames enfin! Son frère, Henri III, et son mari tous deux assassinés, l'un par Jacques Clément, à Saint-Cloud, l'autre, en pleine rue, par Ravaillac. Henri III, qui l'avait appelée « misérable » et fait enfermer durant tant d'années! Henri IV qui l'avait traitée de « dangereuse bête », et avait souhaité sa mort...

Et ses amours... Henri de Guise, dont elle avait tant voulu devenir la femme, transpercé de coups de poignard à Blois par les spadassins d'Henri III. Bussy, assassiné par un mari trompé, La Mole, décapité, et dont elle acheta au bourreau la tête exsangue. Aubiac, pendu et enseveli à demi vivant. Le jeune Silvio, poignardé dans ses bras. Enfin Date de Saint-Julien, tué d'un coup de pistolet sous ses yeux, et son assassin, Vermont, qu'elle avait accueilli dans son lit, et à l'exécution duquel elle avait exigé d'assister d'une de ses fenêtres de l'hôtel de Sens — avant de tomber évanouie...

Quel cortège d'images amoureuses et sanglantes ont dû accompagner dans la mort celle qui avait successivement porté les noms et titres de Marguerite de France, reine de Navarre, reine de France *in partibus*, comtesse de l'Agenais, et celui, enfin, de duchesse de Valois.

Cependant, pour l'Histoire, elle demeure toujours l'ardente reine Margot !

Sources

ANDRIEUX (Maurice), *Henri IV.*
AUBIGNÉ (Agrippa, seigneur d'), *Histoire universelle.*
AUMALE (duc d'), *Histoire des princes de Condé.*
BABELON (Jean), *Henri IV.*
BAGUENAULT DE PUCHESSE, *Le Renvoi par Henri III de Marguerite de Valois.*
BAILLY (Auguste), *La Réforme en France; Henri le Balafré.*
BRANTÔME (Pierre de Bourdeille, abbé de), *Vie des dames illustres; Vie des dames galantes.*
BURNAND (R.), *La Cour des Valois.*
CABOS (A.), *Étude sur le rôle de Gui du Faur de Pibrac.*
CASTAREDE (Jean), *La Triple Vie de la reine Margot.*
CASTELNAU (Jacques), *La Reine Margot.*
CASTELOT (André), *François Ier; Henri IV; L'Histoire à table; Les Grandes Heures des châteaux de la Loire.*
CASTELOT (A.), DECAUX (A.), LEVRON (J.), JULLIAN (M.), *Histoire de France au jour le jour.*
CASTELOT (A.), DECAUX (A.), *Le Dictionnaire d'Histoire de France de A à Z.*
CATHERINE DE MÉDICIS, *Correspondance.*
CAZAUX (Yves), *Henri IV; Trésorerie et Recettes générales des finances de la reine de Navarre.* (Voir aussi MARGUERITE DE VALOIS.)
CHAMPION (Pierre), *La Jeunesse d'Henri III; Paganisme et Réforme; Paris au temps des guerres de Religion; Paris au temps d'Henri III; Charles IX et le contrôle de l'Espagne avant et après la Saint-Barthélemy; Catherine de Médicis*

présente à Charles IX son royaume; Henri III, roi de Pologne.
CHANSON (M.), *Deux châteaux en Auvergne.*
CHARLES IX, *Correspondance.*
CIMBER (L.) et DANJOU (F.), *Catherine de Médicis.*
CLOULAS (Ivan), *Catherine de Médicis.*
COLLIARD (Lucienne), *Tableaux représentant des bals à la cour des Valois.*
COMBES, *Catherine de Médicis et le duc d'Albe à Bayonne.*
CONSTANT (Jean-Marie), *Les Guise.*
COUDY (Julien), *Les Guerres de Religion.*
CRÉTÉ (Liliane), *Coligny.*
CROZE (J. de), *Les Guise, les Valois et Philippe II.*
DALLIER (Jean), *Recueil des choses notables qui ont été faites à Bayonne.*
DANCLOS (Anne), *La Vie tragique de la reine Margot.*
Divorce satyrique (Le) ou Les amours de la reine Margot ou Factum pour et au nom du roi Henri IV.
DODU (G.), *Histoire d'une maison royale, les Valois.*
DONNAY (Maurice), *La Reine Margot.*
DROZ (E.), *La Reine Marguerite de Navarre et la vie littéraire à la cour de Navarre.*
DUPLESSIS-MORNAY (Philippe), *Histoire de Marguerite de Valois.*
DUPLOMB (Ch.), *L'Hôtel de la reine Marguerite.*
ENGERAND (R.), *Trois dames de petite vertu.*
ERLANGER (Philippe), *Henri III; Diane de Poitiers; Le Massacre de la Saint-Barthélemy; La Reine Margot.*
ESTÈBE (Janine), *La Saint-Barthélemy.*
FORNETON, *Les Ducs de Guise et leur époque.*
GALZY (J.), *Marguerite, la reine sans royaume.*
GARNIER (A.), *Un scandale princier au XVIe siècle.*
HÉRITIER (J.), *Catherine de Médicis.*
HILARION DE COSTE, *Vies de reines et princesses illustres.*
JEANNE D'ALBRET, *Correspondance.*
LA FERRIÈRE (Hector de), *Le XVIe siècle et les Valois; Trois amoureuses; L'Entrevue de Bayonne.*
LALANNE (L.), *Brantôme, sa vie, son œuvre.*
LA NOUE (François de), *Discours politiques et militaires; Correspondance précédée par la vie de ce grand capitaine.*

LEFRANC (Abel), *La Vie quotidienne au temps de la Renaissance.*
LE GRAS (Jacques), *Le Voyage de Charles IX en France.*
L'ESTOILE (Pierre de), *Mémoires et Journaux.*
L'HOSPITAL (Michel de), *Œuvres complètes.*
LEVIS-MIREPOIX (duc de), *Henri IV; Les Guerres de Religion.*
MARGUERITE DE VALOIS, *Correspondance; Mémoires* (remarquablement annotés par Yves Cazaux); *Dialogue d'amour...; Secrets moraux.*
MARIEJOL (J.H), *La Vie de Marguerite de Valois, reine de Navarre et de France; La Réforme, les guerres de Religion, la Ligue; Catherine de Médicis.*
MERKI (Charles), *La Reine Margot et la fin des Valois.*
MICHAUD (J.F.), *Mémoires de Marguerite de Valois.*
MICHELET (Jules), *Histoire de France.*
MIQUEL (Pierre), *Les Guerres de Religion; Catherine de Médicis.*
MONGEZ (chanoine), *La Reine Margot.*
MONTLUC (Blaise, maréchal de), *Commentaires.*
MOUTON (Léo), *La Reine Margot.*
NOAILLES (marquis de), *Henri de Valois et la Pologne en 1572.*
NOGUÈRES (Henri), *La Saint-Barthélemy.*
ORIEUX (Jean), *Catherine de Médicis ou La reine noire.*
PARÉ (Ambroise), *Lettres; Œuvres scientifiques et médicales.*
PERNOUD (Régine), *Histoire de la bourgeoisie en France.*
Relations des ambassadeurs du grand-duc de Toscane.
Relations des légats pontificaux.
Relations et lettres des ambassadeurs du roi d'Espagne.
Relations des ambassadeurs de Venise.
RIVAL (Paul), *La Folle Vie de la reine Margot.*
ROBIQUET (Paul), *Paris et la Ligue sous le règne d'Henri III.*
ROMIER (Lucien), *Le Royaume de Catherine de Médicis.*
RONSARD (Pierre de), *Œuvres poétiques.*
RUBLE (A. de), *Antoine de Bourbon et Jeanne d'Albret.*
SAINTE-BEUVE (C.A.), *Les Causeries du lundi; Galerie des femmes célèbres.*
SALVIATI (nonce), *Dépêches.*
STRONG (Roy), *Les Fêtes de la Renaissance.*
SULLY (Maximilien de Béthune, duc de), *Économie royale; Correspondance.*
TAVANNES (Gaspard de Saulx, maréchal de), *Mémoires.*

TERRASSE (Charles), *François Ier*.
THOU (J.A. de), *Historia mei Temporis.*
TORTOREL et PÉRISSIN, *Le Massacre de Vassy.*
TOURNON (cardinal de), *Correspondance.*
VALOIS (Ch.), *Histoire de la Journée des Barricades de Paris.*
VAN DER ESSEN (L.), *Alexandre Farnèse, prince de Parme, gouverneur général des Pays-Bas.*
VASSEUR (Léon), *La Reine Margot, la plus amoureuse des reines; Usson.*
VIEILLEVILLE (François de Scépeaux, maréchal de), *Mémoires.*
VILLEROY (Nicolas de Nefville), *Mémoires d'État.*
VIVENT (Jacques), *La Tragédie de Blois.*

Index

G

H

J

L

M

TABLE

La photocomposition de cet ouvrage
a été réalisée par
Graphic Hainaut SA
59690 Vieux-Condé

Achevé d'imprimer en avril 1993
dans les ateliers de Normandie Roto Impression s.a.
61250 Lonrai
N° d'éditeur : 1072

N° d'imprimeur : I3-0735
Dépôt légal : janvier 1993
Imprimé en France